Hans Goller

Das Rätsel von Körper und Geist

Hans Goller

Das Rätsel von Körper und Geist

Eine philosophische Deutung

Wissenschaftliche Buchgesellschaft

Umschlaggestaltung: schreiberVIS, Seeheim

Gedruckt auf säurefreiem und alterungsbeständigem Papier
Printed in Germany

Besuchen Sie uns im Internet: www.wbg-darmstadt.de

ISBN 3-534-16667-1

Inhalt

Vorwort

Nichts ist uns so vertraut wie das eigene Erleben. Trotzdem lässt es sich schwer mit allem, was wir sonst wissen, in Einklang bringen. Warum gibt es Erleben? Wie hängt es mit dem Körper zusammen? Was bestimmt unser Verhalten und Handeln: der Geist oder das Gehirn? Neurowissenschaftler zweifeln nicht daran, dass der Geist im Gehirn zu suchen ist. Was sie uns vom Gehirn berichten, sagt jedoch nichts darüber, wie es ist, etwas zu erleben. Wenn uns Mitmenschen von ihrem Erleben erzählen, erfahren wir nichts über die Gehirnprozesse, die diesem zugrunde liegen. Bewusstsein gibt es nur aus der Perspektive eines erlebenden Subjekts. Es ist keine von außen beobachtbare Eigenschaft des Gehirns. Ist es möglich, Bewusstsein aus seinen materiellen Bedingungen zu erklären? Ist der Geist das Gehirn? Sind wir nur ein Haufen Nervenzellen? Ist unser Erleben bloß eine vom Gehirn erzeugte Illusion? Wie entstehen aus Gehirnprozessen Gedanken, Gefühle und Willensentschlüsse? Wie kann tote Materie Bewusstsein hervorbringen?

Das Buch möchte interessierten Lesern einen Einblick in diese faszinierenden Fragen vermitteln. Kapitel I führt in die Fragestellung ein und erörtert die besonderen Merkmale des Erlebens. Kapitel II behandelt die neurobiologischen Grundlagen des Erlebens und Verhaltens. Fallbeispiele illustrieren, wie sehr Denken, Fühlen, Wollen, Erinnern und Persönlichkeit von einem intakten Gehirn in einem funktionierenden Körper abhängen. Kapitel III stellt jene Deutungen des Körper-Geist-Verhältnisses dar, die den historischen Hintergrund der gegenwärtigen Debatte bilden: die dualistische Position von Platon und Descartes sowie die naturalistische Position von Aristoteles und Thomas von Aquin. Die Kapitel IV bis VI erörtern die zentralen zeitgenössischen Deutungen des Körper-Geist-Verhältnisses: Wechselwirkungstheorie, Parallelismus, Epiphänomenalismus, materialistische Identitätstheorie, eliminativer Materialismus und Funktionalismus. Kapitel VII fragt, wie weit die vorliegenden Ansätze der lebendigen Einheit und Ganzheit unseres Erlebens gerecht werden. Hier kommen Autoren zu Wort, die Bewusstsein als etwas Rätselhaftes betrachten, das unserem Verständnis für immer entzogen bleiben wird.

Am Ende des Buches findet sich ein Glossar, in dem der Leser die Bedeutung der wichtigsten Begriffe in diesem Buch nachschlagen kann.

Ich danke Otto Muck für die kritische Durchsicht des Manuskriptes und seine hilfreichen Anregungen, Markus Moling für Korrekturen und Vorschläge zum besseren Verständnis des Textes, den Kollegen Josef Quitterer, Edmund Runggaldier, Stephan Leher, Winfried Löffler, Hans Kraml und Bruno Niederbacher sowie den Studierenden für ihr lebhaftes Interesse am Thema und die vielen anregenden und klärenden Fragen. Dem Lektor der WBG, Herrn Dr. Bruno Kern, für die Idee, das Thema „Geist – Gehirn – bewusstes Erleben" einem allgemein interessierten Publikum zugänglich zu machen.

Innsbruck, November 2002 Hans Goller

I. Körper und Geist

1. Alltagsüberzeugungen und Hirnforschung

Was wir erleben, ist uns vertraut und rätselhaft zugleich. Über nichts wissen wir direkter Bescheid als über das, was wir persönlich empfinden und fühlen. Wir sind überzeugt, mehr zu sein als unser Körper. Dieses 'Mehr' nennen wir 'Geist', 'Ich', 'Selbst' oder 'Seele'. Jeder von uns ist sowohl Körper als auch Geist. Wir erleben uns einerseits als Körper, umgeben von vielen anderen physischen Objekten, andererseits als Mittelpunkt eines Stromes von Erlebnissen, Gefühlen, Wünschen, Bedürfnissen, Gedanken, Vorstellungen und Fantasien. Zu den *körperlichen* Phänomenen zählen wir unseren Organismus mit seinem zentralen und peripheren Nervensystem, seinen Stoffwechselvorgängen, seiner Herz- und Kreislauftätigkeit. Zu den *seelischen* Phänomenen rechnen wir Wahrnehmungen, Empfindungen, Gefühle, Wünsche, Bedürfnisse, Absichten und Gedanken. Wir unterscheiden mit intuitiver Sicherheit zwischen *physischen* Phänomenen einerseits und *psychischen* Phänomenen andererseits (vgl. Bieri, 1993, 2). Unsere 'Innenwelt', die Welt der Gedanken, Gefühle und Wünsche, unterscheidet sich von der 'Außenwelt' der materiellen Dinge. Wir nehmen unseren Körper und die Außenwelt durch unsere Sinne wahr. Menschen und Dinge erfassen wir immer nur durch die Brille unserer Bedürfnisse und Bewertungen. Die Außenwelt ist uns lediglich durch den Filter unserer Wahrnehmungen und Bewertungen zugänglich und damit immer schon erlebte Außenwelt. Der Wiener Psychologieprofessor Hubert Rohracher beschrieb die grundlegende Andersartigkeit dieser beiden Phänomene mit folgenden Worten:

> „Psychische Vorgänge haben nichts von den Eigenschaften, die wir an der Materie beobachten; die Freude an einem Kunstwerk besteht nicht aus Atomen und Molekülen, der Gedanke an die Lebensziele, die man sich gesetzt hat, hat keine Masse und kein Gewicht. Andrerseits hat die Materie nichts von den Eigenschaften des Psychischen; die Atome haben kein Bewusstsein, sie können nichts empfinden und wahrnehmen, sie fühlen nichts und sie wollen nichts" (Rohracher, 1965, 10).

Körperliches und Seelisches prägen unser Erleben. Zur Beschreibung beider Phänomene verwenden wir unterschiedliche Begriffe.

Zum Beispiel sagt uns keine noch so präzise Beschreibung eines Erdbebens in rein physikalischen Begriffen etwas darüber, wie die davon Betroffenen diese Naturkatastrophe erleben. Eine physikalische Beschreibung vermittelt uns nichts von der Panik, der Angst, den Befürchtungen und Hoffnungen dieser Menschen. Die physikalische Sprache beschreibt lediglich Körper in Bewegung. Das gesamte seelische Leben berücksichtigt sie nicht. Die physikalische und die psychische Beschreibung handeln jeweils von einem ganz anderen Thema (vgl. Brüntrup, 1996, 9).

Wir leben nicht in einer unproblematischen Einheit von Körper und Geist. Die persönliche Erfahrung zeigt uns eine Kluft zwischen dem Seelischen und dem Körperlichen. Einerseits sind wir fähig, vernünftige Entscheidungen zu treffen, unsere Zukunft zu planen und unser Verhalten zu steuern. Andererseits erleben wir, dass uns Dinge widerfahren, die wir nicht gewollt haben, wie beispielsweise Emotionen, gegen die wir uns kaum zu wehren vermögen, Stimmungen, die wir nicht willentlich ändern können, oder Gewohnheiten, die wir nicht bemerken. Manchmal mündet diese widersprüchliche Erfahrung in den Ausruf: Der Geist ist willig, aber das Fleisch ist schwach.

Im Alltag sind wir davon überzeugt, dass das Seelische und das Körperliche nicht beziehungslos nebeneinander vorkommen. Erklärungen wie die folgenden sind uns allzu vertraut: „Warum hat er die Tür zugeknallt? – Weil er wütend ist." Seelische Zustände verursachen körperliche Reaktionen. Und umgekehrt: „Warum bist du so blass? – Weil ich Magenschmerzen habe." Körperliche Zustände verursachen bewusstes Erleben. Körperliche und seelische Zustände wirken aufeinander ein. Seelische Zustände verursachen unser Verhalten und Handeln, und körperliche Zustände verursachen unsere bewussten Erlebnisse. Über diese wechselseitige kausale Beziehung zerbrechen wir uns im Alltag ebenso wenig den Kopf wie darüber, dass seelische Phänomene etwas anderes sind als materielle Phänomene. Beides scheint uns zu evident (vgl. Tetens, 1994, 10). Im Alltag vertreten wir ganz unbekümmert einen psychophysischen Dualismus und glauben an die kausale Macht des Seelischen. Wir unterscheiden zwischen freiwilligen und unfreiwilligen Handlungen und machen Menschen für das, was sie tun, verantwortlich. Die Idee der Willensfreiheit ist eine selbstverständliche Grundlage unseres Zusammenlebens und unserer Rechtsordnung. Eine moralische Bewertung unserer Handlungen wäre ohne sie undenkbar, ebenso wenig wie die Zuschreibung von Verantwortung für unser Handeln und dessen Folgen (vgl. Hermann, 1996; Prinz, 1996).

Die moderne Hirnforschung stellt das friedliche Nebeneinander unserer beiden Alltagsüberzeugungen, der Dualismusthese und der Wechselwirkungsannahme, in Frage. Sie geht davon aus, dass unser Erleben und Verhalten vom Gehirn und seinen Funktionen abhängen. Ohne funktionierendes Gehirn erleben wir nichts. Unser Denken, Fühlen und Wollen ist an die materielle Grundlage des Gehirns gebunden. Damit hat auch alles, was je über Seele, Materie und Bewusstsein gedacht und geschrieben wurde, seinen Ursprung in Gehirnvorgängen (vgl. Rohracher, 1965, 16). Das Erleben der eigenen Identität und die Einheit des Ich sind auch vom Gehirn abhängig. Zwar ist unsere Ich-Identität eng mit der Einheit unseres Körpers verknüpft, aber dieser verändert sich im Laufe des Lebens stark und seine materiellen Zustände wechseln. Unsere Erlebnisse sind oft mannigfaltig, unsere Aufmerksamkeit ist häufig geteilt und nicht selten erleben wir widersprüchliche Bedürfnisse. Trotzdem erleben wir uns als eine Person. Wir sind überzeugt, ein Leben lang mit uns selbst identisch zu bleiben. Es ist bisher keine bestimmte Hirnregion identifiziert worden, der man dieses Erleben zuordnen könnte. Unter den vielen Neuronen unseres Gehirns – Schätzungen schwanken zwischen 100 Milliarden und einer Billion – gibt es auch keine 'pontifikale' Zelle, die für das Identitätserleben zuständig wäre. Vielmehr muss das gesamte Gehirn hoch aktiv sein, um dieses Bewusstseinsphänomen zu ermöglichen (vgl. Breidbach, 1993, 84; Popper und Eccles, 1982, 156). Das Gehirn ist der Träger aller uns bekannten Verhaltensleistungen und Bewusstseinsvorgänge. Man kann sagen, das Gehirn ist unser intimstes Organ. Jedenfalls ist es das rätselhafteste aller menschlichen Organe. Wenn es uns gelingt, das Gehirn besser zu verstehen, dann werden wir auch uns selbst besser verstehen. Deshalb ist das Gehirn der wohl interessanteste Forschungsgegenstand für die Wissenschaft. Wir möchten nicht nur die Natur um uns, sondern auch in uns verstehen. Forschen, Erkennen und Verstehen sind dabei selbst auf das Gehirn als Erkenntnisorgan angewiesen (vgl. Linke, 1999, 7; Pöppel und Edingshaus, 1994, 7).

Die Hirnforschung versucht, unser Erleben und Verhalten als Ergebnis der Aktivität der Nervenzellen zu begreifen. Ihre Forschungsergebnisse belegen, dass es einen engen Zusammenhang zwischen mentalen Prozessen und Gehirnprozessen gibt. Mit neuartigen Untersuchungsmethoden, den so genannten bildgebenden Verfahren, kann sie feststellen, welche Prozesse wo im Gehirn ablaufen, wenn eine Person geistig tätig ist, zum Beispiel wenn sie einen Gegenstand ansieht, etwas liest, sich etwas vorstellt oder über etwas spricht. Diese

Verfahren erlauben einen Einblick in das arbeitende Gehirn. Untersuchungen mit Hilfe dieser Methoden zeigen, dass diejenigen Prozesse im Gehirn, die kognitiv besonders anspruchsvoll und von Bewusstsein begleitet sind, dort stets erhöhte Hirndurchblutung, Stoffwechselaktivität und neuroelektrische Aktivität aufweisen. „Gehirn und Geist hängen nach diesen Forschungsresultaten eng zusammen; wie weit man diesen Zusammenhang nachweisen kann, das hängt vom Stand des räumlichen und zeitlichen Auflösungsvermögens der derzeitig anwendbaren Registriermethoden ab" (Roth und Schwegler, 1995, 71). Das Gehirn führt eine Unmenge von Aufgaben durch, doch nur ein sehr kleiner Teil seiner Aktivität geht mit Bewusstsein einher. Die meisten Gehirnprozesse – man schätzt 99 % – laufen unbewusst ab. Verhalten und Erleben sind nur möglich, wenn unser Gehirn funktioniert. Allerdings hat bisher kein Mensch auch nur die leiseste Ahnung davon, wie aus Gehirnaktivität Bewusstsein entsteht. Wie entstehen aus neuronalen Aktivitätsmustern zum Beispiel Wahrnehmungserlebnisse wie Sehen, Hören, Tasten und Riechen? Wie ergibt sich aus der Vielfalt der Hirnereignisse eine einheitliche bewusste Erfahrung? Wir erleben eine außerordentlich vielfältige Welt der Farben, Formen, Klänge und Gerüche, und nicht eine Welt der Neuronenaktivität. Die Hirnforschung kann die organische Grundlage der Bewusstseinszustände erforschen, jedoch nicht die Bewusstseinszustände selbst. Sie kann prinzipiell nicht mehr leisten, als mentale Phänomene mit Gehirnprozessen zu korrelieren.

Bewusstsein ist das größte Rätsel für die Wissenschaft. Es ist das stärkste Hindernis bei der Entwicklung einer wissenschaftlichen Gesamttheorie des Universums. Das bewusste Erleben ist uns vertraut und rätselhaft zugleich. Wir kennen es viel intensiver und direkter als den Rest der Welt. Nichts ist für uns realer als das Bewusstsein, doch den Rest der Welt verstehen wir viel besser. Bewusstsein lässt sich nur äußerst schwer mit allem, was wir sonst wissen, in Einklang bringen. Wir tappen völlig im Dunkeln darüber, wie Bewusstsein sich in die natürliche Ordnung fügt.

Das Problem des Bewusstseins liegt an der Grenze zwischen Neurowissenschaften und Philosophie. Es entzieht sich dem Zugriff durch die gängigen wissenschaftlichen Methoden (vgl. Chalmers, 1996 a, XI ff.). Warum gibt es überhaupt bewusstes Erleben? Was tut es? Wie kann es aus einem Haufen grauer Hirnzellen hervorgehen? Solche Fragen gehören seit jeher zu den großen Rätseln menschlichen Forschens und Denkens (vgl. Chalmers, 1996 b, 40). Die Neurowissenschaften sind trotz reger Forschungstätigkeit bezüglich der Frage des bewussten Erlebens praktisch nicht vorangekommen. Obwohl dieses Problem seit der Antike bekannt ist, wird es in den aktuellen wissenschaftlichen Diskussionen häufig negiert oder missverstanden. Es handelt sich um das so genannte „schwierige Problem des Bewusstseins“ (vgl. Chalmers, 1995; Windmann und Durstewitz, 2000, 75). Was am bewussten Erleben entzieht sich so hartnäckig dem wissenschaftlichen Zugriff? Nach Chalmers lassen die meisten Veröffentlichungen über Bewusstsein in den letzten Jahren das „schwierige Problem des Bewusstseins“ unberührt. Zum Beispiel die Frage: Warum wird die Verarbeitung von Informationen im Gehirn von bewusstem Erleben begleitet? Es scheint äußerst rätselhaft, dass die Verursachung des Verhaltens mit einem inneren Erleben einhergeht. Warum ist das Verstehen des Bewusstseins so schwierig? Nach Chalmers berühren die Neurowissenschaften und die Kognitionswissenschaften, die uns Informationen und Wissen über das Gehirn zur Verfügung stellen, das „schwierige Problem des Bewusstseins“ überhaupt nicht (vgl. Chalmers, 1996 a, XI).

2. Das bewusste Erleben, das Mentale

Der Ausdruck '*bewusstes* Erleben' meint alle inneren Prozesse und Zustände, die nur der Selbstbeobachtung direkt zugänglich sind. Man kann zwar Beispiele für bewusstes Erleben anführen, aber keine genaue Definition geben. Dabei steht vor allem die subjektive Qualität des Erlebens im Mittelpunkt des Interesses. Bewusstes Erleben reicht von lebhafter Farbwahrnehmung bis zum Erleben des schwächsten Hintergrundaromas, von stechenden Schmerzen bis zum Erleben eines Gedankens. Etwas hat Bewusstsein, wenn es sich auf irgendeine Weise anfühlt, dieses Etwas zu sein. Ein mentaler Zustand ist bewusst, wenn er eine bestimmte Erlebnisqualität besitzt. Das Problem, Bewusstsein erklären zu wollen, ist das Problem, Erlebnisqualitäten erklären zu wollen. Erlebnisqualitäten sind das schwierigste Problem in der Körper-Geist-Debatte (vgl. Chalmers, 1996 a, 4). Warum fühlt es sich auf eine spezifische Weise an, etwas zu sehen, etwas zu hören, etwas zu riechen, etwas zu tasten und etwas zu schmecken?

Der Ausdruck 'Bewusstsein' ist mehrdeutig. Er bezieht sich auf eine Reihe von Phänomenen: Wachheit, Aufmerksamkeit, Denken, Introspektion, willentliche Verhaltenskontrolle und Wissen über etwas. Für Chalmers ist Bewusstsein das bewusste Erleben, die subjektive Qualität des Erlebens. Bewusstsein zu haben bedeutet so viel wie Erlebnisqualitäten zu haben (vgl. Chalmers, 1996 a, 6). John Searle versteht unter Bewusstsein „diejenigen Zustände der Sinnesempfindung oder des Gewahrseins, die typischerweise einsetzen, wenn wir am Morgen aus einem traumlosen Schlaf erwachen, und die den ganzen Tag über da sind, bis wir wieder einschlafen. Bewusstsein kann auch anders als durch den Schlaf aussetzen: wenn man stirbt, in ein Koma fällt oder auf andere Art 'bewusstlos' wird" (Searle, 2001, 54). Bewusstsein ist reich an Formen und Spielarten. Unser bewusstes Erleben ist enorm vielfältig. Folgende Beispiele illustrieren seine Mannigfaltigkeit:

„Denken wir beispielsweise daran, welche Unterschiede zwischen den folgenden Erlebnissen bestehen: eine Rose riechen, Wein schmecken, Schmerzen im Rücken haben, sich plötzlich an einen Herbsttag vor zehn Jahren erinnern, ein Buch lesen, über ein philosophisches Problem nachdenken, sich Sorgen wegen der Einkommenssteuer machen, mitten in der Nacht mit einer unbestimmten Unruhe wach werden, plötzlich darüber wütend werden, dass die anderen Fahrer auf der Autobahn so miserabel fahren, von sexueller Begierde überwältigt werden, angesichts exquisit zubereiteter Speise stechenden Hunger verspüren, woanders sein wollen und sich beim Schlangestehen langweilen" (Searle, 2001, 55).

Diese Beispiele vermitteln nicht einmal ansatzweise einen vollständigen Eindruck davon, wie reich, bunt und vielfältig unser bewusstes Erleben tatsächlich ist. Solange wir wach sind und solange wir träumen, befinden wir uns in einem Bewusstseinszustand oder in mehreren Bewusstseinszuständen. Bewusstseinszustände umfassen die gesamte Vielfalt, die das Leben im Wachzustand hat. Dazu zählen folgende Erlebnisse (vgl. Chalmers, 1996a, 6–11):

Visuelle Erlebnisse: Farbwahrnehmungen gelten als Paradebeispiele visuellen Erlebens. Manche Farben eignen sich besonders gut, unsere Aufmerksamkeit auf das Rätsel des Bewusstseins zu lenken. Warum fühlt sich das Blau des Herbsthimmels in den Dolomiten so an, wie es sich anfühlt? Warum fühlt sich die Wahrnehmung einzelner Farben je anders an? Ist es möglich, einem Blindgeborenen zu vermitteln, wie es sich anfühlt, Farben zu sehen? Andere Aspekte visueller Erlebnisse sind die Erfahrung der Form, der Größe, der Helle oder der Tiefe.

Akustische Erlebnisse: Töne sind irgendwie noch seltsamer als visuelle Vorstellungen. Die Struktur visueller Vorstellungen entspricht in der Regel der Struktur wahrgenommener Dinge, doch Töne scheinen davon unabhängig zu sein. Nichts am schrillen Ton eines Telefons entspricht direkt irgendeiner Struktur in der äußeren Welt, obwohl wir wissen, dass der Ton von einem Apparat kommt und durch eine Schallwelle bestimmter Frequenz und Amplitude ausgelöst wird. Warum führt eine Welle dieser Form, oder vielmehr, warum führen die Gehirnprozesse, die sie auslöst, gerade zu dieser speziellen Tonqualität? Das Musik-Erleben ist der vielfältigste Aspekt akustischer Erfahrungen. Musik kann uns völlig in ihren Bann ziehen.

Taktile Erlebnisse: Denken Sie an das Gefühl, das Sie haben, wenn Sie mit der Hand über Samt streichen, und vergleichen Sie es mit dem Gefühl, das sich einstellt, wenn Sie mit der Hand über kaltes Metall streichen. Taktile Erlebnisse können äußerst variantenreich sein.

Geruchserlebnisse: Denken Sie an den Duft gerösteter Kastanien, an den muffigen Geruch alter Kleider, an den Gestank von faulem Abfall, an den Duft einer frisch gemähten Wiese oder an den Duft frisch gebackenen Brotes. Der Geruchsinn ist einer der rätselhaftesten Sinne, der so genannte stumme Sinn, der Sinn ohne Worte. Warum führen bestimmte Moleküle gerade zu dieser Art von Empfindung?

Geschmackserlebnisse: Es gibt vier unabhängige Dimensionen von Geschmacksempfindungen: süß, sauer, bitter und salzig. Der Geschmackssinn verbindet sich mit dem Geruchsinn zu einer großen Palette möglicher Erlebnisse. Man denke zum Beispiel an den Geschmack reifer Melonen, gerösteter Kastanien oder an den Duft und Geschmack frisch vom Baum gepflückter Pfirsiche.

Schmerzerlebnisse: In der Philosophie des Geistes ist Schmerz das Paradebeispiel für bewusstes Erleben. Schmerzen bilden eine sehr auffällige Gruppe von Erlebnisqualitäten. Es gibt stechende, brennende oder pochende Schmerzen. Schmerzen scheinen noch subjektiver zu sein als die meisten Sinnesempfindungen.

Temperaturempfindungen: Ein heißer, schwüler Sommertag und ein frostiger Wintertag führen zu unterschiedlichen Erlebnisqualitäten. Man stelle sich die Hitzeempfindung vor beim Berühren einer Flamme oder die Heiß-Kalt-Empfindung, die man beim Kontakt mit ultrakaltem Eis hat.

Andere Körperempfindungen: Hunger, Durst, Jucken, Kitzel, Druck, Müdigkeit und die Erfahrung, die mit dem Bedürfnis zu urinieren einhergeht. Es gibt Erlebnisse, die mit der Propriozeption, der Eigenwahrnehmung, zusammenhängen, d. h. mit dem Gefühl, wo unser Körper sich im Raum befindet.

Vorstellungen: Wir kennen alle Erfahrungen, die nicht mit bestimmten Objekten in unserer Umgebung oder mit unserem Körper zusammenhängen, sondern die unserer Einbildungskraft entstammen.

Wir können visuelle, akustische und taktile Vorstellungen sowie Geruchs- und Geschmacksvorstelllungen bilden.

Bewusste Gedanken: Manches, was wir denken und glauben, ist nicht mit einer bestimmten Erlebnisqualität verbunden, aber vieles schon. Es gibt das Gefühl, wie es ist, bestimmte Gedanken zu haben: zum Beispiel den Gedanken an einen sonnigen Wintertag, an den Petersdom in Rom oder an den Einsturz des World Trade Centers in New York. Auch Erinnerungen kommt eine bestimmte Gefühlsqualität zu.

Emotionen: Emotionen färben unsere bewussten Erlebnisse ein. Gefühle wie Freude, Trauer, Ärger, Wut, Überraschung, Scham und Ekel; Stimmungen wie Heiterkeit, Ängstlichkeit und Niedergeschlagenheit können das bewusste Erleben sehr stark prägen. Nach Izard (1999) sind Emotionen die grundlegendste Bezogenheit des Menschen auf Wirklichkeit. Sie geben dem Bewusstsein Kontinuität. Stärker als im Wissen, im Wollen oder im Handeln erlebt der Mensch sich in seinen Gefühlen als mit sich selbst identisch. Jeder Bewusstseinsinhalt ist durch Gefühle eingefärbt: Er ist angenehm oder unangenehm, interessant oder langweilig, erfreulich oder unerfreulich. Derselbe Sachverhalt erscheint anders, je nachdem, ob wir uns freuen oder ärgern, sanft oder zornig gestimmt sind. Ohne Gefühlsqualität wäre unser Wissen psychisch irrelevant, und unsere Welt wäre so kalt wie die Welt der Computer und intelligenten Maschinen. Nur in Ausnahmesituationen, wie in einer schweren Depression, kann es geschehen, dass ein Mensch völlig teilnahmslos seinen Mitmenschen und der Welt gegenübersteht.

Wünsche, Bedürfnisse, Triebe und Willensentschlüsse: Es fühlt sich auf eine bestimmte Weise an, motiviert zu sein, einen Entschluss gefasst zu haben, mit Energie und Konzentration ein Ziel zu verfolgen oder ablenkungsfrei bei einer Arbeit zu sein. Zustände des Getriebenseins sind mit einer anderen Erlebnisqualität verbunden als Zustände des Angezogenseins.

Selbst-Sinn: Wie entsteht das Gefühl, dass ich es bin, der etwas sieht, hört, riecht oder betastet? Es fühlt sich auf eine bestimmte Art und Weise an, ich selbst zu sein. Dieses Gefühl ist privat und nur dem Besitzer des Organismus zugänglich. ‘Selbst-Sinn’ meint das Erleben, eine eigene Person zu sein, ein Selbst, ein Ich. Der Selbst-Sinn bildet die Grundlage für alle anderen Erfahrungen, Erlebnisse und Bewusstseinselemente.

Der Neurologe Antonio Damasio (1999, 5 f.) illustriert dies durch eine beeindruckende Begegnung mit einem seiner Patienten. Er berichtet von einem Mann, der „abwesend war, ohne fortgegangen zu sein". Während er sich im Untersuchungszimmer mit ihm unterhielt, stoppte der Mann plötzlich mitten im Satz, sein Gesicht versteinerte sich, sein Mund blieb halb offen und seine Augen starrten ausdruckslos auf einen Punkt an der Wand. Einige Sekunden verharrte er regungslos. Damasio rief seinen Namen, aber der Mann gab keine Antwort. Dann rührte sich der Mann ein wenig, schmatzte mit den Lippen und bewegte seine Augen zum Tisch, der zwischen ihnen stand. Er schien die Tasse Kaffee und die kleine Metallvase mit Blumen zu sehen, die auf dem Tisch standen. Er muss sie gesehen haben, denn er nahm die Tasse und trank daraus. Damasio sprach ihn wiederholt an, doch er gab keine Antwort. Er berührte die Vase. Damasio fragte ihn, was los sei, aber er antwortete nicht. Sein Gesicht blieb ausdruckslos. Er sah Damasio nicht an. Plötzlich stand der Mann auf, drehte sich um und ging langsam zur Tür. Damasio stand auf und rief ihn mit seinem Namen. Der Mann blieb stehen, sah Damasio an, und in sein Gesicht kehrte allmählich das Leben zurück. Er sah verwirrt aus. Damasio sprach ihn nochmals an, und der Mann sagte: „Was?"

Für eine kurze Zeit, die wie eine Ewigkeit schien, litt dieser Mann an einer Beeinträchtigung des Bewusstseins. Aus neurologischer Sicht hatte er einen Absence-Anfall erlitten, gefolgt von einem Absence-Automatismus. Dieser Bewusstseinsausfall war nicht wie beim Einschlafen, er war viel radikaler, er war so etwas wie ein totaler Stromausfall. Das Erstaunlichste an dieser Bewusstseinsstörung war, dass der Mann nicht auf den Boden fiel wie in einem Koma. Er war auch nicht eingeschlafen. Er war zugleich da und nicht da. Er war wach und zum Teil aufmerksam. Körperlich war er zwar anwesend, persönlich aber unauffindbar. Er war weg, ohne fortgegangen zu sein.

Damasio meint, er sei bei dieser Begegnung Zeuge des messerscharfen Übergangs vom vollen Bewusstsein zu einem Bewusstsein, dem der Selbst-Sinn abhanden gekommen war, gewesen. Während das Bewusstsein des Mannes eingeschränkt war, blieben seine Wachheit und seine Fähigkeit, auf Objekte zu reagieren und sich im Raum zu bewegen, erhalten. Sein Selbst-Sinn und seine bewusste Aufmerksamkeit waren jedoch aufgehoben. Damals, so Damasio, begann er zu ahnen, dass der Selbst-Sinn ein unverzichtbarer Teil des Bewusstseins sein müsse. Konkrete Gestalt nahm diese Idee an, als er vergleichbare Fälle zu Gesicht bekam. Der Tragik dieser Fälle wäre er lieber aus dem Wege gegangen. Es gibt nämlich kaum etwas Traurigeres, als erleben zu müssen, wie ein Mensch plötzlich und unaufhaltsam das Selbstbewusstsein verliert, obwohl er am Leben bleibt. Nichts ist so belastend, wie den Familienangehörigen mitteilen zu müssen, dass dieser einmal empfindende und fühlende Mensch wahrscheinlich nie mehr das sein wird, was er einmal war.

Sinnesempfindungen, Körperempfindungen, Gefühle, Wünsche, Bedürfnisse, Gedanken, Reflexionen, Meinungen und Wissensinhalte bilden unser bewusstes Erleben. In der Philosophie hat es sich eingebürgert, für geistige und psychische Phänomene den Ausdruck 'das Mentale' zu verwenden (vgl. Brüntrup, 1996). Zu den mentalen Zuständen zählen einerseits Denkinhalte, Reflexionen, Meinungen und Wissensinhalte, andererseits qualitative Wahrnehmungen und Empfindungen. Für die qualitativen Bewusstseinszustände ist der Ausdruck 'Qualia' gebräuchlich. Qualia sind Erlebnisqualitäten wie beispielsweise der Anblick glänzender Schneeberge, die Klangqualität einer Panflöte, der Geruch gerösteter Mandeln, der Geschmack exotischer Früchte, die Schmerzhaftigkeit von Schmerzen, das Tasterlebnis der Glätte, das wir haben, wenn wir mit der Hand über eine glatte Fläche streichen, Gefühle wie Freude, Überraschung, Trauer, Ärger, Wut, Ekel, Scham, Furcht oder Verachtung. Erlebnisqualitäten besitzen einen ganz bestimmten phänomenalen Gehalt. Sie sind nicht einfach vorhanden wie Tische, Stühle oder Häuser, sondern es fühlt sich auf eine ganz bestimmte Art und Weise an, sie zu haben. Sie bestimmen für uns, wie es ist, ein Mensch zu sein. Sie sind auch ausschlaggebend dafür, dass wir uns als Urheber unseres Handelns erfahren. Qualia sind die Sorgenkinder der Bewusstseinsphilosophen. Im Folgenden wird der Ausdruck 'Qualia' synonym mit dem Ausdruck 'Erlebnisqualitäten' verwendet. Bewusstsein im eigentlichen Sinn besitzt ein Organismus dann, wenn es sich auf eine bestimmte Weise anfühlt, dieser Organismus zu sein. Ein mentaler Zustand ist bewusst, wenn er *erlebt* wird. Die Begriffe 'phänomenales Bewusstsein' und 'Qualia' bezeichnen diese bewussten Zustände. Es scheint natürlicher, von 'bewusstem Erleben' oder einfach von 'Erleben' zu sprechen (vgl. Chalmers, 1995, 1996b).

Das bewusste Erleben umfasst nicht den gesamten Geist. Die Kognitionswissenschaften untersuchen mentale Zustände und kognitive Prozesse, insofern diese Ursachen des Verhaltens sind. Mentale Zustände können bewusst sein, müssen es aber nicht. Chalmers unterscheidet zwischen einem 'phänomenalen' und einem 'psychologischen' Begriff des Geistes (vgl. 1996a, 11 f.). Der phänomenale Begriff des Geistes meint Geist als bewusstes Erleben. Der psychologische Begriff des Geistes hingegen meint Geist als Ursache des Verhaltens. Hier ist die Qualität des Bewusstseins nicht wichtig, sondern die kausale Rolle. Beide Aspekte, der phänomenale und der psychologische, sind real, decken aber verschiedene Bereiche ab. Ein spezifischer mentaler Begriff kann als phänomenaler, als psychologischer oder als beides analysiert werden. Dass ein mentaler Zustand eine kausale Rolle spielt, ist nicht rätselhaft. Rätselhaft ist, warum es sich auf eine bestimmte Weise anfühlt, in diesem Zustand zu sein. Das Psychologische und das Phänomenale erschöpfen gemeinsam das Mentale. Jede mentale Eigenschaft ist entweder eine phänomenale oder eine psychologische, oder eine Mischung aus beiden. Schmerz beinhaltet beide Aspekte, und es lässt sich darüber streiten, ob die phänomenale Qualität oder die kausale Rolle für Schmerz grundlegender ist. Beide Aspekte des Schmerzes treten in der Regel gemeinsam auf. Viele mentale Begriffe führen ein solches Doppelleben. Überzeugungen, Meinungen, Wünsche und Einstellungen haben sowohl einen psychologischen als auch einen phänomenalen Aspekt.

3. Merkmale des bewussten Erlebens

a) Das Erleben ist subjektiv und privat

Physikalische Gegenstände und Ereignisse, Verhalten, Körperprozesse und Hirnprozesse sind öffentlich. Sie sind objektiv gegeben und intersubjektiv verifizierbar. Das Erleben ist subjektiv und privat, es ist nur uns selbst direkt zugänglich. Nur ich weiß, was ich im Moment fühle, denke und will. Zum Erleben anderer Menschen haben wir keinen direkten Zugang. Es hat noch kein Mensch das Erleben eines anderen von innen her erfahren. Wir können das Verhalten unserer Mitmenschen direkt beobachten, jedoch nicht ihr Erleben. Daraus folgt allerdings nicht, dass uns das Erleben der Mitmenschen vollständig unzugänglich bleibt. Vor allem am Gesichtsausdruck, am Tonfall, an der Sprechgeschwindigkeit, an der Körperhaltung und an sichtbaren Reaktionen wie Zittern, Erröten, Blässe und Schwitzen lesen wir ab, in welchem Gemütszustand unsere Mitmenschen sich befinden. Das Erleben wird vorwiegend auf nichtsprachliche Weise ausgedrückt. Auf Grund der Beobachtung des Ausdrucksverhaltens und auf Grund der Erlebnisberichte unserer Mitmenschen machen wir uns ein Bild davon, was sie im Moment erleben und wie sie empfinden. Zudem stellen wir uns vor, wie wir selbst in ähnlichen Situationen reagieren und empfinden würden. Wir sind fähig, uns vorzustellen, was unsere Mitmenschen erleben, wenn sie sich in einer bestimmten

Situation befinden. Wir können uns bis zu einem gewissen Grad in unsere Mitmenschen einfühlen. Je besser uns das gelingt, desto genauer können wir ihr Verhalten und Handeln vorhersagen.

Beckermann (1999) macht auf die Mehrdeutigkeit des Ausdrucks ‘privat’ aufmerksam. Ein erster Sinn von ‘privat’ zeigt sich in Aussagen wie: „Mehrere Personen können dasselbe Auto besitzen, aber meine Schmerzen kann nur ich haben.“ Eine andere Person kann die gleichen Schmerzen haben wie ich, aber nicht meine Schmerzen. Ein verwandter, aber verschiedener Sinn von ‘privat’ wird deutlich in der Aussage: „Nur ich kann meine Schmerzen fühlen.“ Ein wieder anderer Sinn von ‘privat’ ergibt sich aus der Aussage: „Nur ich kann wissen, ob ich Schmerzen habe; andere können dies höchstens vermuten.“ Viele sehen einen engen Zusammenhang zwischen der Privatheit mentaler Zustände und ihrer Subjektivität (vgl. Beckermann, 1999, 11).

Subjektivität meint die Tatsache, dass es sich auf eine bestimmte Weise anfühlt, Erlebniszustände zu haben. Freude fühlt sich anders an als Ärger, Wut anders als Ekel, Verachtung wieder anders als Langeweile. Für jeden von uns haben diese Zustände eine ganz spezifische Erlebnisqualität. Es fühlt sich auf eine charakteristische Weise an, auf eine blühende Wiese zu blicken, den beruhigenden Ton einer Panflöte zu hören oder den süßen Geschmack von Schokolade auf der Zunge zu spüren. Solche Zustände zu erleben ist etwas anderes als sie zu denken, zu beurteilen oder zu glauben, in ihnen zu sein (vgl. Bieri, 1992). Jeder Mensch lebt in seiner persönlichen Erlebniswelt. Das hat vor allem der Psychologe Carl Rogers betont. Jeder von uns nimmt andere Menschen, Gegenstände und Ereignisse auf eine einzigartige Weise wahr, mit nur von ihm selbst empfundenen Bedeutungen. Diese innere Erlebniswelt ist nur der betreffenden Person selbst zugänglich. Nur sie kann sagen, was sie fühlt, was sie erlebt und wie sie es erlebt. Es gibt so viele Erlebniswelten, wie es Menschen gibt. Nach Rogers ist der beste Ausgangspunkt zum Verständnis des Verhaltens eines anderen Menschen dessen Erleben (vgl. Rogers, 1976, 417–457). Wenn wir Gegenstände im Raum oder Menschen und Autos auf der Straße beobachten, dann stimmen unsere Wahrnehmungen mit denen anderer Menschen in der Regel überein. Wenn wir uns aber bemühen zu verstehen, wie eine Person einen Gegenstand erlebt, ob er ihr gefällt, welchen Wert er für sie besitzt, welche Gefühle er in ihr auslöst, dann sehen wir, wie verschieden unsere Erlebniswelten sind. Sich in einen anderen Menschen einzufühlen meint, die Welt mit dessen Augen zu sehen, so als wäre man der andere, ohne zu vergessen, dass man nicht der andere sein kann. Einfühlung ist der Versuch, das Erleben des anderen so genau nachzuvollziehen, als ob es das eigene wäre, ohne jemals diesen ‘Als-ob-Status’ zu vergessen. Damit ist nicht eine emotionale Identifikation mit dem anderen, ein Nacherleben seiner Gefühle, gemeint. Es geht darum, die Welt mit den Augen des anderen zu sehen, die eigenen Werthaltungen beiseite zu legen, um ohne Vorurteil die Erlebniswelt des anderen betreten zu können (vgl. Biermann-Ratjen, Eckert & Schwartz, 1995, 15 ff.).

Thomas Nagel (1993b) thematisiert die Subjektivität und Privatheit des Erlebens in seinem Artikel: „Wie ist es, eine Fledermaus zu sein?“ Er unterscheidet zwei Betrachtungsweisen, die subjektive und die objektive Betrachtungsweise. Was er damit meint, illustriert er anhand eines Gedankenexperiments. Er fordert uns auf, uns vorzustellen, wie es ist, eine Fledermaus zu sein! Nehmen wir an, dass Fledermäuse Erlebnisse haben, dass sie die Welt aus einer besonderen Perspektive wahrnehmen. Wir wissen, dass diese Tiere sich primär durch Radar oder Echolotortung in der Außenwelt orientieren. Dieses Radar ermöglicht eine Form der Wahrnehmung, die wir uns nicht recht vorstellen können. Bis zu einem gewissen Grad sind wir in der Lage, uns mit unserer Phantasie auszumalen, wie es *für uns* wäre, eine Fledermaus zu sein, es liegt aber jenseits unserer Fähigkeit, uns vorzustellen, wie es *für eine Fledermaus* ist, eine Fledermaus zu sein. Der Spielraum unserer Phantasie ist beschränkt. Es wird uns wenig helfen, uns vorzustellen, dass wir Flughäute an den Armen hätten, mit Hilfe deren wir bei Einbruch der Dunkelheit und im Morgengrauen herumfliegen, während wir mit dem Mund Insekten fangen; dass wir ein schwaches Sehvermögen hätten und die Umwelt mit einem System reflektierter akustischer Signale aus Hochfrequenzbereichen wahrnehmen; und dass wir den Tag an den Füßen nach unten hängend auf einem Dachboden oder in einer Höhle verbringen. Insofern wir uns dies vorstellen können (was nicht sehr viel ist), sagt es uns nur, wie es für uns wäre, uns so zu verhalten, wie eine Fledermaus sich verhält. Das aber ist nicht die Frage. Wir möchten ja wissen, wie es *für eine Fledermaus* ist, eine Fledermaus zu sein (vgl. Nagel, 1993b, 264). Um zu wissen, wie es für eine Fledermaus ist, eine Fledermaus zu sein, müssten wir die Welt aus der Perspektive einer Fledermaus betrachten. Wir müssten die Erlebnisqualitäten einer Fledermaus haben, und dazu bräuchten wir den Körper einer Fledermaus. Erlebnisqualitäten sind subjektiv und an eine bestimmte Perspektive gebunden. Diese Perspektive kann von einem objektiven Standpunkt aus nicht eingenommen werden. Wenn wir versuchen, das Erleben der

Fledermäuse von einem äußeren, einem objektiven Standpunkt aus zu beschreiben, dann verlieren wir den subjektiven Gehalt des Erlebens aus dem Blickfeld. Das Ziel der Naturwissenschaft ist eine möglichst objektive Beschreibung, die so weit nur irgend möglich von subjektiven Standpunkten abstrahiert. Wenn wir also wissen wollen, was eine Fledermaus erlebt, dann ist es nur von begrenztem Nutzen, ihr Verhalten, ihren Körper und ihr Gehirn zu untersuchen. Wenn wir das Verhalten und die Neurophysiologie der Fledermäuse studieren, interessieren wir uns für die objektive Seite dieser Tiere. Bezüglich der subjektiven Erlebnisqualität der Fledermäuse führt uns jeder Schritt zu größerer Objektivität vom eigentlichen Untersuchungsgegenstand weg. Subjektives Erleben scheint eine Tatsache zu sein, die an eine besondere Perspektive gebunden ist. „Es ist schwierig, zu verstehen, was mit dem *objektiven* Charakter eines Erlebnisses gemeint sein könnte – unabhängig von der besonderen Perspektive, von der aus ein Subjekt sie erfasst. Was bliebe letzten Endes von der Weise übrig, wie es ist, eine Fledermaus zu sein, wenn man die Perspektive der Fledermaus entfernte?“ (Nagel, 1993b, 267).

John Searle (2001, 56–58) betont die *Erste-Person-Ontologie* der Bewusstseinszustände. Bewusstseinszustände sind in dem Sinne subjektiv, dass sie immer von einem menschlichen oder tierischen Subjekt erlebt werden. Sie existieren nur in Abhängigkeit von einer Person, einem Organismus oder einem Ich, das sie hat. Ihnen kommt ein *subjektiver Existenz-Modus* zu, denn sie existieren nur, weil sie von einem menschlichen oder tierischen Subjekt erlebt werden. Ein Schmerz existiert nur insofern, als er von jemandem erlebt wird. Objektive Entitäten, wie zum Beispiel Gebäude und Berge, haben eine *Dritte-Person-Ontologie*. Ihre Existenz hängt nicht davon ab, ob sie von einem menschlichen oder tierischen Subjekt erlebt werden. Ihnen kommt ein *objektiver Existenz-Modus* zu, weil ihre Existenz nicht davon abhängt, von einem Subjekt erlebt zu werden. Jeder Bewusstseinszustand existiert nur als ein von einem Subjekt erlebter. Dieses Merkmal erschwert es, Bewusstsein in unser wissenschaftliches Gesamtbild der Welt einzupassen (vgl. Searle, 2001, 91).

Lassen sich Erlebnisqualitäten wie Freude, Ärger, Sehnsucht oder Angst objektiv beschreiben und messen? Kann das subjektive Erleben Forschungsgegenstand empirischer Wissenschaften wie der Psychologie und der Neurowissenschaften sein? Die privaten Gefühle eines Menschen sind für die empirische Forschung keine Daten, weil sie von Außenstehenden nicht direkt beobachtbar sind. Sie werden jedoch zu Daten, wenn der Betreffende von seinen Erlebnissen berichtet. Erlebnisberichte oder Introspektionsberichte sind Daten. Die empirische Forschung ergänzt diese in der Regel durch Verhaltensbeobachtungen und physiologische Messungen. Das Erleben kann insofern Gegenstand wissenschaftlicher Forschung sein, als es objektiv erfassbar, d.h. intersubjektiv nachprüfbar ist. Das trifft auf Erlebnisberichte, auf das Ausdrucksverhalten und auf die mit dem Erleben einhergehenden Körperprozesse zu. Für die empirische Forschung bleibt die Subjektivität und Privatheit des Erlebens eine große Herausforderung. Die Neurowissenschaften erforschen die neuronalen Grundlagen des Erlebens, jedoch nicht das Erleben selbst. Wenn uns Gehirnforscher zum Beispiel bereits heute genau sagen könnten, welche spezifischen neuronalen Aktivitätsmuster mit dem Erleben von Freude einhergehen, wüssten wir ohne eigene Freudeerlebnisse trotzdem nicht, wie es ist, sich zu freuen.

b) Das Erleben ist an eine Perspektive gebunden

Es gibt zwei verschiedene Zugangsweisen, durch die wir ein Wissen über Erleben und Bewusstsein erlangen: von innen und von außen. Von innen, aus der Erlebnisperspektive oder der Ersten-Person-Perspektive; von außen, aus der Beobachterperspektive oder der Dritten-Person-Perspektive. Die erste Zugangsweise ist die Introspektion, der so genannte phänomenologische Ansatz. Die zweite Zugangsweise ist der Versuch, sich dem Erleben und Bewusstsein von außen zu nähern, zum Beispiel mit Hilfe der Verhaltensbeobachtung und der Gehirnforschung. Aufgabe der Wissenschaft ist es herauszufinden, wie Dinge funktionieren. Es gibt jedoch einen Unterschied zwischen der Erklärung, wie etwas funktioniert, und der Erfahrung dessen. Erfahrung ist etwas sehr Spezielles und Individuelles. Ein Wissenschaftler kann nur von außen beobachten. Jeder von uns hat aber glücklicherweise die Möglichkeit zum Blick von innen. Die beiden Perspektiven lassen sich nicht aufeinander reduzieren.

Zu unserem bewussten Erleben haben wir einen unmittelbaren und direkten Zugang von innen. Wegen dieses privilegierten Zugangs ist unser Wissen um die eigenen mentalen Zustände 'unkorrigierbar'. Bedeutet dies, dass wir uns in diesem Bereich nie irren können? Die Aussage, mentale Phänomene seien unkorrigierbar, hat zu vielen Diskussionen und Missverständnissen geführt. Wir erleben zum Beispiel aktuelle Gefühle mit zweifelsfreier Gewissheit und auf eine einmalige und unverwechselbare Weise. Die epistemische (auf Wissen bezogene) Autorität liegt bei dem, der von seinem Erleben in der ersten Person berichtet. Erlebe ich im Moment eine tiefe Zufriedenheit, so kann mich niemand davon überzeugen, dass ich in Wirklichkeit Unzufriedenheit erlebe. Meine Gewissheit über die erlebte Zufriedenheit ist in diesem Sinne unkorrigierbar, unbezweifelbar. Das pure Erleben selbst kann ich allem Anschein nach nicht anzweifeln. Zweifeln kann ich sehr wohl an der Interpretation dieses Zustandes, woher er kommt, ob er berechtigt ist oder nicht, jedoch nicht an der Tatsache, dass ich im Moment diesen Zustand erlebe. Die Aussage, mentale Zustände seien unkorrigierbar, meint nicht, dass uns die Introspektion immer ein vollständiges und korrektes Bild der in uns wirksamen psychologischen Einflussfaktoren liefert. Der introspektive Zugang zum eigenen Erleben vermittelt uns keinen umfassenden Einblick in die innere Psychodynamik. Wir kennen die Gefühle unserer Mitmenschen oft besser als unsere eigenen. Bei Neid und Eifersucht zum Beispiel sehen Außenstehende meist deutlicher, dass jemand diese Gefühle hat, als der Betreffende selbst. Nach Descartes kann der Mensch alles bezweifeln, sogar die Existenz seines Körpers, außer die Tatsache, dass er denkt bzw. zweifelt (vgl. Beckermann, 1999, 9–12; Brüntrup, 1996, 28 f.; Searle, 2001, 57).

Erlebnisqualitäten sind an die Erste-Person-Perspektive gebunden. Diese Perspektive kann von einem objektiven Standpunkt aus nicht eingenommen werden. Erlebnisse gibt es nicht an sich. Sie sind immer jemandes Erlebnisse. Niemand weiß, wie es für mich ist, das Rollen einer niedersausenden Schneelawine zu erleben. Unser Bewusstsein ist ein zentriertes Bewusstsein. Der Mittelpunkt des Bewusstseins sind wir selbst. Bewusstsein hat eine perspektivische Natur, und das müsste Gegenstand jeder überzeugenden wissenschaftlichen Theorie des Bewusstseins sein. Objektive Wissenschaft abstrahiert aber von allen subjektiven Perspektiven. Eine Theorie über Schmerzen zum Beispiel, in der das Erleben des Schmerzes nicht vorkommt, ist überhaupt keine Theorie über Schmerzen. Sie wäre uns unendlich fern, denn sie würde genau das nicht erfassen, was uns interessiert. Das ist der Grund, warum manche Philosophen den phänomenalen Gehalt von Erlebnisqualitäten für eine irreduzible Eigenschaft solcher Zustände halten (vgl. Metzinger, 1996, 15–53).

Wir können die Welt so beschreiben, dass wir selbst in ihr nur ein Gegenstand unter vielen anderen Gegenständen, ein Körper neben vielen anderen Körpern sind. Dabei versuchen wir, uns selbst und die Welt gleichsam 'von außen' zu beschreiben, ohne unsere Erlebnisperspektive zu berücksichtigen. Angesichts der unendlichen Weite von Raum und Zeit schrumpft mein Leben zur Bedeutungslosigkeit. Ich bin nur ein Mensch unter Milliarden von Menschen. Ich lebe auf dieser Erde, die nur ein Staubkorn ist, das sich in der Unendlichkeit des Weltraums dreht. Ob es mich gibt oder nicht gibt, ändert an der Menschheit als ganzer und am Universum als ganzem nichts. Auf der anderen Seite erlebe ich mich nicht nur als Gegenstand in der Welt. Ich betrachte die Welt aus der subjektiven Perspektive meines Bewusstseins. Diese Sicht ist einzigartig und unvertretbar. Mit meinem Ende, mit meinem Tod geht eine ganze Welt zu Grunde: die Welt meiner Empfindungen, Erlebnisse und geistigen Zustände, die einen unauflösbar subjektiven Charakter haben. Meine Welt, meine Erlebniswelt wird ausgelöscht.

Das Dilemma der zwei Perspektiven zeigt sich noch in einer anderen Form. Auf der einen Seite sind wir als materielle Körper ein Teil der physischen Welt und unterliegen daher den gesetzmäßigen Notwendigkeiten, welche die Naturwissenschaften beschreiben. Aus dieser Sicht sind wir nur ein Spielball der Kräfte, die den mechanischen Ablauf der Welt bestimmen. Wir sind in ein Netz kausaler Beziehungen eingebunden. Sind unsere Verhaltensweisen und Handlungen deshalb vollständig durch die Naturgesetze bestimmt? Sind die Bewegungen unseres Körpers genauso determiniert wie die Bewegungen fallender Gegenstände? Auf der anderen Seite *erleben* wir uns nämlich als kausalen Ursprung, als Urheber unseres Handelns. Handlungen unterscheiden sich von Geschehnissen, die uns zustoßen. Sie sind etwas, das *wir* tun, im Gegensatz zu dem, was uns widerfährt. Dinge, die uns widerfahren, sind zum Beispiel: Ich stolpere auf der Treppe, ich muss nießen, ich erkranke an Grippe, ich ärgere mich. Wir verhalten uns immer, aber wir handeln nicht immer. Im Handeln haben wir eine gewisse Kontrolle über unsere Bewegungsabläufe. Wir führen die sichtbaren Bewegungen mit Absicht aus. Eine bestimmte Handbewegung ist nur dann ein Gruß und nicht eine gymnastische Übung oder ein Tick, wenn wir auch grüßen wollten. Handlungen entstehen aus Motiven. Wir können begründen, warum wir etwas getan oder nicht getan haben. Handlungen implizieren eine Wahlmöglichkeit, eine Entscheidung zwischen Alternativen: Wir hätten auch anders handeln können. Es gibt einen deutlichen Unterschied in der Erlebnisqualität zwischen freiwilligen und erzwungenen Handlungen. Einer handelnden Person unterstellen wir, dass sie das, was sie tut oder unterlässt, absichtlich unternimmt, dass sie damit ein Ziel verfolgt und dass sie sich dessen, was sie tut, zumindest teilweise bewusst ist. Die Bedeutung des Begriffes 'Handlung' ist ohne die Idee der Erlebnisperspektive nicht adäquat zu verstehen. Damit ein Verhalten eine Handlung im vollen Sinn des Wortes ist, muss ich es als von mir selbst vollzogen erfahren. Roboter zeigen auch koordiniertes, von innen gesteuertes und der Situation angemessenes Verhalten. Sie erleben ihr Verhalten aber ebenso wenig wie Verantwortung oder Schuld.

Beide Perspektiven, die Erlebnisperspektive und die Beobachterperspektive, sind uns vertraut, und beide haben für uns ein hohes Maß an Plausibilität. Ein Problem ergibt sich dadurch, dass sie sich – zumindest auf den ersten Blick – zu widersprechen scheinen. Welches der beiden Selbstbilder auch wahr sein mag, das jeweils andere scheint auf einem Irrtum zu beruhen. Wie lässt sich der Widerspruch zwischen diesen beiden Perspektiven beseitigen? Wer sich diese Frage stellt, beginnt, über das Körper-Geist-Problem nachzudenken (vgl. Brüntrup, 1996, 11 f.).

Bewusstes Erleben taucht in der Entwicklung des Universums sehr spät auf. In einem mittelpunktlosen Universum entstehen plötzlich Ich-Zentren, Brennpunkte des Bewusstseins. Jedes dieser Bewusstseinszentren besitzt eine eigene Perspektive. An jede dieser Perspektiven ist eine persönliche Erlebniswelt gebunden. Diese individuellen Erlebniswelten besitzen ihre eigene Geschichte und ihre eigene Biographie. Mit Bewusstsein entsteht immer das, was wir im Alltag bewusstes Erleben nennen. Wie können in einem objektiven Universum ständig viele subjektive Universen entstehen und wieder vergehen? Wie kann jeder von uns ein subjektives Universum sein?

c) Das Erleben ist unräumlich

Körper sind ausgedehnt, dreidimensional und von zeitlicher Struktur. Erlebniszustände sind unausgedehnt und besitzen nur eine zeitliche Existenz. Es hat keinen Sinn, danach zu fragen, wie lang, wie breit, wie hoch oder wie schwer ein Gefühl, eine Empfindung oder ein Wunsch ist. Ebenso unsinnig wäre es, Wahrnehmungen, Gedanken und Gefühle im Raum anordnen zu wollen, so dass sich ein Gefühl zum Beispiel zwei Meter neben einem Gedanken befände. Die Sprache, mit der wir unsere Erlebnisse ausdrücken, verwendet zwar räumliche Bilder wie zum Beispiel in der Aussage „mir ist ein Stein vom Herzen gefallen“, aber das Erleben selbst ist nichträumlich. Die Hirnaktivität, die mit Gedanken und Gefühlen einhergeht, kann als ausgedehnt bezeichnet werden, jedoch nicht die Gedanken und Gefühle selbst. Bewusstsein ist kein 'Gegenstand', der sich nahtlos in die gewöhnliche Welt einfügt.

In unserem Alltagsverständnis sind Bewusstsein und Raum zwei der selbstverständlichsten Dinge der Welt. Das Bewusstsein ist jeden Augenblick unseres Wachseins, und sogar in unseren Träumen, gegenwärtig. Wir können ihm nicht entfliehen, selbst wenn wir das wollten. Dem Raum können wir ebenso wenig entfliehen wie dem Bewusstsein. Unsere Welt ist eine räumliche Welt. Wir werden in den Raum hineingeboren, wir leben im Raum und wir sterben im Raum. Wir existieren nicht nur im Raum, wir nehmen die Welt auch als räumlich wahr. Wenn wir am Morgen die Augen öffnen, werden wir sofort mit dem Raum und den Gegenständen, die er enthält, konfrontiert. Unser menschlicher Körper selbst ist ein Objekt im Raum. Unser Leben und Handeln spielt sich im Raum ab.

Sehen ist der Sinn, der uns am unmittelbarsten mit Raum vertraut macht. Der Tastsinn ergänzt die visuelle räumliche Wahrnehmung. Manchmal benutzen wir ihn, um zu überprüfen, ob unsere visuellen Eindrücke von einer Entfernung korrekt sind. Spiegel können das Auge zum Narren halten und uns einen Gegenstand an einer Stelle sehen lassen, wo er sich in Wirklichkeit gar nicht befindet. Der Tastsinn ist für Spiegeltricks nicht empfänglich. Hören, Riechen und Schmecken sind ebenfalls vom Raum abhängig, wenn auch nicht so massiv wie Sehen und Tasten. Gerüche sind in der Nase zu Hause, Geschmack haben wir im Mund. Jeder Sinn berichtet uns auf seine Weise etwas über den Raum, indem er die räumlichen Relationen zwischen dem Körper und dem Objekt seiner Wahrnehmung mit einbezieht. Selbst unsere Gefühle sind vom Raum beeinflusst. Reisen beispielsweise weckt Erwartungen, Abenteuerlust, Optimismus oder Angst. Manche Menschen leiden unter Angststörungen, die mit dem Raum zusammenhängen, wie der Angst vor engen geschlossenen Räumen, vor weiten offenen Plätzen oder vor Höhen.

Wenn das Gehirn räumlich organisiert ist, ein Stück Materie im Raum, und der Geist nichträumlich, wie um alles in der Welt kann dann der Geist aus dem Gehirn hervorgehen (vgl. McGinn, 2001, 125–158)? Wie entsteht etwas Nichträumliches aus Räumlichem? Wie bringen es die kleinen, räumlich organisierten Gehirnzellen fertig, nichträumliche Empfindungen entstehen zu lassen? Das Ganze scheint ein Bruch in der natürlichen Ordnung zu sein. Wie kann etwas Nichträumliches eine enge kausale Beziehung zu etwas Räumlichem eingehen? Offensichtlich nicht mittels räumlicher Kontakte und auch nicht mit Hilfe der Schwerkraft. Wie kann das nichträumliche Bewusstsein einen Platz in der räumlichen Welt haben? Vielleicht, so McGinn, liegen wir mit unserer Einschätzung dessen, was Raum wirklich ist, völlig falsch. Vielleicht ist der Raum etwas ganz anderes, als wir glauben, und damit ließe sich Bewusstsein mit der wirklichen Natur des Raumes vereinbaren. Die Aussage, Bewusstsein besitze keine räumlichen Eigenschaften, ist so zu verstehen, dass es nicht die Eigenschaften hat, die *wir* dem Raum zuordnen. Raum ist womöglich etwas anderes als das, was wir uns darunter vorstellen. So gesehen ist das Wort 'Raum' nur ein Etikett für etwas da draußen, ein Medium, in dem sich alle Dinge befinden.

Bewusstsein hat weder Länge noch Breite noch Höhe, wie wir sie normalerweise wahrnehmen. Vermutlich sind Länge, Breite und Höhe bestenfalls oberflächliche Eindrücke von dem, was Raum seinem objektiven Wesen nach wirklich ist. „Vielleicht verfügt der Raum objektiv über eine Struktur, die ihn in die Lage versetzt, Geist und Materie auf einfache und natürliche Art zusammen in sich zu vereinen, die Art dieser Zusammenführung aber entzieht sich unserem gegenwärtigen Verständnis von Raum" (McGinn, 2001, 145). Hätten wir eine Vorstellung vom wirklichen Wesen des Raumes, bis hinunter ins Allerkleinste seiner Ultrastruktur, würden wir einsehen, dass Bewusstsein etwas ebenso Räumliches ist wie Äpfel, Felsen und Kontinentalplatten. Nur unsere Unkenntnis des Raumes lässt uns glauben, Bewusstsein sei etwas Nichträumliches. Richtig ist: Bewusstsein ist nur in Bezug auf unsere gegenwärtige Vorstellung von Raum nichträumlich. Auch unser Gehirn muss über Eigenschaften verfügen, die in unserer gegenwärtigen physikalischen Weltsicht und unserer Raumvorstellung nicht repräsentiert sind, Eigenschaften, die wir nicht im Geringsten verstehen. Gehirne wären im gegenwärtigen Sinne des Wortes nicht ganz und gar räumlich.

Nach McGinn bräuchten wir eine völlig neue Theorie des Raumes, um Bewusstsein erklären zu können. Von einer solchen Theorie zu fordern, dass sie dem Menschen zugänglich sein soll, ist wohl zu viel verlangt. Unser Erkenntnisvermögen, mit dem uns die Evolution ausgestattet hat, reicht nicht aus, um eine radikal neue Vorstellung vom Raum zu entwickeln, die zum Verständnis von Bewusstsein notwendig wäre. Es gibt gute Gründe für die Annahme, dass wir bei der Lösung des Körper-Geist-Problems von unseren kognitiven Grenzen behindert werden. Auch bezüglich der wahren Natur des Raumes stoßen wir an die Grenze unseres Erkenntnisvermögens. Die für die Erfassung des Bewusstseins notwendige Ausweitung unserer Sicht des Raumes liegt sehr weit außerhalb von allem, was wir derzeit begreifen oder uns vorstellen können. „Unser Geist steht einer korrekten Theorie des Raumes so ähnlich gegenüber wie der Geist eines Adlers der Relativitätstheorie“ (McGinn, 2001, 155). Wir sind versucht anzunehmen, dass wir einen räumlich privilegierten Einblick in die wahre Natur von Bewusstsein und Raum genießen. Wir glauben, Bewusstsein in seiner unverfälschten Form zu untersuchen. Wir sehen den Raum vor uns ausgebreitet und erfassen intuitiv die räumlichen Beziehungen der Gegenstände zueinander. Es ist wie ein Schock, wenn wir hören, dass wir nicht wirklich verstehen, was diese Dinge eigentlich sind, dass wir ihren innersten Eigenschaften zutiefst unwissend gegenüberstehen.

Wenn Bewusststein nicht räumlich ist, wie kann es dann seinen Ursprung in der räumlichen Welt haben? Zuerst gab es das Universum ohne Bewusstsein. Dann begann die Evolution des Lebens, und die Materie ordnete sich immer komplexer und raffinierter an. Als Ergebnis davon kam das Bewusstsein in die Welt. Es entstand etwas radikal Nicht-Räumliches? Nicht-Räumliches ging aus rein Räumlichem hervor. Wie kann etwas Unausgedehntes aus dem Ausgedehnten entstehen? Colin McGinn spekuliert: Der Ursprung des Bewusstseins bedient sich irgendwie jener Eigenschaften des Universums, die dem Urknall vorausgegangen sind und ihn erklären. Bewusstsein wäre demnach ursprünglicher als Materie im Raum, zumindest, was sein Rohmaterial betrifft. Unser Gehirn muss über Eigenschaften verfügen, die in unserer gegenwärtigen physikalischen Weltsicht nicht vorkommen und die wir nicht im Geringsten verstehen. Dieser Auffassung nach ist unsere Sicht der Realität, einschließlich der physikalischen Realität, grundlegend unvollständig. Bewusstsein ist eine Anomalie in unserer gegenwärtigen Weltsicht (vgl. McGinn, 1996).

4. Offene Fragen

Wie ist der Zusammenhang zwischen Körper und Geist, zwischen dem Physischen und dem Mentalen, zu erklären? Wie hängen Gehirnzustände und Bewusstseinszustände zusammen? Was verursacht unser Verhalten und Handeln? Der Geist oder das Gehirn? Wie geschieht der rätselhafte Sprung vom Seelischen zum Körperlichen und vom Körperlichen zum Seelischen? Wie entsteht aus einem Willensentschluss eine Körperbewegung? Wie führt eine Netzhautreizung zu einem visuellen Erlebnis? Wie ereignete sich der Übergang von der leblosen Materie zu den lebenden Organismen, und wie der Übergang von den lebenden Organismen zum bewussten Erleben? Wie ist die Entstehung des Bewusstseins in einem physikalischen Universum möglich? Kann das Erleben aus seinen materiellen Bedingungen erklärt werden? Wie machen es die räumlich organisierten Gehirnzellen, dass aus ihrer Aktivität nichträumliche, bewusste Erlebnisse entstehen?

Die Probleme, die mit diesen Fragen und der in ihnen enthaltenen Unterscheidung zwischen Körper und Geist zusammenhängen, werden unter dem Titel 'Leib-Seele-Problem', 'Körper-Geist-Problem' oder 'Gehirn-Geist-Problem' diskutiert. Man kann dieses Problem das Rätsel des bewussten Erlebens, das Rätsel des Bewusstseins, nennen. Ist ihm durch bloßes Nachdenken beizukommen? In den vergangenen Jahrzehnten ist Bewusstsein zur Hauptfrage der modernen interdisziplinären Hirnforschung geworden. Neurowissenschaftler erörtern heute Themen, die früher nur Philosophen und Theologen behandelten. Zu diesen Themen zählt auch die Frage nach der Willensfreiheit. Bewusstsein erscheint vielen Forschern als die größte theoretische Herausforderung. Die Lösung dieses Rätsels käme einer wissenschaftlichen Revolution gleich. Es ist jedoch nicht klar, worin das Rätsel des Bewusstseins genau besteht und was wir als überzeugende Lösung dieses Rätsels akzeptieren würden.

Chalmers unterscheidet am Bewusstsein einen psychologischen und einen phänomenalen Aspekt und spricht vom 'leichten' (easy) und vom 'schwierigen' (hard) Problem des Bewusstseins (vgl. Chalmers, 1995, 1996a, 1996b). Die 'leichten' Probleme des Bewusstseins lassen sich seiner Meinung nach mit den Methoden der Psychologie und der Neurowissenschaften prinzipiell lösen. Das 'schwierige' Problem kann mit den Standardmethoden dieser Wissenschaften grundsätzlich nicht geklärt werden. 'Leicht' ist natürlich ein relativer Begriff. Bis die so genannten leichten Probleme des Bewusstseins geklärt sind, werden gut und gerne noch hundert bis zweihundert Jahre empirischer Forschung ins Land gehen. Zu den leichten Problemen des Bewusstseins zählt Chalmers folgende Fragen: Wie unterscheidet das Gehirn Umweltreize und wie reagiert es angemessen auf sie? Wie integriert es Informationen, die aus verschiedenen Quellen stammen, und wie nutzt es diese zur Steuerung des Verhaltens? Wie ist es möglich, dass wir Menschen über unsere internen Zustände berichten können? Wie erfolgt der Zugriff auf unsere eigenen inneren Zustände? Wie funktionieren Gedächtnis und Erinnern? Wie sind Aufmerksamkeit, Wachheit, Schlaf und willentliche Verhaltenskontrolle zu erklären? Bestünde das Problem des Bewusstseins nur in diesen

Fragen, wäre es für die Wissenschaft kein unlösbares Rätsel. Wir besitzen zwar immer noch keine vollständigen wissenschaftlichen Erklärungen dieser Phänomene, aber wir haben zumindest eine klare Vorstellung davon, wie wir zu solchen Erklärungen kommen können. Gelingt es den Neurowissenschaften zu zeigen, wie das Gehirn die erwähnten Aufgaben bewältigt, dann sind die 'einfachen' Probleme des Bewusstseins geklärt. Der psychologische Aspekt des Körper-Geist-Problems konfrontiert die Wissenschaft zwar mit einer Reihe technischer Probleme, ist aber kein tiefes metaphysisches Rätsel.

Das schwierige Problem des Bewusstseins bilden die Subjektivität und der qualitative Aspekt des Erlebens. Alle wissenschaftlichen Erkenntnisse haben bisher kein Licht auf die Frage geworfen, *wie* und *warum* bestimmte Hirnprozesse und kognitive Funktionen von bewusstem Erleben begleitet werden. Wie bringen physikalisch-chemische Prozesse im Gehirn bewusstes Erleben hervor? Warum und wie werden psychologische Eigenschaften von phänomenalen Eigenschaften begleitet? Wenn wir denken, fühlen und wahrnehmen, dann gibt es nicht nur eine Menge an Informationsverarbeitung im Gehirn, es gibt auch das bewusste Erleben dieser Phänomene, ihre *Erlebnisqualität*. Warum sollten physische Reizverarbeitungen überhaupt den Reichtum des inneren Erlebens erzeugen? Unter Neurowissenschaftlern und Philosophen herrscht große Übereinstimmung darüber, dass unser bewusstes Erleben aus Gehirnprozessen hervorgeht, aber wir haben keine Erklärung dafür, *warum* und *wie* das geschieht. Wir können nicht erklären, warum es sich auf eine bestimmte Weise anfühlt, eine Empfindung zu haben oder seine Lieblingsmusik zu hören. Das schwierige Problem des Bewusstseins ist das bewusste Erleben. Dieses Problem geht über die Erklärung der Struktur und Funktion des Gehirns hinaus. Die Gehirnforschung versucht, die neuronalen Korrelate des bewussten Erlebens aufzudecken. Wir wissen zwar, dass unser subjektives Erleben eng mit Gehirnvorgängen verbunden ist, aber dieser Zusammenhang selbst erscheint rätselhaft. Wir haben nicht die geringste Ahnung, wie das bewusste Erleben, das uns nur in der Ersten-Person-Perspektive zugänglich ist, aus objektiv beschreibbaren Gehirnprozessen hervorgeht. Niemand weiß, warum bestimmte Hirnprozesse von bewusstem Erleben begleitet werden oder warum wir überhaupt Erlebnisse haben. Es bleibt stets eine Erklärungslücke zwischen dem bewussten Erleben und seinen vermuteten materiellen Korrelaten. Erst wenn wir wüssten, warum diese Prozesse überhaupt bewusstes Erleben hervorbringen, könnten wir nach

Joseph Levine (1983) die *Erklärungslücke* zwischen Gehirnprozessen und Bewusstsein überwinden.

Was erwarten wir von einer befriedigenden Theorie des Bewusstseins? Sie müsste dem Reichtum und der Vielfalt des subjektiven Erlebens Rechnung tragen und die Perspektive des erlebenden Subjekts ernst nehmen. Sie sollte erklären können, wie die Erlebnisperspektive mit der Beobachterperspektive der von außen operierenden Wissenschaften zusammenhängt (vgl. Metzinger, 1996, 18).

II. Gehirnabhängigkeit des Erlebens und Verhaltens

1. Ist das bewusste Erleben eine Illusion?

Das menschliche Gehirn ist das komplizierteste Gebilde, das wir kennen. Alles, was wir jemals sehen, hören, denken, fühlen, wollen und wissen, hängt von der Aktivität der Zellen dieses Gewebes ab. Ohne funktionierendes Gehirn erleben wir nichts. Ist unsere Welt eine vom Gehirn erzeugte Wirklichkeit? Ist unser Erleben eine vom Gehirn hervorgebrachte 'Illusion'?

Wir glauben, dass es außerhalb von uns eine reale Welt gibt, eine Welt voller Farben, Töne und Gerüche. Wir können sie sehen, hören, riechen, berühren und schmecken. Wir gehen davon aus, dass unser Bild der Welt im Großen und Ganzen eine korrekte Wiedergabe der Realität ist. Wir sind überzeugt, dass ein süßer roter Apfel rot erscheint, weil er tatsächlich rot ist, und dass er süß schmeckt, weil Süßigkeit eine Eigenschaft des im Apfel enthaltenen Zuckers ist. Natürlich wissen wir, dass unsere Sinne uns manchmal täuschen können. Wenn wir zum Beispiel einige Minuten auf einen roten Apfel starren und unmittelbar danach auf eine weiße Wand schauen, dann sehen wir an der Wand einen grünen Apfel. Dieses mentale Bild ist eindeutig eine Illusion, weil es an der Wand keinen Apfel gibt und der Apfel außerdem eine andere Farbe hat. Das längere Starren auf einen roten Apfel hat die Rotpigmente in den visuellen Rezeptoren eines kleinen Teils der Netzhaut unseres Auges erschöpft, und der verminderte Input aus diesen Rezeptoren ist für die Farbillusion verantwortlich.

Neurowissenschaftler sagen uns seit langem, dass beinahe jeder Aspekt unseres bewussten Erlebens durch Hirnschädigungen oder durch Beeinflussung der Neurochemie des Gehirns mit Hilfe von Drogen und Medikamenten verändert werden kann. Die Einnahme bestimmter Substanzen verändert die Gehirntätigkeit und damit auch das bewusste Erleben. Wenige Tropfen Äther oder Chloroform reichen aus, um das bewusste Leben vollkommen auszulöschen. Geringe Mengen von Alkohol bewirken, dass die Hemmungen fallen, dass das Denken ungeordnet und die Stimmung fröhlich und optimistisch wird. Opium, Haschisch und Morphium erzeugen Zustände, in denen die reale Wirklichkeit entschwindet und der Mensch sich in eine herrliche unbeschwerte Traumwelt versetzt fühlt. Meskalin bringt wahrnehmungsähnliche Trugbilder hervor, deren Farbenpracht alles Bekannte weit übertrifft (vgl. Rohracher, 1965, 13 f.). Solche Beobachtungen legen nahe, dass unsere Wirklichkeitserfahrung stärker von der internen Gehirnaktivität abhängt als von der Welt außerhalb unserer Haut. Ein Input von der Welt draußen ist für das bewusste Erleben nicht unbedingt notwendig. Wir können im Traum weiße Berge und grüne Wiesen sehen, ohne dass Licht in unsere Augen dringt. Die Hirnforschung kann uns zwar nicht erklären, warum wir bewusste Erlebnisse haben, sie zeigt uns aber, dass diese von der Aktivität unseres Gehirns abhängen.

Unser bewusstes Erleben bestimmt die Natur unserer wahrgenommenen Realität. Wir interpretieren die physische und soziale Welt zwangläufig aus unserer Erlebnisperspektive. Als Reaktion auf sonst bedeutungslose physikalische und soziale Ereignisse erleben wir zum Beispiel Furcht, Zorn, Liebe, Schmerz und Ekel. Solche Interpretationen unserer Umgebung können wir nicht vermeiden, selbst wenn wir das wollten. Ein Verlust des bewussten Erlebens wäre ein Verlust jeglicher Bedeutung und eine Rückkehr zu den Bedingungen, die zur Zeit der Entstehung des Lebens herrschten.

Wie ist die Welt an sich? Wie ist die Welt außerhalb unseres bewussten Erlebens? Die nichtbiologische Welt ist voll von elektromagnetischer Strahlung, Luftdruckwellen, chemischen Stoffen im Wasser und in der Luft. Sie ist rabenschwarz, still, geruchlos und geschmacklos. Die Welt außerhalb des Bewusstseins ist finster und still wie die Welt der Toten. Üble Gerüche, liebliche Töne, grelle Lichter oder ein widerlicher Geschmack sind Illusionen des Bewusstseins. Johnston (1999) betont in seinem Buch „Warum wir fühlen“, bewusstes Erleben sei eine Eigenschaft biologischer Gehirne, und außerhalb von Gehirnen gebe es kein bewusstes Erleben.

Der Gedanke, das Gehirn bringe das bewusste Erleben hervor, widerspricht unserem Alltagsverständnis. Es ist schwer vorstellbar, dass wir im Grunde in einer farblosen und stillen Welt leben, die nur aus elektromagnetischer Strahlung und Luftdruckwellen bestehen soll. Es ist jedoch völlig unmöglich, zu leugnen, dass wir bewusste Erlebnisse haben. Dies legt nach Johnston folgenden Schluss nahe: Das Erleben der Farbe Rot wird zwar durch eine elektromagnetische Welle bestimmter Frequenz hervorgerufen, die auf die Netzhaut unserer Augen trifft, aber die Eigenschaft Rot an sich ist in der äußeren

Welt nicht zu finden. Das Erleben der Farbe Rot ist eine Eigenschaft, die ausschließlich aus der Aktivität der Nervenzellen hervorgeht. Es ist eine *emergente* Eigenschaft. Das gesamte Erleben ist demnach ein Produkt der Gehirnaktivität. Wenn die Nervenzellen im Gehirn die ganze Arbeit leisten und das bewusste Erleben erzeugen, welche Rolle spielt dann das bewusste Erleben selbst? Ist es nur ein Nebenprodukt der Gehirnmaschinerie, das auf dessen Funktionieren keinen kausalen Einfluss hat? Nach Johnston sichern die Eigenschaften des Bewusstseins das biologische Überleben. Wenn faule Eier übel riechen, Gewebeverletzungen Schmerzen verursachen oder Zucker süß schmeckt, dann liegt das daran, dass das menschliche Gehirn eine neuronale Organisation entwickelte, die angenehme oder unangenehme Empfindungen für all jene Aspekte der Welt erzeugen kann, die für das Überleben der Gene ein Segen oder ein Fluch sind. Es ist nicht notwendig, dass wir diese Mechanismen verstehen oder uns ihrer bewusst sind, um zu überleben. Dieses Wissen ist bereits ein Teil unserer biologischen Natur. Johnston vertritt einen evolutionären Funktionalismus. Demnach hat das menschliche Gehirn sich nicht entwickelt, um die Welt um uns genau abzubilden, sondern um unseren Genen das Überleben zu sichern. Sinnesempfindungen sind keine Eigenschaften von Molekülen oder Ereignissen in der äußeren Welt, sie sind im Laufe der Evolution entstandene, nützliche Illusionen unseres Bewusstseins.

Normalerweise, so Johnston, fragen wir uns nicht, warum wir Luftdruckwellen nicht sehen oder elektromagnetische Strahlung nicht hören, oder warum wir in Gegenwart von Gammastrahlen nicht ein völlig anderes subjektives Erleben haben, eines, das wir uns nicht vorstellen können. Unter diesen Umständen würden wir unsere Welt völlig anders wahrnehmen. Die Art, wie wir die Welt tatsächlich erleben, erfordert deshalb einiges an Begründung. Die Illusion des naiven Realismus ist zu stark und zu allgegenwärtig: Wir glauben so sehr, dass Gegenstände tatsächlich farbig, kalt oder heiß, bitter oder süß, schön oder hässlich sind, dass wir uns gar nicht fragen, wie und warum wir diese Eigenschaften unserer physischen Welt aufzwingen oder was das mit unserem biologischen Überleben zu tun hat. Wir reden über die Welt um uns, als ob sie voll von Licht, Tönen, Gerüchen und Geschmack wäre. Die Welt um uns enthält elektromagnetische Strahlung, Luftdruckwellen und in Luft und Wasser aufgelöste chemische Stoffe. Ohne Bewusstseins gibt es kein Licht, keinen einzigen Ton, keinen Geruch oder Geschmack. In diesem Sinne ist die Welt unseres Bewusstseins eine Illusion. Trotzdem, unsere Empfindungen und Gefühle sind keine irrelevanten Nebenprodukte der Gehirnaktivität, sondern wichtige emergente Eigenschaften, die das Überleben der Gene sichern. Johnston betrachtet das bewusste Erleben als eine Art aktiven Filter, der jene Aspekte der äußern Welt 'vergrößert', die für das Überleben relevant sind. Bewusstseinsphänomene verstärken jene Eigenschaften der physischen und sozialen Umwelt, die biologisch relevant sind. Der aktive Filter unseres Bewusstseins erleuchtet die Dunkelheit, ignoriert irrelevante Strahlung, wandelt relevante Strahlung um und 'vergrößert' sie. Mit unseren Sinnesorganen, die nur auf eine bestimmte Energiebandbreite eingestellt sind, treffen wir sehr genaue Unterscheidungen innerhalb einer kleinen, biologisch jedoch sehr wichtigen Bandbreite von Intensität und Frequenz. Wir sehen zum Beispiel nicht das gesamte elektromagnetische Spektrum. Was wir erfassen, löst lebhafte bewusste Erfahrungen aus, die zwar grobe, aber nützliche Verzerrungen dessen sind, was da draußen existiert. Unsere bewussten Empfindungen und Gefühle sind keine irrelevanten Nebenprodukte neuronaler Aktivität, sondern erstaunliche emergente Eigenschaften, die ihre Existenz dem 'Meisterdenker' verdanken, den wir natürliche Auslese nennen (vgl. Johnston, 1999, 1–20).

2. Neurobiologische Grundlagen des Erlebens und Verhaltens

Bis ins 20. Jahrhundert wusste die Wissenschaft nichts über die grundlegende Einheit unseres Nervensystems, die Nervenzelle. Um die Jahrhundertwende stellte der Neuroanatom Santiago Ramón y Cajal die These auf, dass sich das Nervensystem aus Neuronen zusammensetzt. Mit Hilfe der Golgi-Färbemethode gelang es ihm, einzelne Nervenzellen mit ihren bäumchenartigen Verästelungen zu identifizieren. Er stellte die These auf, dass die Kommunikation zwischen den Nervenzellen durch Kontakt geschieht. Seine Behauptungen wurden fünfzig Jahre später mit Hilfe des Elektronenmikroskops bestätigt (vgl. Roth & Prinz, 1996, 69). Die Elektronenmikroskopie ermöglichte es, die Verknüpfungsstellen zwischen den Neuronen, die so genannten Synapsen, genauer zu untersuchen. 1948 vertrat Donald Hebb die These, das Gehirn sei nicht bloß eine Anhäufung von Gewebe, sondern bestehe aus hochgradig integrierten Strukturen, so genannten Zellgruppierungen (cell assemblies), die für spezifische Funktionen verantwortlich sind (vgl. Zimbardo & Gerrig, 1999, 65 f.).

Am 25. April 1989 erklärte Präsident George Bush das letzte Jahrzehnt des vergangenen Jahrtausends zum 'Jahrzehnt des Gehirns'. Im April 2000 rief eine Gruppe von Hirnforschern in Deutschland die 'Dekade des menschlichen Gehirns' (2000–2010) nach amerikanischem Vorbild aus. Das Gehirn ist mittlerweile der wohl interessanteste Gegenstand menschlicher Forschung. Die Hirnforschung ist ein interdisziplinäres Unternehmen: Neuroanatomie, Neurophysiologie, Neurologie, Biochemie, Physik, Molekularbiologie, Informatik, Psychologie, Verhaltensforschung, Mathematik und Informatik beteiligen sich an ihr. Die Bezeichnung „Neurowissenschaften" steht für alle Wissenschaften, mit denen die Erforschung des Nervensystems gelingen soll (vgl. Rager, 2002, 17). Erkenntnisse über das Gehirn versprechen uns nicht nur ein besseres Verständnis von uns selbst, sondern auch die Entwicklung neuer Methoden zur Heilung von Krankheiten wie Parkinson, Alzheimer, Depression und Schizophrenie. Die Erforschung des Gehirns befindet sich erst in den Anfängen. Nicht wenige Gehirnforscher meinen, dass ein Problem dieser Komplexität nicht in einem Jahrzehnt zu lösen sei. Für ein etwas tieferes Verständnis des Gehirns benötige die Forschung mindestens ein Jahrhundert. Der Neurobiologe Wiesel von der Rockefeller University in New York meinte in einem Interview im Österreichischen Rundfunk am 27. 6. 2001, die Hirnforschung sei ungefähr da, wo Galilei seinerzeit bei der Erforschung des Universums war. Das 'Universum' in unseren Köpfen stehe noch an einem frühen Zeitpunkt der Erforschung. Die Erkenntnisse der Neurowissenschaften sind mittlerweile beachtlich. Sie identifizieren immer genauer die Gehirnprozesse, die unserem Erleben und Verhalten zugrunde liegen.

Die Neurowissenschaftler zweifeln nicht daran, dass der Geist und die Seele des Menschen im Gehirn zu suchen sind. Doch mit welch komplizierten Untersuchungsmethoden sie dem Gehirn auch zu Leibe rücken, sie stoßen immer nur auf Physisches. Wenn der Geist im Gehirn steckt, dann scheint er dort sehr gut versteckt zu sein (vgl. Tetens, 1994, 29). Das Gehirn führt eine Unmenge von Aktivitäten aus, doch nur ein kleiner Teil, etwa ein Prozent, dieser Aktivitäten ist von Bewusstsein begleitet. Der weitaus größte Teil der Hirnaktivität geht nicht mit Bewusstsein einher. Lässt sich das Bewusstsein neurobiologisch erklären? Es gibt prinzipielle Zweifel, diese Frage einfach mit Ja zu beantworten. Gehirnaktivitäten sind physische bzw. elektrochemische Vorgänge. Verfolgen wir ihre Wirkungen, treffen wir auf weitere physische Vorgänge und Ereignisse, jedoch auf keine bewussten

Erlebnisse. Wir können das Gehirn noch so genau untersuchen, Erlebnisse treffen wir dort nicht an. Tetens fragt:

> „Wie können Bewusstseinserlebnisse vom Gehirn verursacht oder mitverursacht sein, wo sie unter den sonstigen Wirkungen des Gehirns nicht anzutreffen sind? Wenn das Erleben eine Wirkung des Gehirns ist, warum ist es nicht auf die gleiche Weise erkennbar wie alle übrigen Wirkungen auch, die vom Gehirn ausgehen? ... Wie können wir glauben, das Gehirn verursache das bewusste Erleben, wo wir bei der Erforschung der kausalen Umgebung des Gehirns das Erleben gar nicht antreffen? Der kausale Kontakt des Bewusstseins zur physischen Welt erscheint rätselhaft" (Tetens, 1994, 21 f.).

Niemand wird bezweifeln, dass das Gehirn eine notwendige Bedingung unserer Bewusstseinsphänomene ist. Die Frage ist, ob eine neurobiologische Erklärung auch eine hinreichende Erklärung für das Verständnis des Bewusstseins ist. Im Folgenden wenden wir uns den notwendigen Bedingungen unseres Erlebens und Verhaltens zu.

a) Einteilung und Aufbau des Nervensystems

Das Nervensystem aller Wirbeltiere nimmt Informationen aus der Umwelt und aus dem Körperinneren auf und übermittelt Informationen an andere Körperteile.

Die sensiblen (afferenten) Nerven leiten die Umweltreize von den Sinneszellen an das zentrale Nervensystem. Dieses verarbeitet die Informationen und programmiert Verhalten und Handeln. Es sendet seine Befehle über motorische (efferente) Nerven an die Muskulatur. Einerseits steuert das zentrale Nervensystem das innere Milieu des Körpers, andererseits übt es über die Muskelaktivitäten Einfluss auf die Umwelt aus. Das Nervensystem besteht aus Milliarden spezialisierter Nervenzellen oder Neuronen. Es ist hierarchisch aufgebaut und lässt sich in mehrere Ebenen untergliedern. Die gebräuchlichste Einteilung unterscheidet zwischen dem *zentralen* und dem *peripheren* Nervensystem: Das zentrale Nervensystem besteht aus allen Neuronen in Gehirn und Rückenmark, das periphere Nervensystem umfasst alles Nervengewebe außerhalb von Gehirn und Rückenmark (vgl. Zimbardo & Gerrig, 1996, 59–103).

Das *zentrale Nervensystem* (ZNS) koordiniert und integriert alle Körperfunktionen, indem es sowohl die Botschaften, die aus der Umwelt und aus dem Körperinneren eintreffen, als auch die ausgehenden Botschaften verarbeitet. Das Rückenmark enthält alle Nervenbahnen, die das Gehirn mit dem übrigen Körper durch Pfade im peripheren Nervensystem verbinden. Es befindet sich in einer hohlen Röhre, der Wirbelsäule. Rückenmarknerven verzweigen zwischen jedem Wirbelpaar vom Rückenmark aus und stellen Verbindungen zu sensorischen Rezeptoren, zu den Muskeln und zu den Drüsen her. Das Rückenmark koordiniert auch die Aktivitäten der rechten und der linken Körperhälfte. Es ist zudem für einfache Reflexe verantwortlich, die ohne Beteiligung des Gehirns ablaufen. Schädigungen der Rückenmarknerven können Lähmungen der Beine und des Rumpfes zur Folge haben. Das ZNS wäre ohne das periphere Nervensystem von jedem direkten Kontakt mit dem Körper und der Außenwelt abgeschnitten. Beide Nervensysteme, das zentrale und das periphere, kommunizieren ununterbrochen miteinander.

Das *periphere Nervensystem* (PNS) besteht aus allen sensorischen und motorischen Neuronen, die Gehirn und Rückenmark mit dem übrigen Körper verbinden. Die peripheren Nerven, die es überall im Körper gibt, haben zwei Funktionen: Einige leiten Informationen von den sensorischen Rezeptoren in den Augen, Ohren, der Zunge, der Haut und den Eingeweiden zum Gehirn, andere übermitteln Botschaften vom Gehirn und vom Rückenmark zu den Muskeln und den Drüsen. Das PNS besteht aus dem *somatischen* und dem *vegetativen* Nervensystem. Das somatische oder *animalische* Nervensystem unterliegt der willentlichen Steuerung und regelt alle willkürlichen Funktionen des Organismus. Es kontrolliert die Skelettmuskeln des Körpers, zum Beispiel, wenn wir aufstehen und uns dann wieder hinsetzen. Das *vegetative Nervensystem* (VNS), auch viszerales oder autonomes Nervensystem genannt, regelt hingegen alle Körperaktivitäten, die normalerweise unserer willentlichen Kontrolle entzogen sind. Das somatische und das vegetative Nervensystem werden von unterschiedlichen Strukturen im Gehirn gesteuert. Das vegetative Nervensystem umfasst alle Nerven und Ganglienzellen, die dem Einfluss des Willens und des Bewusstseins entzogen sind. Es reguliert lebenswichtige Prozesse wie Atmung, Verdauung, Stoffwechsel, Sekretion und Wasserhaushalt. Seine Hauptaufgabe ist die Konstanterhaltung des inneren Milieus des Organismus. Oberstes Integrationsorgan des VNS ist der Hypothalamus, der durch seine Verbindung zur Hypophyse (Hirnanhangdrüse) auch die endokrinen Drüsen reguliert und das vegetative und endokrine System koordiniert. Das periphere VNS gliedert sich in zwei anatomisch und funktionell weitgehend getrennte Anteile: *Sympathikus* und *Parasympathikus*. Der Sympathikus wirkt erregend und dient der Leistungssteigerung in Stress- und Notfallsituationen. In solchen Situationen wird die Verdauung unterbrochen, das Blut fließt aus den inneren Organen in die Muskeln, der Sauerstofftransport wird verstärkt, die Herzfrequenz steigt und das endokrine System wird angeregt, um eine ganze Reihe von motorischen Reaktionen zu erleichtern. Ist die Gefahr vorbei, sorgt der Parasympathikus dafür, dass der Organismus sich entspannt und beruhigt. Die Verdauung setzt wieder ein, der Herzschlag verlangsamt sich und die Atmung ist entspannt. Der Parasympathikus wirkt dämpfend und dient dem Stoffwechsel, der Regeneration und dem Aufbau körperlicher Reserven. Er ist hauptsächlich für den Körperhaushalt zuständig, wie beispielsweise für die Ausscheidung von überflüssigen Stoffen, für den Schutz des visuellen Apparates (durch Tränen und Pupillenkontraktion) und für die Langzeitspeicherung von Körperenergie (vgl. Zimbardo & Gerrig, 1996, 68). Der Sympathikus bewirkt vor allem Energieentladung und abbauende Stoffwechselprozesse, der Parasympathikus hingegen Energiespeicherung und Förderung der Erholung. Das VNS ist für die Emotionspsychologie von großem Interesse. Das Erleben starker Gefühle wie Furcht und Angst wird von Körperempfindungen begleitet, wie beispielsweise einem beschleunigten Herzschlag, einer flachen Atmung, feuchten Händen oder einem eigenartigen Druck in der Magengegend. Emotionen sind aufs Engste mit der Regulation vegetativer Funktionen verbunden. Über das VNS wirken sie auf die Aktivierung beziehungsweise Hemmung nahezu aller Innenorgane.

b) Strukturen und Funktionen des Gehirns

Das menschliche Gehirn enthält nach neueren Schätzungen zwischen hundert Milliarden und einer Billion Nervenzellen (vgl. Roth, 2001, 167). Es ist aus drei miteinander verbundenen Schichten aufgebaut: Hirnstamm, Limbisches System und Großhirn (vgl. Zimbardo & Gerrig, 1996, 69–76). In der tiefsten Schicht, dem *Hirnstamm*, liegen die Strukturen, die an autonomen Körperfunktionen wie Herzschlag, Atmen, Schlucken und Verdauung beteiligt sind. Das *Kleinhirn* (Cerebellum) ist dem Hirnstamm am Hinterkopf angeschlossen. Es koordiniert die Körperbewegungen und kontrolliert die Körperhaltung. Kleinhirnläsionen verunmöglichen die genaue Steuerung von schnellen Bewegungsabläufen. Das *Limbische System* umschließt den Hirnstamm wie einen Saum (Limbus). Häufig wird es auch heute noch als das ‘emotionale Gehirn’ bezeichnet (vgl. MacLean,

1979). Strukturen, die zum Limbischen System zählen, sind jedoch nicht nur an Emotionen beteiligt, sondern spielen auch eine wichtige Rolle beim Lernen, beim Erinnern und bei der Motivation. Zudem färbt dieses System alle Bewusstseinsinhalte mit einer emotionalen Tönung ein (vgl. Popper & Eccles, 1982, 334 f.). Das Limbische System besitzt ausgedehnte Verbindungen zu den Steuerungszentren des vegetativen Nervensystems. Das ist die organische Grundlage dafür, dass wir Emotionen nur begrenzt willentlich beeinflussen können. Das *Großhirn* (Cerebrum) überlagert den Hirnstamm und das Limbische System. Beim Menschen macht es rund 80 % des gesamten Gehirns aus. Es bildet die Grundlage für das, was wir den 'menschlichen Verstand' nennen (vgl. Zimbardo & Gerrig, 1996, 69). Das Großhirn und seine äußere Schicht, die Großhirnrinde (der Neokortex), integrieren die sensorischen Informationen, koordinieren die Bewegungen und ermöglichen Denken und Planen. Die stark gefurchte Oberfläche der Großhirnrinde ist zwar nur etwa zwei Millimeter dick, hat aber bei einer Fläche von etwa eineinhalb Quadratmetern beinahe die Ausdehnung einer Schreibtischplatte. Sie besteht aus sechs Schichten von Neuronen, die zu 60 % untereinander Kontakt haben und zu 40 % Aktivitäten zu Regionen außerhalb der Hirnrinde unterhalten (vgl. Linke, 1999, 75). Die Hirnrinde setzt sich aus zwei Hemisphären, der linken und der rechten Hemisphäre, zusammen. Beide sind durch den Balken (Corpus callosum), der etwa 200 Millionen Nervenfasern enthält, miteinander verbunden.

Der äußere Teil der Großhirnrinde wird durch eine tiefe horizontale Furche, den *Sulcus lateralis*, und durch eine vertikale Furche, den *Sulcus centralis*, in vier Lappen unterteilt: Stirnlappen oder Frontallappen, Scheitellappen oder Parietallappen, Hinterhauptlappen oder Okzipitallappen und Schläfenlappen oder Temporallappen (vgl. Zimbardo & Gerrig,1999, 72; Breidbach,1993, 15). Umschriebene Bereiche der Großhirnrinde, so entdeckte man, sind für bestimmte Funktionen verantwortlich. Dies bedeutet jedoch nicht, dass sie *allein* diese Funktionen ausführen. Letztlich funktioniert das Gehirn immer als Ganzes. Entlang der vertikalen Furche, dem Sulcus centralis, liegen die primären motorischen und somatosensorischen Rindenfelder (vgl. Zimbardo & Gerrig, 1996, 74). Die motorischen Rindenfelder befinden sich vor, die sensorischen hinter dieser Furche.

Die *motorischen Rindenfelder* haben die Aufgabe, Botschaften an die Muskeln zu schicken. Es gibt über 600 Muskeln im menschlichen Körper, die der willentlichen Kontrolle unterliegen. Die motorischen Rindenfelder lenken die Aktivitäten dieser Muskeln. Dabei steuern

Neuronen im oberen Teil der motorischen Rindenfelder die Muskeln der unteren Körperpartien und umgekehrt. Die Repräsentation der Körperteile, wie sie von der jeweiligen Gehirnregion kontrolliert werden, zeigt den Körper 'auf den Kopf gestellt'. Die oberen Körperteile erhalten weitaus detailliertere Instruktionen als die unteren Körperteile. Zwei der größten motorischen Rindenfelder sind nur für die Finger, besonders für den Daumen, und die Muskeln, die beim Sprechen betätigt werden, zuständig. Das belegt, wie wichtig der Gebrauch von Werkzeugen und das Sprechen für menschliches Verhalten und Handeln sind. Botschaften aus einer Gehirnhälfte gehen immer an die Muskeln in der entgegengesetzten Körperseite. Motorische Zentren in der linken Hirnhälfte kontrollieren die Muskel der rechten Körperhälfte und umgekehrt. Die Nervenbahnen kreuzen im Hirnstamm zur jeweils anderen Körperseite.

Die *somatosensorischen Rindenfelder* nehmen Botschaften aus den unterschiedlichsten Körperregionen auf. Sie stehen in Zusammenhang mit Empfindungen von Schmerz, Temperatur, Berührung und Körperlage. Auch in diesen Feldern ist der Körper 'auf den Kopf gestellt' repräsentiert. Den größten Raum nehmen Lippen, Zunge, Daumen und Zeigefinger ein. Diese Körperteile liefern die wichtigsten Sinnesreize. Wie die motorischen Rindenfelder, so stehen auch die sensorischen mit der jeweils entgegengesetzten Körperhälfte in Kommunikation.

Die motorischen und die sensorischen Gebiete bilden nur ein Viertel der menschlichen Großhirnrinde. Die anderen drei Viertel sind übergeordnete motorische und sensorische Gebiete, so genannte Assoziationsfelder. Der Ausdruck *Assoziationskortex* dient als Bezeichnung für alle Rindenanteile, in denen komplexe Informationsverarbeitung innerhalb eines Sinnessystems oder zwischen verschiedenen Sinnessystemen stattfindet (vgl. Roth, 2001, 183 f.).

Der größte der vier Lappen der Großhirnrinde ist der *Stirnlappen* oder Frontallappen. Er liegt gleich hinter der Stirn im vorderen Abschnitt des Gehirns. Diese vorherrschende Position entspricht seiner dominanten Rolle bei geistigen Aktivitäten wie Planen und Entscheiden. Schädigungen des Stirnlappens können sich verheerend auf das menschliche Verhalten auswirken und zu einer Veränderung der Persönlichkeit führen (vgl. unten: Veränderung der Persönlichkeit, der Fall Phineas Gage).

Im *Schläfenlappen* (Temporallappen) befindet sich das primäre Hörzentrum. Dort werden akustische Informationen verarbeitet. Das Hörzentrum in der rechten wie in der linken Gehirnhälfte erhält Informationen aus beiden Ohren. Die Schläfenlappen spielen auch bei Wahrnehmung, Gedächtnis und Träumen eine Rolle.

Visuelle Informationen werden im hinteren Abschnitt des Gehirns, im primären Sehfeld, das im *Hinterhauptlappen* liegt, verarbeitet. Der meiste Raum ist hier für Sinnesreize aus den Zentren der Netzhäute beider Augen reserviert. Von dort kommen die detailliertesten visuellen Informationen. Schädigungen im Bereich des visuellen Kortex können dazu führen, dass keine Seherlebnisse mehr zustande kommen. Die betreffenden Patienten sind blind, obwohl ihre Augen gesund sind. Man spricht dann von *Rindenblindheit*. In der Nähe des visuellen Kortex liegen Gehirngebiete, deren Zerstörung bei erhaltener Wahrnehmung dazu führt, dass die gesehenen Objekte nicht mehr erkannt werden. In diesem Fall spricht man von visueller *Agnosie*. Agnosie bezeichnet die Unfähigkeit, aus dem Gedächtnis jenes Wissen abzurufen, das zum wahrgenommenen Objekt gehört. Das Wahrgenommene wird seiner Bedeutung beraubt (vgl. Damasio, 1999, 161 f.). Beispielsweise wird ein Schlüsselbund zwar noch klar und scharf gesehen, aber nicht mehr als solcher erkannt. Klirrt man mit den Schlüsseln, so erkennt der Patient aus den akustischen Eindrücken, dass es sich um einen Schlüsselbund handelt.

1861 sezierte der französische Chirurg Paul Broca das Gehirn von Herrn Leborgne, der einen Schlaganfall erlitten hatte. Dieser konnte nach dem Anfall nicht mehr sprechen und nur noch die Silben ‘tantan’ stammeln. In der Autopsie stellte sich heraus, dass die Hirnerweichung, die mit dem Schlaganfall einhergegangen war, sich auf einen Bereich der linken Gehirnhälfte beschränkte. Paul Broca hatte das nach ihm benannte *motorische Sprachzentrum* entdeckt. Dieser Bereich ist für die Produktion von Sprache notwendig. Der deutsche Arzt Carl Wernicke entdeckte das so genannte *sensorische Sprachzentrum* im linken Schläfenlappen (vgl. Linke, 1999, 54). Man nimmt an, dass diese Region mit der semantischen Kompetenz zusammenhängt. Patienten mit Störungen im sensorischen Sprachzentrum wählen einzelne Wörter falsch oder erfinden neue Wörter. Sprachstörungen oder *Aphasien* treten in 95 Prozent der Fälle bei Störungen in der linken Gehirnhälfte auf. Das Sprachverständnis ist an eine bestimmte Stelle der linken Hemisphäre gebunden, die Bewegung der Sprechmuskeln jedoch an eine andere in der gleichen Hemisphäre. Ist das sensorische Sprachzentrum zerstört, dann fehlen dem Kranken die Wörter, um seine Gedanken auszudrücken (*sensorische Aphasie*); ist das motorische Sprachzentrum zerstört, dann findet der Patient zwar die Wörter, kann sie aber nicht aussprechen (*motorische Aphasie*). Da sprachliche Fähigkeiten ein menschliches Wesensmerkmal sind und die Sprache in der linken Hirnhälfte repräsentiert ist, zog man den Schluss, die linke Hemisphäre sei die wesentlichere, und nannte sie die dominante Hirnhälfte (vgl. Pöppel, 1993, 62).

3. Hirnschädigungen und ihre Folgen für das Erleben und Verhalten

Grundlegende Erkenntnisse über die Struktur und Funktion des Gehirns verdanken wir Untersuchungen an Patienten mit Gehirnverletzungen. Sie zeigen die Bedeutung der geschädigten Hirnregion für Erleben, Verhalten und Handeln. Mit Hilfe bildgebender Verfahren können heute Schädigungen des Gehirns bereits zu Lebzeiten der Patienten sichtbar gemacht werden. Aus dem Zusammenhang zwischen Schädigung und Funktionsausfall lässt sich ermitteln, welche Bedeutung die betroffene Gehirnstruktur für das normale Funktionieren des Gehirns hat.

Das Gehirn reagiert nicht nur auf Reize, sondern produziert auch ständig spontan elektrische Signale, die man an der Schädeloberfläche ableiten kann. Solche gemessenen Signale nennt man Elektroenzephalogramm (EEG). Die Gehirnwellenmuster zeigen, ob eine Person wach und aufmerksam ist, oder ob sie entspannt ist, schläft oder träumt. Heute gibt es bildgebende Verfahren wie die *Positronen-Emissions-Tomographie* (PET) und die *funktionelle Magnetresonanztomographie* (fMRT). Diese Techniken ermöglichen es, detaillierte Bilder des aktiven Gehirns aufzunehmen. Sie öffnen dem Forscher ein neues Fenster, um dem Gehirn bei seiner Arbeit zuzusehen. In Verbindung mit Hochleistungscomputern können genaue Bilder von der Struktur und Aktivität des Gehirngewebes angefertigt werden. Die bildgebenden Verfahren machen dem Hirnforscher sichtbar, wo sich im Gehirn was ereignet, wenn die untersuchte Person zum Beispiel an etwas denkt, sich etwas vorstellt, eine mathematische Aufgabe löst, Musik hört oder etwas liest. Mit Hilfe dieser Methoden können Gehirnforscher immer genauer erfassen, welche Gehirnaktivitäten mit geistigen Tätigkeiten einhergehen. Diese Methoden eröffnen jedoch keinen Zugang zu den Inhalten der geistigen Akte (vgl. Rager, 2002, 22–25).

a) Veränderung der Persönlichkeit: Der Fall Phineas Gage

Phineas Gage war Vorarbeiter bei einer Eisenbahngesellschaft in Vermont, in den USA. Am 14. September 1848 bereitete er die Sprengung eines Felsens vor. Er stopfte Sprengpulver in das tiefe Bohrloch und befestigte die Zündschnur. Der Rest des Bohrlochs sollte mit Sand gefüllt werden. Weil ein Mitarbeiter ihn ablenkte, begann Gage den Sprengstoff mit der Eisenstange zu bearbeiten, ohne dass vorher Sand darauf geschüttet worden war. Die Ladung explodierte vorzeitig. Die Eisenstange trat durch seine linke Wange ein, durchbohrte die Schädelbasis und den vorderen Teil seines Gehirns und trat mit hoher Geschwindigkeit aus dem Schädeldach aus. Das etwa einen Meter lange Eisen wog sechs Kilogramm und hatte einen Durchmesser von rund drei Zentimeter. Gage wurde auf den Rücken geschleudert, verlor kurz das Bewusstsein, sprach jedoch nach wenigen Minuten bereits wieder. Dr. Harlow, der Gage behandelte, wunderte sich vor allem darüber, dass Gage unmittelbar nach dem Unfall in der Lage war, zu sprechen und sogar eine Treppe hoch zu gehen. Obwohl die Wunde im Kopf sich infizierte und Gage zwei Wochen in Lebensgefahr schwebte, überlebte er den schrecklichen Unfall. Nach zwei Monaten wurde er für geheilt erklärt. Gage war 25 Jahre alt, als das Unglück passierte, und lebte danach noch 12 Jahre (vgl. Damasio, 1997, 25–63).

Dr. Harlow schildert in seinem Bericht (vgl. Bigelow, 1850), wie Gage wieder zu Kräften kam und wie vollständig seine körperliche Genesung war. Er konnte sehen, hören und fühlen und litt unter keinerlei Lähmung der Gliedmaßen oder der Zunge. Zwar war er auf dem linken Auge erblindet, dafür war das rechte Auge vollkommen in Ordnung. Sein Gang war sicher, die Bewegungen der Hände geschickt, und er hatte keine erkennbaren Schwierigkeiten mit Artikulation und Sprache. In der Zeit nach dem Unfall traten bei ihm jedoch eigenartige Veränderungen in der Stimmung und Persönlichkeit auf. Vor dem Unfall galt Gage bei seinen Vorgesetzten als einer der zuverlässigsten, tüchtigsten und fähigsten Vorarbeiter. Nun war das Gleichgewicht zwischen seinen geistigen Fähigkeiten und seinen Leidenschaften gestört. Gage war jetzt launisch, respektlos, fluchte auf abscheulichste Weise, was früher nicht seine Art war. Er war furchtbar halsstarrig, dann wieder launenhaft und wankelmütig, schmiedete ständig Pläne, die er, kaum gefasst, wieder fallen ließ. Dies stand in krassem Gegensatz zur Ausgeglichenheit und auffallenden Charakterstärke, die man ihm vor dem Unfall bescheinigt hatte. Er war bekannt als besonnener, gerissener und kluger Geschäftsmann, der es verstand, seine Pläne mit Energie und Ausdauer in die Tat umzusetzen. Seine Arbeit hatte er mit großer Sorgfalt und Verantwortung erledigt. Das belegten die beruflichen Erfolge und die Anerkennung, die ihm seine Vorgesetzten und Kollegen entgegengebracht hatten. Er hatte sich an die sozialen Spielregeln gehalten und sich moralischen Grundsätzen verpflichtet gefühlt. Nach dem Unfall hatte er sich so stark verändert, dass Angehörige, Freunde und Bekannte ihn kaum wiedererkannten. Vor der Verletzung hatte Gage alle Voraussetzungen besessen, vernünftige Entscheidungen zu treffen. Jetzt ließ er durch nichts erkennen, dass er sich um die Zukunft sorgte oder vorausplante. Er nahm verschiedene Arbeiten auf Pferdefarmen an, trat sogar als Attraktion im Zirkus auf, wo er seine Narben und das Stopfeisen zur Schau stellte. Soziale Konventionen kümmerten ihn nicht mehr, er verstieß gegen moralische Gepflogenheiten und traf Entscheidungen, die seinen Interessen zuwiderliefen. Er behielt keine Stellung längere Zeit. Zehn Jahre nach dem Unfall ging er nach Südamerika, wo er unter anderem als Kutscher in Santiago de Chile und Valparaíso arbeitete. Als sich sein Gesundheitszustand 1859 verschlechterte, kehrte er zu seiner Mutter und Schwester, die nach Kalifornien umgezogen waren, zurück. Dort starb er am 21. Mai 1861 nach einem heftigen epileptischen Anfall.

Phineas Gage ist wohl der berühmteste Patient, der eine derart massive Hirnverletzung überlebte. Seine Krankengeschichte lehrt uns etwas über die Beziehung zwischen Persönlichkeit und den Funktionen des Stirnhirns. Besonders auffällig ist das Missverhältnis zwischen dem Verfall seines Charakters und der scheinbaren Unversehrtheit seiner geistigen Fähigkeiten wie Aufmerksamkeit, Wahrnehmung, Gedächtnis, Sprache und Intelligenz. Damals glaubten die Fachleute zwar an die Lokalisierung der Sinneswahrnehmungen, der Sprache und der Bewegungen, aber nicht daran, dass so etwas Komplexes wie Persönlichkeit von bestimmten Hirnregionen abhängig sein könnte. Die meisten meinten wie Dr. Harlow, dass die bei Gage zerstörte Gehirnregion nichts Besonderes leiste und deshalb entbehrlich sei. Familienangehörigen und Freunden war Gages Persönlichkeitsveränderung zuerst aufgefallen, und nicht den Ärzten.

Der Fall Gage dokumentiert, dass bestimmte Hirnbereiche für spezifisch menschliche Fähigkeiten wie Planen, Entscheiden und Verantwortung gegenüber sich selbst und anderen unentbehrlich sind. Gages Geschichte wirft mehrere Fragen auf: Welche Mechanismen waren für seine Unfähigkeit, Entscheidungen zu treffen, verantwortlich? War bei ihm das nötige Wissen zerstört worden, oder waren ihm die notwendigen Denkstrategien abhanden gekommen? Kann man Gage nach dem Unfall noch einen freien Willen zuschreiben? War sich Gage seiner selbst genauso bewusst wie vor dem Unfall? Kann man sagen, dass die Seele von Gage beeinträchtigt war, oder dass er seine Identität verloren hatte? Die Hauptursache seiner Persönlichkeitsveränderung war ein Loch im Gehirn, aber das erklärt nur, warum diese Veränderung entstand, jedoch nicht, wie. Hätte ein Loch an jeder beliebigen Stelle des Stirnhirns zum gleichen Ergebnis geführt?

b) Die Suche nach dem 'emotionalen Gehirn': Die Frau, die keine Furcht erlebte

Denken und Fühlen betrachtete man in der Geschichte der Philosophie und Psychologie häufig als Gegensatzpaar. In der abendländischen Philosophie dominierte die Ansicht, der Mensch sei primär ein Vernunftwesen, ein animal rationale. Für Sigmund Freud hingegen war der Mensch ein Wesen von schwacher Intelligenz, das von seinen Triebwünschen beherrscht wird (vgl. Freud, 1968, 372). Die Sicht des Menschen als animal rationale beeinflusste auch die Kognitive Psychologie. Vertreter dieser Richtung betrachten Kognitionen als die entscheidenden Determinanten unseres Erlebens und Verhaltens (vgl. Beck et al., 1994; Ellis, 1997). Zur Zeit wird das Thema 'Vernunft und Gefühl' in der Gegenüberstellung von kognitiver und emotionaler Intelligenz, von *I.Q.* und *E.Q.*, diskutiert (vgl. Goleman, 1996; Cooper & Sawaf, 1997; Stemme, 1997). Die Kognitionswissenschaften haben der Emotion bis vor kurzem kaum Aufmerksamkeit geschenkt. Auch für die experimentelle Psychologie war Emotion lange kein Thema. Emotion sah man häufig als das Gegenteil von Denken an und glaubte, dieses sei völlig unabhängig von Emotionen (vgl. Goller, 1992). Damasio (1999, 2000 a) sieht die Vernachlässigung der Emotion in den Kognitions- und Neurowissenschaften als Folge der Vernachlässigung des Körpers. Der Begriff 'Organismus' fehle in diesen Wissenschaften. In den Erörterungen des Körper-Geist-Problems werde das Gehirn meist isoliert vom Körper und nicht als Teil eines komplexen, lebendigen Organismus betrachtet.

Die Gegenüberstellung von Denken und Fühlen wird zunehmend in Frage gestellt. Damasio (1997) betrachtet Emotionen als integralen Bestandteil der Denk- und Entscheidungsprozesse. Er berichtet von Untersuchungen an Patienten, die wegen Läsionen im Bereich des

Stirnlappens und Scheitellappens bestimmte Emotionen verloren und damit gleichzeitig ihre Fähigkeit einbüßten, vernünftige Entscheidungen zu treffen oder für die nächsten Stunden und Tage zu planen. Der Verlust von Gefühlen kann eine ebenso wichtige Ursache für irrationales Verhalten sein wie mangelnde Kenntnis und ist dem Denken so abträglich wie exzessive Emotionen. Emotionen unterstützen das Denken, besonders wenn es um persönliche und soziale Belange geht, die Risiken und Konflikte mit sich bringen. Mit seiner Hypothese der 'somatischen Marker' wollte Damasio keineswegs behaupten, Emotionen seien ein Ersatz für das Denken und würden für uns entscheiden. Der Ausdruck 'somatischer Marker' bezeichnet einen körperlichen Zustand, der gemeinsam mit einer Vorstellung wahrgenommen wird:

> „Stellen Sie sich beispielsweise vor, Sie haben Aussicht auf ungewöhnlich hohe Rendite bei einer überaus riskanten Investition. Inmitten anderer Beschäftigungen, die Sie ablenken, sollen Sie sich zu einem raschen Ja oder Nein entschließen. Wenn ein negativer somatischer Zustand den Gedanken, die Investition vorzunehmen, begleitet, wird es Ihnen leichter fallen, die Möglichkeit zu verwerfen und eine genauere Analyse der potentiell nachteiligen Folgen vorzunehmen. Der mit der Zukunft verknüpfte negative Zustand wirkt der verlockenden Aussicht auf sofortige umfangreiche Belohnung entgegen" (Damasio 1997, 239).

Somatische Marker werden durch Erfahrung erworben, indem bestimmte Kategorien von Objekten und Ereignissen mit einem angenehmen oder unangenehmen Körperzustand verknüpft werden. Sie erhöhen die Präzision und Schnelligkeit von Entscheidungsprozessen. Zwar nehmen sie uns das Denken nicht ab, aber sie helfen uns, gefährliche oder ungünstige Wahlmöglichkeiten ins rechte Licht zu rücken und rasch aus allen weiteren Überlegungen auszuklammern. Körperzustände und Gefühle sind eine unentbehrliche Grundlage der Rationalität. „Auch wenn die Rationalität die erhabensten Unterscheidungen trifft und entsprechend handelt, wird sie wahrscheinlich durch Körpersignale beeinflusst und geprägt" (Damasio, 1997, 272).

Nach LeDoux (1998, 106–111) ist es falsch, das *Limbische System* als das 'emotionale Gehirn' zu bezeichnen. Es gebe kein Allzweck-Emotionssystem im Gehirn, denn die einzelnen Emotionen werden durch unterschiedliche Gehirnsysteme erzeugt. LeDoux empfiehlt daher, diese getrennt zu untersuchen. Er erforschte vor allem die Emotion Furcht und identifizierte den Mandelkern (Amygdala) als die entscheidende Struktur für diese Emotion. Reizungen des Mandelkerns bei anästhesierten Tieren rufen Reaktionen des autonomen Nervensystems und im Wachzustand zusätzlich Starrereaktionen, Fluchtreaktionen und defensive Angriffsreaktionen hervor. Bei Menschen wurden solche Reizungen während Hirnoperationen bei Epilepsie-Patienten vorgenommen. Da die Patienten während der Reizung des Mandelkerns wach sind, lassen sich nicht nur die hervorgerufenen Ausdrucksreaktionen beobachten, sondern die Patienten können auch über ihre Erlebnisse berichten. Das am häufigsten genannte Erlebnis war ein Gefühl drohender Gefahr, ein Gefühl der Furcht. „Furcht ist auch das am häufigsten gemeldete Erlebnis bei epileptischen Anfällen, die praktisch nichts anderes sind als spontane elektrische Reizungen, die im Mandelkern entspringen“ (LeDoux, 1998, 186).

Eine Schädigung, die sich nur auf den Mandelkern beschränkt, ist äußerst selten. Damasio berichtet von einer Patientin – er nennt sie Frau S. –, deren beide Mandelkerne so verkalkt waren, dass die Neuronen dort nicht mehr funktionierten. Das Hirngewebe in der Umgebung der geschädigten Mandelkerne war jedoch unversehrt. Der Verkalkungsprozess muss bereits in den ersten Lebensjahren von Frau S. eingesetzt und sich über viele Jahre hingezogen haben. Patienten mit Kalkablagerungen im Mandelkern leiden häufig an leichten Krampfanfällen. Ein Krampfanfall war auch der Anlass, warum Frau S. den Neurologen Damasio aufsuchte. Dieser wollte vor allem Näheres über die Gedächtnisleistung, die Lernfähigkeit und das Sozialverhalten von Frau S. herausfinden. Damals war die Rolle der Amygdala beim Lernen neuer Fakten unter Fachleuten umstritten. Manche meinten, sie übe gemeinsam mit dem Hippocampus eine wichtige Funktion beim Erwerb neuer Erinnerungen aus. Zudem war von Untersuchungen an Primaten bekannt, dass die Amygdala an sozialen Verhaltensweisen beteiligt ist. Frau S. hatte keine Schwierigkeiten, sich neue Fakten einzuprägen. Zahlreiche psychologische Tests bestätigten ihre Merkfähigkeit. Erst Jahre später stellte sich heraus, dass ein bestimmter Aspekt des Lernens, der mit dem Erleben von Furcht zusammenhing, bei ihr gestört war. Ihr Sozialverhalten war ungewöhnlich und zeigte eine emotionale Schieflage. Negative Emotionen wie Furcht und Zorn waren wie verschwunden, positive Emotionen beherrschten ihr Leben. Frau S. begegnete Menschen und Situationen mit einer übertrieben positiven Einstellung. Untersuchungen zeigten, dass ihre emotionale Schieflage auf die Beeinträchtigung der Emotion Furcht zurückzuführen war. Sie konnte einen Furchtausdruck in den Gesichtern anderer Menschen nicht erkennen, besonders wenn dieser mehrdeutig war. Mit dem Erkennen des Ausdrucks Überraschung, der dem der Furcht in vielem ähnelt, hatte sie keine Probleme. Frau S. besaß ein ausgesprochenes Zeichentalent, konnte aber kein Gesicht zeichnen, das Furcht ausdrückt. Gesichter, die andere Emotionen zeigen, konnte sie skizzieren. Sie war auch nicht in der Lage, einen furchtsamen Gesichtsausdruck zu imitieren. Sie konnte Furcht weder in den Gesichtern anderer Menschen erkennen noch selbst einen furchtsamen Gesichtsausdruck nachahmen. Theoretisch wusste sie natürlich, was Furcht ist, wodurch sie ausgelöst wird, und was in Furchtsituationen zu tun ist, aber dieses Wissen nützte ihr in der realen Situation nichts. Die Furchtlosigkeit ihres Wesens, die auf einer doppelseitigen Schädigung der Mandelkerne beruht, hinderte sie daran, die Bedeutung unangenehmer Situationen zu erfassen. Sie lernte nie, Warnsignale, die mögliche Gefahren ankündigen, als solche zu erkennen, vor allem, wenn diese sich im Gesicht eines anderen Menschen zeigten. Trotz normaler Intelligenz konnte sie nicht erleben, wie problematisch viele Situationen waren, in die sie sich wiederholt brachte. Frau S. fand leicht Freunde, ging romantische Beziehungen ein und wurde oft von Menschen ausgenutzt, denen sie vertraute (vgl. Damasio, 1999, 62–67; 2000 a, 81–87).

Die Amygdala spielt eine zentrale Rolle bei der Verarbeitung, eventuell auch bei der Speicherung negativer emotionaler Zustände und Erfahrungen sowie beim Erkennen furchterregender Umweltreize wie drohender Gesichter. Eine doppelseitige Zerstörung der Amygdala führt bei Mensch und Tier zum Verlust der Fähigkeit, furchteinflößende Situationen zu erkennen, und hat 'furchtloses' oder 'heldenhaftes' Verhalten zur Folge (vgl. Roth, 2001, 178 f.).

LeDoux unterstreicht, dass Gefühle und reine Gedanken von unterschiedlichen Hirnsystemen erzeugt werden. Gefühle beanspruchen sehr viel mehr Hirnsysteme als Gedanken. Der Mandelkern hat einen größeren Einfluss auf die Großhirnrinde als diese auf den Mandelkern. Deshalb kann emotionale Erregung das Denken dominieren und kontrollieren. Bei allen Säugern sind die Bahnen vom Mandelkern zur Großhirnrinde stärker ausgeprägt als die Bahnen von der Großhirnrinde zum Mandelkern. Zwar ist es leicht möglich, dass Gedanken Emotionen auslösen, indem sie den Mandelkern aktivieren, aber wir tun uns schwer, willentlich Emotionen abzuschalten, indem wir den Mandelkern deaktivieren. Es hilft nicht viel, wenn wir uns sagen, wir sollten nicht ängstlich oder verärgert sein. Zugleich ist offenkundig, dass die kortikalen Verbindungen zum Mandelkern bei den Primaten weit stärker sind als bei den übrigen Säugern. Das spricht für die Möglichkeit, dass die Großhirnrinde mehr und mehr Kontrolle über den Mandelkern gewinnen könnte, falls diese Verbindungen weiterhin zunähmen. Sollten die Nervenbahnen, die vom Mandelkern zur Großhirnrinde und von der Großhirnrinde zum Mandelkern verlaufen, ein Gleichgewicht erreichen, könnte der Kampf zwischen Denken und Fühlen letztlich im Sinn einer harmonischeren Integration von Vernunft und Leidenschaft entschieden werden (vgl. LeDoux, 1998, 325 f.).

Damasio (1999, 60–62) fasst die vorhandenen Befunde zur Erforschung der neurophysiologischen Grundlage der Emotionen folgendermaßen zusammen: (1) Das Gehirn erzeugt Emotionen mit Hilfe einer kleinen Zahl von Hirnregionen. Die meisten befinden sich in subkortikalen Zentren: im Hirnstamm, im Hypothalamus, im basalen Vorderhirn und in der Amygdala. (2) Diese Orte sind an der Produktion verschiedener Emotionen beteiligt. Untersuchungen mit bildgebenden Verfahren zeigen, dass die Aktivitätsmuster für Traurigkeit, Zorn, Furcht und Freude verschieden sind. Jede Emotion hat ihr eigenes Aktivitätsmuster. Traurigkeit zum Beispiel aktiviert Teile des Stirnlappens des Großhirns, den Hypothalamus und den Hirnstamm, während Zorn oder Furcht weder den Stirnlappen noch den Hypothalamus aktivieren. Aktivitäten im Hirnstamm sind allen drei Emotionen gemeinsam, aber intensive Aktivierung des Hypothalamus und der genannten Teile des Stirnlappens taucht speziell bei Traurigkeit auf. (3) Manche dieser Regionen sind auch an der Reizerkennung beteiligt, die bestimmte Emotionen kennzeichnen. Beispielsweise ist der Mandelkern zum Erkennen von Furcht im Gesichtsausdruck notwendig, wie das oben erwähnte Beispiel der Frau mit den geschädigten Mandelkernen zeigt.

Die Hirnforschung ist noch weit davon entfernt, jeder erlebten Gefühlsqualität ein spezifisches Aktivitätsmuster im Gehirn zuordnen zu können. Selbst wenn ihr das gelänge, bliebe weiterhin die Frage unbeantwortet, wie aus neuronalen Aktivitätsmustern erlebte Gefühle entstehen. Die Hirnforschung kann grundsätzlich nicht mehr leisten, als Bewusstseinsphänomene wie Gefühlserlebnisse mit hirnorganischen Vorgängen zu korrelieren. Offen bleibt die Frage, in welcher Beziehung die subjektiven Gefühle zu den objektiv beschreibbaren Gehirnvorgängen stehen. Diese Frage, die mit naturwissenschaftlichen Methoden nicht zu entscheiden ist, steht heute im Mittelpunkt der Diskussionen um das Körper-Geist-Problem. Das Thema Emotion wurde bei der Erörterung dieses Problems bisher weitgehend ausgeklammert.

c) Störungen des Entscheidens und Wollens: Mr. Elliot, ein moderner Phineas Gage

Die Vorstellung, Emotionen stünden reflektierten und verantwortlichen Entscheidungen im Wege, ist weit verbreitet. Nach dem vorherrschenden Entscheidungsmodell, das auch viele Ökonomen favorisieren, führen wir uns verschiedene Alternativen vor Augen, wägen ihre Vorteile und Nachteile ab, und nach dieser Kosten-Nutzen-Analyse entscheiden wir uns für die beste Alternative. Neuere Befunde aus Psychologie und Hirnforschung zeigen jedoch, dass Emotionen bei Entscheidungen nicht bloß hilfreich, sondern notwendig sind. Ohne Emotionen können wir keine persönlichen Entscheidungen treffen, wie zum Beispiel einen bestimmten Beruf ergreifen, ein Studienfach wählen oder uns an einen Lebenspartner binden. Wenn eine Möglichkeit sich genauso anfühlt wie jede andere, oder wenn die einzelnen Alternativen keinerlei Gefühlsqualität besitzen, dann ist eine Entscheidung nicht mehr als das Werfen einer Münze. Gefühle bilden die Grundlage unseres subjektiven Wertungssystems.

Emotionen dienen offenbar dazu, bei Entscheidungen eine günstig erscheinende Vorauswahl zu treffen und die Konsequenzen zukünftiger Ereignisse abzuschätzen. Sie sind außerdem notwendig, um rationale Erkenntnis handlungswirksam werden zu lassen. Dies belegen Untersuchungen an hirngeschädigten Patienten. Damasio (1997, 64–85) berichtet von einem Patienten mit dem Decknamen Elliot, der eine seltsame Unfähigkeit beim Treffen von Entscheidungen zeigte. Bei ihm musste ein Tumor im Bereich des rechten und linken Stirnlappens entfernt werden. Die Schädigung beschränkte sich auf den Präfrontalkortex. In der Zeit nach der Operation veränderte sich Elliots Persönlichkeit. Elliot war nicht mehr Elliot. Seine Intelligenz, sein Denken, sein sprachlicher Ausdruck und seine Motorik waren zwar intakt, aber er war nicht mehr fähig, vernünftige Entscheidungen zu treffen oder einen Zeitplan einzuhalten. Sein Verhalten im Alltag veränderte sich bis zur Lebensuntüchtigkeit. Am Arbeitsplatz erging er sich in Nebensächlichkeiten, er stürzte sich in geschäftliche Abenteuer, schlug Warnungen von Freunden in den Wind und verlor seine Ersparnisse. Niemand verstand, wie ein Mann mit seiner reichen Geschäftserfahrung derart ruinöse finanzielle Risiken eingehen konnte. Elliot trennte sich von seiner Frau und seinen Kindern, ging noch eine kurze zweite Ehe ein und ließ sich dann endgültig treiben. Er hatte kein Einkommen mehr.

In den Untersuchungen hatte man sich zu sehr mit Elliots Intelligenz befasst und seinen Emotionen zu wenig Aufmerksamkeit geschenkt. Elliot wirkte emotional verarmt und ungewöhnlich distanziert. Von der Tragödie seines Lebens erzählte er mit einer Distanz, die in keinem Verhältnis zur Bedeutung der Ereignisse stand. Er verlor nie die Beherrschung und beschrieb seine Situation aus der Sicht eines unbeteiligten Zuschauers. Später erwähnte er, dass seine Gefühle sich seit seiner Erkrankung verändert hätten. Damasio meint, Elliots Situation lasse sich als 'Wissen ohne zu fühlen' beschreiben. Die Gefühllosigkeit des Denkens hinderte Elliot daran, verschiedenen Handlungsmöglichkeiten unterschiedliche Werte zuzuordnen, so dass seine Entscheidungslandschaft völlig abflachte. Elliot hat mit Phineas Gage viel gemeinsam. Beide zeigen Störungen im Sozialverhalten und in der Entscheidungsfindung. Bei beiden wurden jene Strukturen zerstört, die für die Prozesse erforderlich sind, welche der Entscheidungsfindung zugrunde liegen. Damasio berichtet, dass Patienten mit präfrontaler Schädigung an Gefühlsarmut und an einer Störung der Entscheidungsfindung leiden.

Wie wichtig Gefühle beim Treffen von Entscheidungen sind, illustriert Damasio am Beispiel eines seiner Patienten, der eine ähnliche präfrontale Schädigung hatte wie Elliot. Damasio bot diesem Patienten zwei Termine für seinen nächsten Arztbesuch zur Auswahl an. Der Patient holte seinen Terminkalender hervor und begann, darin zu blättern. Dann zeigte er ein äußerst bemerkenswertes Verhalten, das Damasio und mehrere seiner Kollegen beobachteten. Fast eine halbe Stunde lang zählte er Gründe für und gegen die beiden Termine auf. Er bedachte vorangehende Verabredungen, die zeitliche Nähe anderer Termine, mögliche Wetterverhältnisse, praktisch alles, was man bei einer so einfachen Frage theoretisch berücksichtigen kann. Mit großer Ruhe führte er eine ermüdende Kosten-Nutzen-Analyse durch, zählte endlos Alternativen und deren mögliche Konsequenzen auf und verglich sie. Er konnte sich aber auf keine Alternative festlegen. Damasio und seine Kollegen mussten sich sehr beherrschen, um sich all das anzuhören, ohne mit der Faust auf den Tisch zu schlagen und ihm zu sagen, er solle sich endlich entscheiden. Schlussendlich teilten sie ihm ganz ruhig mit, dass er zum zweiten der beiden vorgeschlagenen Termine zu erscheinen habe. Der Patient reagierte ebenso ruhig und prompt. Er sagte: „In Ordnung", steckte seinen Terminkalender in die Tasche und ging. Damasio meint, dieses Verhalten sei ein schönes Beispiel für die Grenzen der reinen Vernunft (vgl. Damasio, 1997, 262–264).

Neuropsychologische Befunde weisen darauf hin, dass dem *Gyrus cinguli anterior* eine wichtige Rolle beim *Wollen* zukommt: Diese Hirnregion bildet den vorderen Teil einer Hirnwindung, die sich wie eine Sichel an der inneren Oberfläche der Großhirnrinde befindet und von vielen Autoren zum Stirnhirn gerechnet wird. Neben ihrer Bedeutung bei der Auswahl von Handlungen ist sie eine Schnittstelle zwischen Emotion und Kognition. Beidseitige Schädigungen dieser Hirnregion verursachen einen Zustand, der als *akinetischer Mutismus*, als Bewegungslosigkeit und Sprachlosigkeit, bezeichnet wird. Dieser Terminus verweist, wie medizinische Termini im Allgemeinen, auf das, was von außen beobachtbar ist, vernachlässigt jedoch das Erleben der Betroffenen. Obwohl ihr Bewusstsein beeinträchtigt ist, sind diese Patienten wach. Ihre Wahrnehmung funktioniert, und ihre primären Sprachareale und Bewegungsareale sind intakt. Sie könnten eigentlich sprechen und sich bewegen, tun es aber nicht.

Damasio beschäftigte sich jahrelang mit solchen Patienten und verbrachte viele Stunden damit, ihr Verhalten und ihre Hirnbefunde zu studieren. Eine Patientin, die aus diesem Zustand erwachte, berichtete über ihr rätselhaftes monatelanges Schweigen und ihre Bewegungslosigkeit (vgl. Damasio, 2000a, 126–129). Frau I., so nennt Damasio die Patientin, hatte einen Schlaganfall erlitten, der zu einer Schädigung des cingulären Kortex und benachbarter Gebiete führte. Sie verlor plötzlich die Fähigkeit, sich zu bewegen und zu sprechen. Dieser Zustand dauerte unverändert ein halbes Jahr an. Meist lag Frau I. mit offenen Augen und leerem Gesichtsausdruck im Bett. Gelegentlich bewegte sie einen Arm oder eine Hand, um die Bettdecke zurechtzuziehen. Sie zeigte keinerlei Emotionen, weder körperlich noch mimisch, obwohl es genügend äußere Auslöser dafür gab: gezielte Versuche, mit ihr ins Gespräch zu kommen, oder das Geplauder der Ärzte, Schwestern, Medizinstudenten, Freunde und Verwandten an ihrem Bett. Ihre emotionale Neutralität war nicht zu durchbrechen. Sie reagierte weder auf äußere noch auf innere Auslöser wie beispielsweise Gedanken. Auf Besuche von Angehörigen und Freunden reagierte sie nicht anders als auf Ärzte und Schwestern. Fotografien, Lieder, Dunkelheit oder Helligkeit konnten sie ebenso wenig zu einer Reaktion bewegen wie Donner oder das Prasseln des Regens. Nie regte sie sich über hartnäckige Fragen auf, nie zeigte sie sich über ihre Situation oder sonst etwas besorgt.

Monate später, als sie aus diesem Zustand erwachte und Fragen beantworten konnte, löste sich das Rätsel ihres Geisteszustandes. Im Gegensatz zu dem, was ein flüchtiger Beobachter hätte meinen können, war ihr Bewusstsein nicht wie in einem Gefängnis eingesperrt gewesen. Vielmehr war davon nicht viel übrig geblieben. Sie hatte keine Erinnerung an bestimmte Erlebnisse während der langen Zeit des Schweigens. Nie hatte sie Furcht oder Angst empfunden, nie den Wunsch nach Kommunikation verspürt. Damasio betont, dass Frau I. unter all dem auch nicht gelitten habe. Es gab keine emotionalen Reaktionen. Was ihr fehlte, war offensichtlich jeglicher Antrieb, jegliche Motivation, tätig zu werden. Wie sie selbst sagte, lag es nicht daran, dass sie nicht verstand, was um sie herum vor sich ging. Es war vielmehr so, dass sie nichts tun oder sagen *wollte*, weil sie nichts zu sagen hatte. Ihr Bewusstsein sei leer gewesen. Der Nobelpreisträger und renommierte Mikrobiologe Francis Crick zog aus dieser Schilderung den Schluss: Die Frau hat ihren Willen verloren (vgl. Crick, 1994, 326–328). Folgende neuroanatomische Erklärung des *akinetischen Mutismus* drängt sich auf: Der *Gyrus cinguli anterior* liegt nahe der Schnittstelle zwischen Stirnhirn und motorischen Zentren und ist Teil jener limbischen Strukturen, die bei Emotionen eine wichtige Rolle spielen.

d) Gedächtnisstörung: Mr. Henry M., der Mann, der sich nichts mehr merken kann

Mr. Henry M. ist ein Mann, der seit seinem sechzehnten Lebensjahr unter schweren epileptischen Anfällen litt. Die Anfälle traten so häufig auf, dass er kein normales Leben führen konnte. Alle Versuche, mit den damals verfügbaren Medikamenten die Anfälle zu mildern, scheiterten. 1953, im Alter von 27 Jahren, unterzog er sich einem chirurgischen Eingriff. Der Chirurg entfernte weite Teile des Schläfenlappens in beiden Gehirnhälften, in denen er den 'epileptischen Herd' vermutete. Die Anfälle gingen nachher zwar erheblich zurück, aber die Folgen der Operation waren so verheerend, dass seither keine derart massiven Eingriffe mehr vorgenommen werden. Heute führt man bei relativ wenigen Patienten, deren epileptische Anfälle sich mit Medikamenten nicht mehr kontrollieren lassen, eine stereotaktische Ausschaltung der krampfauslösenden Nervenzellen durch. Diese chirurgischen Eingriffe sind mit dem massiven Eingriff bei Henry, der als 'experimentell' bezeichnet wurde, nicht vergleichbar. Henry kann sich seit der Operation nichts mehr merken. Er lebt in einer immer währenden Gegenwart. Die Jahre nach 1953 sind für ihn nicht Vergangenheit, für ihn gibt es diese Jahre nicht. Henry erinnert sich allerdings an Ereignisse, die Jahre zurückliegen, und zwar bis etwa zwei

Jahre vor der Operation. Seit der Operation ist er in der Gegenwart gefangen. Es ist erstaunlich, dass Henry im Gespräch nicht den Eindruck erweckt, als hätte er ein großes Problem. Brenda Milner, die Psychologin, die Henry nach der Operation als Erste untersuchte, bescheinigte ihm eine überdurchschnittliche Intelligenz. Wegen seiner ungewöhnlichen Ausfälle wurde Henry von Ärzten und Psychologen seit Mitte der fünfziger Jahre immer wieder untersucht. Er dürfte wohl zu den am intensivsten untersuchten Patienten überhaupt gehören (vgl. Greenfield, 1999, 158 ff.; LeDoux, 1998, 196 ff.).

Bei Henry hatte man den mittleren Teil des Schläfenlappens auf beiden Seiten entfernt. Zu diesem Areal gehört auch eine Region unterhalb der Großhirnrinde, der so genannte *Hippocampus* (griechisch für Seepferdchen). Zahlreiche klinische und experimentelle Befunde belegen wie im Falle Henrys, dass Schädigungen des Hippocampus die Bildung von Langzeiterinnerungen beeinträchtigen.

Es ist schwer vorstellbar, in welchem Geisteszustand Henry sich befindet. Cohen und Eichenbaum (1993), zwei führende Gedächtnisforscher, schildern die geistige Verfassung, in der sich Henry vierzig Jahre nach der Operation befindet. Freunde und Nachbarn, die er seit der Operation kennen gelernt hat, erkennt er nicht wieder. Er weiß zwar sein Geburtsdatum, sein korrektes Alter kennt er aber nicht und hält sich stets für jünger, als er tatsächlich ist. Er weiß nicht, wo er wohnt, er weiß nicht, dass seine Eltern längst verstorben sind, und er kennt seine eigene Geschichte nicht. Nachts kann es geschehen, dass er die Krankenschwester fragt, wer er ist und warum er hier ist. Für ihn gibt es kein Gestern, denn an den Ablauf des vergangenen Tages erinnert er sich nicht. Er kann weder den Platz beschreiben, an dem er gearbeitet hat, noch das, was er getan hat, oder den Weg, den er jeden Tag gefahren wird. Henry vermag nur ganz einfache Tätigkeiten auszuführen wie zum Beispiel Feuerzeuge auf Papphalterungen zu stecken. Sein Kurzzeitgedächtnis ist intakt geblieben. Henry kann sich immer noch Zahlenfolgen mit bis zu sieben Ziffern merken. Zeigt man ihm kurz eine Karte mit einem Bild, so kann er unmittelbar danach angeben, was auf der Karte war. Nach einer Minute weiß er jedoch nicht mehr, was er gesehen hat, ja nicht einmal, ob er überhaupt etwas gesehen hat. Eine Unterhaltung mit ihm ist ohne Schwierigkeiten möglich. Er ist offensichtlich in der Lage, das, was ihm im Augenblick bewusst ist, für kurze Zeit zu behalten. Er wäre sonst unfähig, einen sinnvollen Satz zu sprechen.

Die Kapazität unseres Kurzzeitgedächtnisses ist extrem begrenzt. Es kann nur etwa sieben Informationseinheiten behalten, und diese werden nach zwanzig bis dreißig Sekunden wieder gelöscht. Die Gehirnoperation zerstörte bei Henry eine ganz bestimmte Gedächtnisfunktion, und zwar die Speicherung von Informationen im Langzeitgedächtnis. Dadurch ist Henry so beeinträchtigt, dass er, allein gelassen, nicht überleben könnte.

Obwohl Henry keine neuen Langzeiterinnerungen mehr bilden kann, ist sein *prozedurales Gedächtnis* intakt geblieben. Dieses Gedächtnis umfasst Bewegungsabläufe und motorische Fertigkeiten aller Art wie zum Beispiel Radfahren, Schwimmen, Tippen oder Schifahren. Derartige Tätigkeiten, die wir durch intensive Übung automatisiert haben, erfordern nicht, dass wir uns aktiv und bewusst erinnern müssen, wie wir sie ausführen. Wir setzen uns einfach auf das Rad oder schnallen die Schier an und fahren los. Das prozedurale oder implizite Gedächtnis ist nicht notwendigerweise von Bewusstsein begleitet. Für das Verständnis von Lernprozessen ist bemerkenswert, dass Henry keine Schwierigkeiten hatte, sich neue Bewegungsabläufe anzueignen. Beim Nachzeichnen eines Sterns schnitt er recht gut ab. Diese Aufgabe ist nicht so einfach, denn Henry zeichnete die Umrisse nach, während er seine Hand nur in einem Spiegel sah. Diese Art des Nachzeichnens lässt sich durch Übung perfektionieren. Mit jedem Tag verbesserte sich Henrys Leistung, obwohl er sich nicht bewusst daran erinnerte, den Stern jemals gezeichnet zu haben. Beim Lernen manueller Fertigkeiten ist Henry durch seine Hirnschädigung nicht behindert. Er kann sich wie ein Gesunder neue Bewegungsabläufe aneignen. Dies spricht dafür, dass das Erlernen und Erinnern neuer Bewegungsabläufe von anderen Gedächtnissystemen vermittelt wird als die Inhalte des *semantischen Gedächtnisses*. Das semantische oder *explizite Gedächtnis* umfasst alles, was wir als bewusstes Wissen verfügbar haben und äußern können. Es wird von nur einem Gedächtnissystem, dem *Temporallappen-Gedächtnissystem*, vermittelt. Der Hippocampus ist das entscheidende Glied in diesem System. Eine Schädigung des Temporallappen-Gedächtnissystems beeinträchtigt die Fähigkeit, sich bewusst an etwas zu erinnern, lässt aber die Fähigkeit, neue Bewegungsabläufe zu erlernen, unberührt. Es scheint eine Vielzahl von prozeduralen Gedächtnissystemen zu geben (vgl. LeDoux, 1998, 208–212).

Henry kann sich seit seiner Operation an nichts mehr erinnern, auch nicht an das, was sich in den beiden Jahren vor dem Eingriff ereignete. Seine Erinnerungen an Ereignisse aus der Kindheit und dem frühen Erwachsenenalter sind jedoch immer noch intakt. Diese hängen offensichtlich nicht von den Gehirnarealen ab, die entfernt worden sind. Daraus lässt sich entnehmen, dass das Gehirnsystem, das die Bildung neuer Langzeiterinnerungen vermittelt, ein anderes sein muss als jenes, das ältere Langzeiterinnerungen speichert. Gedächtnisinhalte müssen auf eine noch unbekannte Weise in einer Gehirnregion verarbeitet und in einer anderen gefestigt beziehungsweise konsolidiert werden. Bei Henry muss die Schädigung auf der Stufe eingesetzt haben, auf der neue Erinnerungen zunächst verarbeitet werden. Nur so wird verständlich, dass die bereits konsolidierten Gedächtnisinhalte von den Folgen des chirurgischen Eingriffs verschont blieben.

Der Hippocampus spielt eine entscheidende Rolle bei der Überführung von Informationen aus dem Kurzzeitgedächtnis in das Langzeitgedächtnis. Er organisiert die Einspeicherung und das Abrufen der Inhalte des expliziten Gedächtnisses. Eine doppelseitige Zerstörung des Hippocampus führt wie im Falle von Henry zu einer *retrograden* und *anterograden Amnesie*. Retrograde Amnesie ist der Verlust von Teilen des Altgedächtnisses beziehungsweise die Beeinträchtigung des Erinnerungsvermögens für Vorgänge und Ereignisse vor der Schädigung. Anterograde Amnesie ist die Unfähigkeit, neue Inhalte in das Langzeitgedächtnis einzufügen beziehungsweise neues Wissen zu erwerben und auch nur für kurze Zeit zu behalten (vgl. Roth, 1994, 185 f.).

Die Aufrechterhaltung von Erinnerungen über einige Jahre hängt von einem einwandfrei funktionierenden Temporallappen-Gedächtnissystem ab. Gedächtnisforscher nehmen an, dass der Hippocampus seine Kontrolle über die Gedächtnisinhalte nach und nach an die Großhirnrinde abgibt. Dort bleiben Erinnerungen anscheinend so lange erhalten, wie sie Erinnerungen sind, und das kann ein Leben lang sein. Dieses Gedächtnismodell macht auch die geistigen Veränderungen verständlich, die bei der Alzheimer-Krankheit auftreten. Diese Krankheit verursacht einen Abbauprozess des Gehirngewebes. Sie beginnt im Bereich des Temporallappen-Systems, speziell im Hippocampus, und führt zu einer Störung des Kurzzeitgedächtnisses. Vergesslichkeit ist das erste Warnsignal. Schließlich dringt die Krankheit in die Großhirnrinde vor und zieht alle Aspekte des Gedächtnisses, auch alte Gedächtnisinhalte, in Mitleidenschaft (vgl. LeDoux, 1998, 207 f.).

Hippocampus und Amygdala arbeiten im Bereich des sprachlichen und emotionalen Gedächtnisses arbeitsteilig. Bei einem traumatischen Erlebnis, wie bei einem schweren Verkehrsunfall, arbeiten beide Systeme parallel und speichern unterschiedliche Informationen ab. Vereinfacht ausgedrückt: Der Hippocampus schafft die bewussten, die Amygdala hingegen die emotionalen Erinnerungen. Werden die Betroffenen mit Reizen, die beim Unfall gegeben waren, wie Ort, Trümmer, Benzingeruch, Verletzungen, Rettungsfahrzeuge, konfrontiert, dann rufen beide Systeme die jeweiligen Erinnerungen ab: der Hippocampus die bewussten Erinnerungen an den Unfall, die Amygdala die körperlichen Reaktionen der Furcht (vgl. LeDoux, 1998, 257–259). Im Rahmen einer klassischen Konditionierung, in der ein Nebelhorn bei Normalpersonen eine Schreckreaktion auslöste, konnten Patienten mit einer bilateralen Schädigung der Amygdala genau angeben, welcher sensorische Reiz mit einem Schreckreiz gepaart worden war, sie zeigten aber keine körperliche Angstreaktion. Sie erlebten keine Angst und keinen Schrecken, sondern nahmen die Ereignisse emotionslos zur Kenntnis. Umgekehrt hatten Patienten mit doppelseitiger Schädigung des Hippocampus keine bewusste Information über die gemeinsame Darbietung von sensorischem Reiz und Schreckreiz, zeigten aber eine deutliche vegetative Angstreaktion. Während ihr emotionales Gedächtnis funktionierte, versagte ihr sprachliches Gedächtnis. Dies war nach der Schädigung des Hippocampus auch zu erwarten. Die Patienten mit intakter Amygdala und zerstörtem Hippocampus erlebten also Angst und Schrecken, ohne zu wissen warum (vgl. Roth, 2001, 181).

Die dargestellten Fallbeispiele illustrieren, dass es im Gehirn bestimmte ‘Orte’ gibt, an denen spezifische psychische Leistungen wie Sehen, Hören, Riechen, Empfinden, Erinnern, Denken, Fühlen und Wollen repräsentiert sind. Selbst Charaktereigenschaften und Persönlichkeit scheinen im Stirnhirn ‘lokalisiert’ zu sein. Es sind jedoch nicht nur Orte im Gehirn, die Erleben und Verhalten repräsentieren, sondern auch die Verknüpfungen zwischen den Orten, die Kommunikation unter den Neuronengruppierungen (cell assemblies). Im Folgenden wenden wir uns der grundlegenden Einheit des Nervensystems, dem Neuron, zu.

4. Die Zellen des Nervensystems

Das zentrale Nervensystem besteht zum größten Teil aus Neuronen und Gliazellen. Die kleinste Einheit im Nervensystem ist die Nervenzelle oder das Neuron. Die Gliazellen, die zwischen den Neuronen eingestreut sind, machen zwar 80 % des Gehirns aus, aber über die Neuronen weiß man sehr viel mehr als über die Gliazellen (vgl. Markowitsch, 2002, 119). Gliazellen dienen als eine Art Hüll- und

Stützgewebe des Nervensystems. Sie halten die Neuronen dicht zusammen, damit diese sich nicht direkt berühren, sie beseitigen Abfälle, isolieren und kontrollieren Giftstoffe. Ein Typ von Gliazellen, die Astrozyten, verhindern, dass giftige Substanzen im Blut die empfindlichen Gehirnzellen erreichen. Sie bilden die *Blut-Hirn-Schranke*, indem sie die Blutgefäße im Gehirn mit einer fetthaltigen Schutzschicht umgeben. Diese Schranke bewirkt zum Beispiel, dass nur ein Zehntel der im Blutkreislauf vorhandenen Alkoholanteile im Gehirn wirksam sind. Enthält das Blut beispielsweise ein Promille Alkohol, dann ist im Gehirn nur ein Zehntel Promille aktiv. Wenn im Spätstadium einer schweren Alkoholerkrankung die Blut-Hirn-Schranke zusammenbricht, dann verzehnfacht sich die Wirkung des Alkohols. Die 90% des Gesamt-Blut-Alkoholspiegels, die durch die Blut-Hirn-Schranke zurückgehalten wurden, strömen jetzt ungehemmt ins Gehirn. Es kommt zum 'Toleranzbruch', d.h., der Trinker in diesem Spätstadium verträgt nichts mehr. Bereits geringe Mengen Alkohol bewirken Volltrunkenheit (vgl. Kreuzer & Lesch, 1989, 101).

Wo Neuronen zerstört werden oder absterben, vermehren sich die Gliazellen und beseitigen den hinterlassenen Zellabfall. Gliazellen umwickeln die großen Axone mit einer isolierenden Schutzschicht, der Myelinschicht. Dadurch wird die Weiterleitung der Nervensignale beschleunigt. Die ununterbrochene Aktivität des Gehirns verursacht einen hohen Energieverbrauch. Das Gehirn muss reichlich mit Blut und Sauerstoff versorgt werden. Obwohl das Gehirn nur 2% des gesamten Körpergewichts ausmacht, bekommt es 16% des gesamten Blutvorrates (vgl. Zimbardo & Gerrig, 1999, 78–80). Man vermutet, dass die Gliazellen auch an der Informationsverarbeitung beteiligt sind. Die Zahl der Forscher, die sich mit Gliazellen befassen, ist verschwindend klein gegenüber der Zahl der Forscher, welche die Neuronen untersuchen. Dies ist wohl der Grund dafür, dass die Gliazellen noch nicht in die Interpretation der Hirnströme (EEG) und der Bilder, welche durch die Verfahren der Tomographie (Positronen-Emissions-Tomographie) erzeugt werden, eingegangen sind. Es gibt bis heute kein Modell eines 'glioneuralen Gehirns' (vgl. Florey, 1996, 84).

Ein Neuron besteht aus dem Zellkörper mit dem Zellkern, dem Axon und den Dendriten. Es gibt schätzungsweise fünzig verschiedene Arten von Neuronen im Gehirn. Der Zellkörper eines einzelnen Neurons misst bis zu fünzig Mikrometer (Tausendstel Millimeter) im Durchmesser. Das Axon kann von einigen Mikrometern bis zu mehreren Metern jede Länge erreichen (vgl. Edelman & Tononi, 2002, 58–60). Dendriten sind sich verzweigende Ausläufer, die man wegen ihrer baumartigen Struktur so nennt. Das Axon endet in synaptischen Endknöpfchen. Die Synapse ist die Verbindungsstelle zu anderen Neuronen. Wird ein Neuron erregt, leitet es Signale in Form elektrischer Impulse weiter. Dieser neuronale Impuls, das so genannte Aktionspotential, setzt sich über die lange Nervenfaser, das Axon, fort und wird an den Synapsen auf chemischem Wege weitergeleitet. Ein Neuron erhält über viele Synapsen Informationen von anderen Neuronen, verarbeitet diese und leitet sie als zelleigenes Impulsmuster an nachgeschaltete Neuronen weiter. An der Synapse kann der Impuls entweder dupliziert, reduziert, verstärkt oder verzögert werden; andere Signale können hinzugefügt, subtrahiert, multipliziert oder umgeformt werden. Jedes einzelne Neuron ist für sich bereits eine Art leistungsfähiger 'elektrochemischer' Computer.

Wenn ein elektrischer Impuls (Aktionspotential) an den Endknöpfchen des Axons ankommt, kann er nicht einfach weiterfließen, da die Neuronen sich gegenseitig nicht berühren. Dort, wo ein Neuron endet und das nächste beginnt, befindet sich der so genannte *synaptische Spalt*. Das Aktionspotential überbrückt diesen Spalt auf chemischem Wege mit Hilfe von Botenstoffen, so genannten Neurotransmittern. Die synaptischen Vesikel schütten Neurotransmitter in den synaptischen Spalt aus. Die Transmittermoleküle verteilen sich im Spalt und docken an den Rezeptoren der postsynaptischen Membran an. Dadurch bewirken sie eine Potentialänderung dieser Membran und lösen so die elektrische Weiterleitung in der postsynaptischen Faser aus. Dieser Vorgang läuft innerhalb von zehn bis maximal ein paar hundert Millisekunden ab (vgl. Edelman & Tononi, 2002, 62). Um die Rezeptoren aktivieren zu können, müssen die Neurotransmitter zu den Rezeptoren passen wie ein Schlüssel zum Schloss. Für jede Transmittersubstanz kann es mehrere unterschiedliche Typen von Membranrezeptoren geben. Es ist eher die Art des Rezeptorkanals als die Transmittersubstanz, die bestimmt, welcher Effekt eintritt. Die Menge der freigesetzten Substanzen entspricht den eintreffenden Impulsen. Häufigere Impulse lösen eine größere Ausschüttung von Neurotransmittern aus. Die in den Spalt freigesetzten Botenstoffe werden chemisch abgebaut bzw. wieder in die Endknöpfchen aufgenommen. Die Synapse ist dann frei für die nächste Aufgabe (vgl. Zimbaro & Gerrig, 1999, 83 f.). Einige Synapsen sind erregend, andere sind hemmend. In den erregenden Synapsen veranlasst der Neurotransmitter das postsynaptische Neuron, Impulse in einer höheren Rate zu erzeugen. In der hemmenden Synapse reduziert die Transmittersubstanz die Impulsrate oder verhindert neue Impulse in der postsynaptischen Zelle. Dadurch wird diese am Feuern gehindert. Die Entdeckung der Neurotransmitter geht zurück in die fünfziger Jahre. Heute schätzt man, dass mehr als sechzig Substanzen als Neurotransmitter und Neuromodulatoren im Gehirn wirken. Bekannt sind die Neurotransmitter Acetylcholin, Noradrenalin, Dopamin und Serotonin.

Durch die Erforschung der biochemischen Prozesse an den Synapsen hoffen die Wissenschaftler, neue Erkenntnisse über die Ursachen verschiedener Krankheiten wie Alzheimer, Parkinson, Schizophrenie, Angststörungen und affektive Störungen zu gewinnen. Drogen und Psychopharmaka beeinflussen das komplexe Geschehen an den Nervensynapsen. Der Ausdruck ‘Psychopharmaka’ ist missverständlich, denn diese Pharmaka wirken nicht direkt auf die Psyche, sondern auf das Geschehen an den Synapsen im zentralen und peripheren Nervensystem. Am Beispiel der Depression und ihrer medikamentösen Behandlung mit Antidepressiva lässt sich die Bedeutung des komplexen Geschehens an den Nervensynapsen veranschaulichen.

a) Ist Depression die Folge eines Neurotransmittermangels?

Die meisten von uns kennen das Gefühl, traurig oder melancholisch gestimmt zu sein, wenn auch nicht in der Intensität, die den Namen Depression verdient. Traurigkeit und Niedergeschlagenheit sind völlig gesunde und normale Reaktionen auf den Verlust eines geliebten Menschen, auf schmerzliche Trennungen, auf bittere Enttäuschungen und Zeiten der Einsamkeit und Ziellosigkeit. Wo die Grenze zwischen normaler Trauer einerseits und den klinisch auffälligen Symptomen der Depression andererseits genau verläuft, gehört zu den noch ungelösten Fragen der Depressionsforschung (vgl. Hautzinger & de Jong-Meyer, 1998, 207). Als Hauptsymptome der Depression gelten: Gefühle der Traurigkeit, Niedergeschlagenheit, Hoffnungslosigkeit, Wertlosigkeit und Sinnlosigkeit, sowie der Verlust von Interesse und Freude an allen Aktivitäten. Weitere Symptome sind: starke Angst, Antriebslosigkeit bei gleichzeitiger innerer Unruhe, Appetitlosigkeit, Schlafstörungen und wiederholte Selbstmordgedanken. Depression ist eine extreme Verstimmung, die als so quälend und unerträglich empfunden wird, dass jeder Lebenswille erlischt. Anfangs sind die Betroffenen traurig und niedergeschlagen. Die Depression gilt als umso schwerer, je mehr die Patienten über ein ‘Gefühl der Gefühllosigkeit’ klagen, darüber, keine Angst, keinen Schmerz und keine Trauer empfinden zu können. Schwere Depression ist wie das Erleben eines Stillstandes, eine Behinderung jeglichen Fühlens und Mitfühlens, eine Verödung des Affektes. Menschen, die an einer schweren Depression leiden, können Gefühle erst wieder erleben und äußern, wenn sich ihre Stimmung etwas aufgehellt hat.

Die somatisch orientierte Depressionsforschung befasst sich schwerpunktmäßig mit der Suche nach biochemischen und physiologischen Ursachen des depressiven Erlebens und Verhaltens. Vor allem die Zusammenhänge zwischen den Veränderungen im Neurotransmitterhaushalt und der depressiven Symptomatik sind von großem Interesse. Man versuchte, Depressionen mit verschiedenen Neurotransmittern in Verbindung zu bringen. In den vergangenen Jahren wurden vor allem die Neurotransmitter Noradrenalin, Serotonin und Acetylcholin erforscht. Vertreter der so genannten *Mangelhypothesen* sehen die Ursache der Depression in einer Störung des Neurotransmitterhaushaltes und der dazugehörigen Rezeptoren. Depression ist die Folge eines zu niedrigen Neurotransmitterspiegels. Es liegt entweder ein Neurotransmittermangel vor, oder die postsynaptischen Rezeptoren weisen eine Unterempfindlichkeit für die entsprechenden Substanzen auf. Zwei wichtige Hypothesen wurden formuliert: die Katecholamin-Hypothese und die Serotonin-Hypothese. Nach der *Katecholamin-Hypothese* ist eine Depression das Ergebnis eines Defizits des Neurotransmitters Noradrenalin an kritischen Stellen zentralnervöser Reizübertragung (Schildkraut, 1965). Die *Serotonin-Hypothese* besagt, dass bei Depressiven eine erniedrigte Konzentration dieses Neurotransmitters vorliegt (Woolley, 1962; Glassman, 1969). Serotonin fungiert als Neurotransmitter und ist ähnlich wie Noradrenalin im Gehirn verteilt. Beide Hypothesen gehen von einem Mangel der betreffenden Substanz in bestimmten Bereichen des Gehirns aus. Der synaptische Regulationsmechanismus ist heute detailliert bekannt, und seine möglichen Störungen sind viel komplexer, als die ursprüngliche Formulierung der Hypothesen vermuten lässt (vgl. Hautzinger & de Jong-Meyer, 1998, 227).

Die Mangelhypothesen wurden auf Grund der Wirkung bestimmter Medikamente formuliert. Man entdeckte, dass *Reserpin* und ähnliche Substanzen, welche die Konzentration von Katecholaminen und Serotonin im Gehirn senken, bei Tieren und normalen Versuchspersonen depressionsähnliche Symptome bewirken. Diese Symptome bezeichnete man vorschnell als 'Modelldepression'. In den fünfziger Jahren entdeckte man zwei Gruppen von Medikamenten, die depressionslindernd wirken: die *Trizyklika* und die *Monoaminoxidase-Hemmer*. Die trizyklischen Antidepressiva blockieren die Wiederaufnahme von

Noradrenalin und Serotonin in das präsynaptische Neuron. Sie werden wegen ihrer molekularen Struktur, die durch drei miteinander verbundene Ringe gekennzeichnet ist, so genannt. Die Monoaminoxidase-Hemmer (MAO-Hemmer) wirken auf das Katecholamine abbauende Enzym Monoaminoxydase und verhindern den Abbau der Neurotransmitter. Untersuchungen zeigten, dass beide Medikamente im Gehirn von Tieren sowohl den Serotonin- als auch den Noradrenalinspiegel anhoben. Das unterstützte die Hypothese, dass Depression die Folge eines Transmittermangels ist (vgl. Davison & Neale, 1996, 270 f.; Hoffmann, 1976, 158 ff.).

In der Notfalltherapie von Menschen, die an verschiedenen Formen der Depression leiden, werden Antidepressiva eingesetzt. Diese Pharmaka wirken antriebssteigernd, angstlösend und stimmungsaufhellend. Die antriebssteigernde Wirkung tritt in der Regel früher ein als die stimmungsaufhellende. Bevor die stimmungsaufhellende Wirkung einsetzt, können zwei bis drei Wochen verstreichen. Die therapeutische Wirksamkeit der Antidepressiva kann auf Grund zahlreicher wissenschaftlicher Untersuchungen als gesichert betrachtet werden (vgl. Hautzinger & de Jong-Meyer, 1998, 233). Auf die Frage, *warum* und *wie* die Veränderung des Transmitterspiegels die Stimmung hebt, gibt es bisher keine Antwort. Der genaue Wirkmechanismus der Antidepressiva ist unbekannt. Erste Zweifel an der Katecholamin-Hypothese traten auf, als neue wirksame Antidepressiva entwickelt wurden, die weder den Noradrenalin- noch den Serotoninspiegel erhöhten. Zudem entdeckte man, dass potente Wiederaufnahme-Hemmer wie Kokain oder Amphetamine ('Speed', 'Ecstasy') keine antidepressiven Wirkungen haben.

Das Hauptmanko der Transmittermangel-Hypothese ist die fehlende zeitliche Übereinstimmung zwischen der raschen biochemischen Wirkung und dem verzögerten Eintritt der antidepressiven Wirkung. Die depressionslindernde Wirkung von Trizyklika und MAO-Hemmern macht sich erst nach zwei bis drei Wochen bemerkbar. Dieses späte Einsetzen der stimmungsaufhellenden Wirkung lässt sich mit der Erhöhung des Noradrenalin- oder Serotoninspiegels nicht plausibel erklären. Es gibt mittlerweile Hinweise darauf, dass die Störung im Transmitterhaushalt weniger auf einen Transmittermangel als auf eine Änderung der Empfindlichkeit der Rezeptoren zurückzuführen ist. Offen ist zudem die Frage, ob die Störungen im Transmitterhaushalt tatsächlich eine Ursache depressiver Erkrankungen sind, oder nicht vielmehr eine ihrer Folgen (vgl. Hinterhuber & Fleischhacker, 1997, 51 f.).

Gegenwärtig untersucht man, ob die depressionslindernde Wirkung der Trizyklika und der MAO-Hemmer darin besteht, dass sie die postsynaptischen Rezeptoren verändern. Damit stellt sich die Frage nach der Wirkungsweise der Antidepressiva. Das Forschungsinteresse scheint sich zurzeit auf die Sensibilität menschlicher Rezeptoren zu verlagern. Die Depressionsforschung am Max-Planck-Institut für Psychiatrie in München befasst sich mit der gestörten Stresshormonregulation und deren genetischer Verursachung. Man entdeckte einen Zusammenhang zwischen Stress und Depression. Demnach leiden depressive Menschen an einer Störung des Stresshormonsystems, sie befinden sich in einer Art Dauerstress. Man vermutet, dass bisherige Antidepressiva über Umwege in dieses gestörte System eingreifen und es wieder ins Gleichgewicht bringen. An der Entwicklung neuer Antidepressiva, die gezielt die Stresshormonregulation beeinflussen, wird gearbeitet.

Man ist noch weit davon entfernt, eine Brücke geschlagen zu haben zwischen den Symptomen der Depression einerseits und den Vorgängen an den Nervensynapsen andererseits. Die Frage, welche Wechselwirkung zwischen den physiologischen und den psychologischen Faktoren besteht, bleibt weiterhin offen. Viele Lehrbücher enthalten eine vereinfachte Darstellung der Beziehung zwischen organischen Befunden und Depression. Die vorsichtigen Formulierungen der Autoren in den Originalartikeln kommen selten zur Sprache. Schildkraut formulierte seine Hypothese folgendermaßen: „Einige, wenn nicht alle Depressionen sind mit einer absoluten oder relativen Defizienz von Katecholaminen assoziiert, insbesondere des Noradrenalins, und zwar in funktionell wichtigen Bereichen des Gehirns. Erhöhte Stimmung könnte dagegen mit einem Überschuss solcher Amine assoziiert sein" (zit. nach Hoffmann 1976, 164). Diese Formulierung enthält keine Aussage über die Verursachung der Depression, sondern spricht von einer Assoziation. Schildkraut plädiert übrigens dafür, dass an der Entstehung einer Depression biologische, psychologische und soziale Ursachen beteiligt sind. Nach dem *bio-psycho-sozialen Ansatz* ist menschliches Erleben und Verhalten das Ergebnis biologischer, psychologischer und sozialer Einflüsse, die sich wechselseitig bedingen. Das komplexe Störungsbild Depression lässt sich wohl kaum durch die Veränderung der Konzentration von ein oder zwei Neurotransmittern erklären. Jeder Botenstoff beeinflusst andere Botenstoffe. Es bedarf eines fein abgestimmten Gleichgewichtes unter den Neurotransmittern, um ein normales Funktionieren des Gehirns zu garantieren. Jede Änderung dieses sensiblen Gleichgewichtes führt zu

Störungen der gesamten Gehirnfunktionen. Unser geistiges und emotionales Gleichgewicht scheint eng und dauerhaft mit der komplexen Chemie unseres Gehirns verbunden zu sein.

b) Neuronen im Netzwerk

Das menschliche Gehirn besteht schätzungsweise aus hundert Milliarden bis einer Billion Neuronen. Jedes Neuron unterhält durchschnittlich zehntausend Kontaktstellen zu anderen Neuronen. Über Tausende von Synapsen erhält es Informationen von anderen Neuronen und leitet die verarbeiteten Informationen als zelleigenes Impulsmuster an eine Vielzahl nachgeschalteter Neurone weiter. Wollte man alle Synapsen im menschlichen Gehirn registrieren, indem man pro Sekunde eine erfasste, würden dreißig Millionen Jahre vergehen (vgl. Wolf, 1992, 38). Diese astronomische Zahl wechselseitiger Verschaltungen ist wohl die komplexeste Struktur im Universum, die wir kennen. Es gibt Schätzungen, nach denen die Zahl der möglichen Verbindungen zwischen den Neuronen im Gehirn größer ist als die Zahl der stabilen Partikel im Universum. Das Weltall enthält etwa 10^{80} halbwegs stabile Elementarteilchen (vgl. Gierer, 1989). Nach Edelman & Tononi (2002, 58) bewegt sich die Zahl der möglichen neuralen Schaltkreise in der Größenordnung einer Zehn gefolgt von mindestens einer Million Nullen. Bedenkt man die verschiedenen Neurotransmitter pro Neuron, dann beginnt man zu verstehen, „wie die Überlagerung des neuralen Netzwerkes des Gehirns durch das chemische Kodierungssystem die Regulation der subtilen Verhaltensmuster des Menschen ermöglichen kann“ (Zimbardo & Gerrig, 1999, 84). Die unvorstellbare Komplexität des menschlichen Gehirns konfrontiert uns mit den Grenzen des Verstehens. Manche Gehirnforscher wie beispielsweise Gierer (1989) meinen, es sei leichter, das Universum zu erforschen, als die Funktionsweise unseres Gehirns bis ins Letzte zu ergründen.

Die Verbindungen zwischen den Neuronen sind nicht statisch, sondern dynamisch. Wenn ein präsynaptisches und ein postsynaptisches Neuron innerhalb eines Zeitfensters von zehn Millisekunden synchron feuern, wird die Synapse zwischen ihnen stabilisiert. Für die Entwicklung des Nervensystems, für das Lernen und für viele Anpassungsvorgänge spielt das eine wichtige Rolle. Es gibt dynamische Neuronenverbände, so genannte cell assemblies. Diese schalten sich temporär mit anderen Neuronenverbänden zusammen, und zwar je nachdem, mit welcher Aufgabe das Nervensystem sich befasst. Das dadurch erzeugte Bild der Wirklichkeit wird nach der Meinung vieler Hirnforscher nicht einer irgendwo lokalisierten zentralen Instanz vorgestellt. Ein Neuronenverband ist eine Art diffuse Struktur, die mehrere Zellen umfasst. Diese sind fähig, kurzzeitig als geschlossenes System zu agieren und Verbindungen zu anderen Systemen dieser Art zu erleichtern. Um besser zu verstehen, was mit dynamischen Neuronenverbänden gemeint ist, kann man das Gehirn mit einer Stadt und die einzelnen Neuronen mit den Bürgern dieser Stadt vergleichen. Ein Bürger der Stadt kann Mitglied in verschiedenen sozialen Verbänden sein: Er kann einer politischen Gruppierung, einer Kirche, einem Kegelklub, einem Trachtenverein und einer therapeutischen Gruppe angehören. Die Mitglieder jeder sozialen Gruppierung sind miteinander verbunden, weil jede Gruppierung einige Mitglieder hat, die auch anderen Gruppierungen angehören. So kann auch eine Nervenzelle vielen Zellverbänden des Gehirns angehören. Es gibt zum Beispiel keine 'Großmutterzelle' im Gehirn, die das Gesicht und die Stimme der Großmutter erkennen würde. Man stellt sich das eher so vor: Eine Gruppe von Neuronen, die sich in verschiedenen Teilen des Gehirns befinden, sind über Jahre hinweg miteinander in Verbindung getreten als Reaktion auf eine besondere ältere Frau. Zellen im visuellen Kortex antworten auf ihr Bild und bringen Zellen im Schläfenlappen zum Feuern, die durch die Stimme dieser Frau aktiviert werden. Es gibt kein einzelnes Neuron, das die Großmutter erkennt, sondern ein Verband von Neuronen reagiert auf das Erscheinen dieser Frau (vgl. Rager, 1999, 93).

Neuronenverbände, die aus zufällig miteinander verknüpften Neuronen bestehen, verhalten sich so wie einzelne Neuronen. Man schätzt, dass es fast ebenso viele Neuronenverbände gibt wie Neuronen. Die Gesamtzahl der Neuronen und die Gesamtzahl der Neuronenverbände ist für die Lernfähigkeit des Gehirns von großer Bedeutung. Die riesige Zahl an Neuronenverbänden höherer Ordnung muss beim Menschen über Jahre hinweg allmählich eingerichtet werden. Das ist der Grund, warum das Lernen anfänglich relativ langsam ist. Beim erwachsenen Menschen hingegen ist es schnell, weil eine neue Situation im Kontext des großen Repertoires von Neuronenverbänden schnell interpretiert werden kann. Bereits vorhandene Neuronenverbände können schnell miteinander verbunden werden (vgl. Rager, 1999, 92 f.).

5. Wo ‘sitzt’ das Bewusstsein?

Nach gegenwärtigem Wissensstand gibt es keinen Punkt im Gehirn, an dem alle Informationen zusammenlaufen. Die Neurowissenschaften haben die Vorstellung von einer Zentralinstanz oder von einem ‘Homunkulus’ im Gehirn verworfen. Die vielen parallel ablaufenden Gehirnprozesse stellen jede Bewusstseinstheorie vor ein Rätsel. Wie können räumlich verstreute Neuronenaktivitäten eine einheitliche bewusste Erfahrung hervorbringen? Die Emotionsverarbeitung und die Verarbeitung des ‘Was’ und ‘Wo’ visueller Reize findet zum Beispiel in völlig verschiedenen Bereichen des Gehirns statt. Diese Arbeitsteilung verläuft unbewusst. Wir erleben einen herrlichen Sonnenuntergang, und uns ist nicht bewusst, dass das mit diesem Erlebnis verbundene angenehme Gefühl in verschiedenen Teilregionen des Gehirns verarbeitet wird: die Gestalt und die Farbe der Sonne von Nervenbahnen, die durch den Schläfenlappen des Großhirns führen, während die Verarbeitung der Position der Sonne Aktivitäten im Scheitellappen des Großhirns erfordert. Das Bewusstsein ermöglicht es, dass Form, Farbe, Bewegung, Tiefe und Gefühl zu einem einheitlichen Erleben eines ‘schönen Sonnenuntergangs’ verbunden werden (vgl. Johnston, 1999, 120 f.). Francis Crick (1994) nennt diese unerklärte Fähigkeit des Bewusstseins das *Bindungsproblem*. Für die Neurowissenschaften ist dieses Problem eine große Herausforderung. Wie werden räumlich verstreute Prozesse im Gehirn zusammengebunden, um daraus ein einheitliches Erleben entstehen zu lassen? Vieles spricht dafür, dass das Bewusstsein nicht einer einzelnen unabhängigen Hirnregion zuzuordnen ist. Sehen, Hören, Denken und Fühlen sind qualitativ verschiedene Bewusstseinszustände. Visuelles Bewusstsein kann durch Schädigungen des visuellen Kortex beeinträchtigt werden und Hören durch Schädigungen des auditiven Kortex. Der Bindungsprozess besteht vermutlich in der synchronen Aktivität von Neuronenverbänden. Das Erleben eines Sonnenuntergangs, das auf Aktivitäten verschiedener Subsysteme des Gehirns gründet, würde demnach durch das synchrone Feuern von Neuronenverbänden ermöglicht. Zeitlich miteinander gekoppelte Neuronenverbände oszillieren in einem gemeinsamen Rhythmus im Bereich von 40 Hz, d. h. von 40 Schwingungen pro Sekunde. Dadurch werden jene Informationen ausgewählt, die ins Bewusstsein gelangen. Uns wird das Ergebnis eines Verarbeitungsprozesses bewusst, der Prozess selbst, das ‘Zusammenbinden’, läuft unbewusst ab (vgl. Rager, 1999, 94 f.).

Auch nach Edelman und Tononi (2000, 2002) ist Bewusstsein nicht das Privileg einer ganz bestimmten Hirnregion. Bewusstsein ist mit der zeitgleichen Aktivität vieler Neuronengruppen assoziiert, die über das ganze Gehirn verstreut sind. Diese verstreuten Neuronengruppen wirken in einer Weise wechselseitig aufeinander ein, die sie als 'reentrant' bezeichnen. Reziproke Verschaltung und Rückkoppelung kennzeichnen die Informationsverarbeitung im Gehirn. Das Gehirn ist in überreichem Maße mit so genannten 'reentry loops' (Wiedereintrittsschleifen) ausgestattet. Das sind wechselseitige Abbildungen zwischen Hirngebieten (vgl. Rager, 2002, 39 f.). Reentrante Prozesse bewirken, dass die Aktivitäten zahlreicher Neuronengruppen, die über verschiedene, funktional spezialisierte Gehirnareale verteilt sind, synchron feuern. Bindung kommt durch reentrante Wechselwirkungen mehrerer Neuronengruppen zustande (vgl. Edelman & Tononi, 2002, Kap. 10). Reentrante Wechselwirkungen integrieren die Aktivitäten räumlich weit auseinander liegender Neuronengruppen innerhalb von Sekundenbruchteilen. „Integration wird somit nicht an einem bestimmten Ort geleistet, sondern durch einen kohärenten Prozess. Dieser Prozess ist das Ergebnis reentranter Interaktionen zwischen mehreren, auf verschiedene Areale verteilten Neuronengruppen. Und diese Integration findet überaus rasch statt, binnen 100 bis 250 Millisekunden ..." (Edelman & Tononi, 2002, 162).

Von der großen Informationsmenge, die über die Sinnesorgane von außen und aus dem Körperinneren in das zentrale Nervensystem gelangt, erreicht nur ein minimaler Bruchteil unser Bewusstsein. Der Großteil der Information wird unbewusst verarbeitet (vgl. Hinterhuber, 2001, 199–205). Edelman und Tononi beschreiben Information als Reduktion von Unsicherheit angesichts zahlreicher Alternativen. Ein spezieller Bewusstseinszustand zu einem beliebigen Zeitpunkt ist ein Zustand, der aus Milliarden anderer möglicher Zustände ausgewählt wurde. Nur ein Teil der Neuronengruppen unseres Gehirns ist an der Entstehung des bewussten Erlebens unmittelbar beteiligt. Was ist das Besondere an ihnen und woran kann man sie erkennen? Die Neuronengruppe muss Teil eines weiträumig organisierten funktionalen Clusters sein. Dieses Cluster muss zudem hochdifferenziert sein. Edelman und Tononi nennen es 'flexibles Kerngefüge'. Es ist ein Prozess, kein Ding und kein Ort. Zum Beispiel entspricht jeder subjektiven Erlebnisqualität ein anderer Zustand dieses flexiblen Kerngefüges. Dieser lässt sich von Milliarden anderer Zustände innerhalb eines neuralen Raumes mit einer Unzahl von Dimensionen unterscheiden. Wissenschaftlich gesehen sind Qualia demnach eine Form multidimensionaler Unterscheidung, die vom Gehirn geleistet wird. Sie sind Entscheidungen auf höchster Ebene. Die Integration großer Mengen an Information innerhalb von Sekundenbruchteilen erfordert eine hochintegrierte und dennoch differenzierte Organisation. Die Dauer eines Bewusstseinszustandes bewegt sich in der Größenordnung von 100 Millisekunden (vgl. Edelman & Tononi, 2002, Kap. 12).

Die dynamische Beschaffenheit reentranter Prozesse, ihre massive Parallelschaltung verbunden mit der Tatsache, dass es sich um einen übergreifenden Selektionsvorgang handelt, erschweren es, eine passende Metapher für dieses komplexe Geschehen zu finden. Edelman und Tononi verwenden das Bild eines Streichquartetts.

> „Stellen Sie sich ein besonderes (vielleicht ein bisschen verrücktes) Streichquartett vor, in dem jede Stimme ihre eigenen Vorstellungen und Eindrücke, aber auch alle möglichen sensorischen Ereignisse ihrer Umgebung in Improvisationen umsetzt. Da es keine Partitur gibt, spielt jeder Streicher und jede Streicherin eine eigene, charakteristische Melodie, zu Beginn aber sind diese verschiedenen Klangsequenzen nicht mit denen der anderen Spieler koordiniert. Stellen Sie sich nun weiter vor, die Körper der Musiker seien über Myriaden feiner Fäden miteinander verbunden, die jedem der Beteiligten alle Aktionen und Bewegungen der anderen sehr rasch durch eine Änderung der Fadenspannung signalisierten und auf diese Weise zusammenwirkten, um die Bewegungen jedes Spielers denen der anderen anzupassen. Signale, die alle vier Beteiligten im selben Augenblick miteinander verbänden, würden zu einer Korrelation der produzierten Töne führen; aus den bis dahin unabhängigen Bestrebungen jedes Musikers gingen somit neue, enger miteinander zusammenhängende, integriertere Klänge hervor. Dieser korrelierende Prozess sollte darüber hinaus auch die nächstfolgende Tongebung jeder Stimme beeinflussen, so dass sich der Vorgang jedes Mal mit bereits ein wenig besser abgestimmten Melodieführungen wiederholte, die sich in einem weiteren Durchlauf einander noch weiter annäherten. Ohne einen Dirigenten, der ihr Spiel führte oder koordinierte, und obwohl jeder Mitspieler weiterhin dem eigenen Stil und der eigenen Rolle verpflichtet bliebe, tendierte die Gesamtleistung zu mehr Integration und Koordination, und diese Integration ließe eine kohärente Musik entstehen, die jeder Beteiligte für sich allein nicht zu produzieren imstande wäre" (Edelman & Tononi, 2002, 73 f.).

Crick und Koch (1990) verwenden das Bild eines Weihnachtsbaumes mit tausend Milliarden Lichtern, um eine Vorstellung von den Vorgängen im Gehirn zu vermitteln, die unserem bewussten Erleben zugrunde liegen. Jedes Lämpchen am Baum stellt eine Nervenzelle dar. Leuchtet es, ist die Nervenzelle aktiv, leuchtet es nicht, ist sie inaktiv. Die Lämpchen sind auf vielfältige Weise miteinander verschaltet und können sich gegenseitig einschalten und ausknipsen. Sie sind auch in der Lage, nach einem bestimmten Rhythmus zu blinken.

Mehrere Lämpchen, die gemeinsam rhythmisch leuchten, repräsentieren ein neuronales Aktivitätsmuster. Die einzelnen Lämpchen können sich an zahlreichen verschiedenen Mustern beteiligen. Eine Nervenzelle im Gehirn kann vielen Zellverbänden angehören. Je nach Typ und Funktion der Nervenzelle sind die Lämpchen unterschiedlich gefärbt. Welche Funktion eine Nervenzelle ausübt, hängt nicht nur von ihrer Beschaffenheit, sondern auch von ihrem Ort im Gehirn ab. Die einzelnen Teile des Lichterbaumes repräsentieren verschiedene Gehirnbereiche. Blinken in der Region, die das Limbische System darstellt, zum Beispiel die Lämpchen rhythmisch, so geht damit eine emotionale Erlebnisqualität einher.

Die Lämpchen können hell oder weniger hell leuchten. Helligkeitsunterschiede stellen verschiedene Grade der Bewusstheit dar. Im Gehirn sind ständig viele neuronale Aktivitätsmuster am Werk. Am Lichterbaum sind sie durch den unterschiedlichen Blinkrhythmus zu erkennen. Viele von ihnen, jedoch nicht alle, leuchten auf der höchsten Helligkeitsstufe. Sie repräsentieren die Gehirnprozesse, die im Augenblick von Bewusstsein begleitet sind. Das Bild veranschaulicht, dass viele psychische Prozesse gleichzeitig ablaufen und dass nur ein kleiner Teil davon ins Bewusstsein gelangt. Die Zahl der Lämpchen, die am hellsten blinken, ist pro Zeiteinheit begrenzt. Sie repräsentieren die begrenzte Kapazität unseres Kurzzeitspeichers. Der Zustand der Bewusstheit kann von einem Aktivitätsmuster auf ein anderes übergehen. Ein Aktivitätsmuster, das sich im Funktionszustand der Bewusstheit befindet, kann andere Muster direkt ansteuern oder aktivieren (vgl. Grawe, 1998, 277–279).

Die Hirnforschung nennt immer genauer die Bedingungen, die für Bewusstsein notwendig sind. Sie zeigt, dass unser Erleben, Verhalten und Handeln von einem funktionierenden Gehirn abhängen und dass Veränderungen im Erleben und Verhalten mit Veränderungen im neuronalen Geschehen einhergehen. Hirnforscher versuchen, die neuronalen Korrelate unseres bewussten Erlebens zu identifizieren. Die Frage, in welcher Beziehung diese objektiv beschreibbaren neuronalen Prozesse zum bewussten Erleben, das uns nur in der Ersten-Person-Perspektive unmittelbar gegeben ist, letztlich stehen, wird im Rahmen des 'Körper-Geist-Problems' diskutiert. Sind Körper und Geist zwei unabhängige und eigenständige Bereiche oder zwei Bezeichnungen für ein und dieselbe Sache?

III. Das Körper-Geist-Problem

Das Körper-Geist-Problem zählt zu den Hauptfragen der Philosophie und beschäftigt diese seit ihren Anfängen. Philosophie versteht sich als Universalwissenschaft. Sie erforscht die letzten Gründe und Ursachen alles Wirklichen, vor allem das Sein und Sollen des Menschen, mit den Mitteln des Denkens. Sie will die grundlegenden Begriffe und Kategorien unseres Denkens und Erkennens klären und deren Voraussetzungen offen legen. Philosophie bemüht sich, unser Verständnis der Welt und des Menschen zu vertiefen. Ihre wichtigsten Fragen sind nach Immanuel Kant: Was kann ich wissen?, Was soll ich tun?, Was darf ich hoffen?, Was ist der Mensch? Das Körper-Geist-Problem markiert die äußerste Grenze unseres Strebens nach Erkenntnis und Selbsterkenntnis. Wer oder was bin ich? Wir möchten das eigene Bewusstsein verstehen, denn die Frage nach dem Bewusstsein ist auch eine Frage unserer Selbsterkenntnis. Das Körper-Geist-Problem konfrontiert die Philosophie seit jeher mit einer Fülle von Rätseln. Macht der Körper des Menschen den ganzen Menschen aus? Erschöpft sich unser Menschsein in reiner Körperlichkeit oder ist unser bewusstes Erleben etwas, das auch ohne Körper existieren kann? Gibt es eine vom Körper unabhängige, immaterielle Seele? Schon die Philosophen der Antike versuchten, Antworten auf diese Fragen zu finden. Ihre Deutungen des Verhältnisses von Körper und Geist finden sich in der gegenwärtigen Diskussion zum Teil wieder. Im Folgenden kommen dualistische (Platon, Descartes) und aristotelisch-naturalistische Positionen (Aristoteles, Thomas von Aquin) zur Sprache, die den Hintergrund der gegenwärtigen Diskussion des Körper-Geist-Problems bilden.

1. Platon

Die Überzeugung, dass der Körper des Menschen nicht den ganzen Menschen ausmacht, ist sehr alt und weit verbreitet. Ihr liegt die Erfahrung zugrunde, dass die Lebenskraft, die 'atmende Seele', den Menschen im Tod verlässt. Die Beobachtung, dass der Tote ohne Bewegung und Leben ist, dürfte zur Vorstellung von einer Seele geführt haben. Die Menschen der Antike und die meisten antiken Philosophen verstanden unter 'Seele' nicht nur etwas Geistiges wie Denken, Fühlen und Empfinden, sondern vor allem das *Prinzip des Lebens*. Dadurch wird die Vorstellung, dass die Seele im Tod den Körper verlässt, verständlich (vgl. Beckermann, 1999, 20 f.).

Platon gilt als der wichtigste Vertreter der klassischen dualistischen Deutung des Körper-Geist-Verhältnisses. Für ihn besteht der Mensch aus einem vergänglichen Körper und einer unvergänglichen Seele. Die Seele (*psyché*) macht das eigentliche Selbst des Menschen aus und überdauert den Tod des Körpers. Für ihre Existenz ist sie auf keinen Körper angewiesen. Seele und Körper des Menschen sind nur während des Erdenlebens zusammengespannt, im Tod löst sich die Seele vom Körper. Psyche (Seele) steht bei Platon für Leben, soma für Tod. Soma nennt er den von der Psyche verlassenen Körper, den Leichnam. Platon argumentiert dafür, dass Seele und Körper zwei ontologisch eigenständige Wirklichkeiten sind. Auf Grund erkenntnistheoretischer Überlegungen gelangte er zur Überzeugung, dass es unsere Seele bereits vor der Entstehung unseres Körpers gegeben haben muss. Wir wissen nämlich vieles, was wir nie gelernt haben, und setzen vieles voraus, von dem wir niemals eine Erfahrung haben konnten. Dass wir zum Beispiel zwei Holzstücke als gleiche erkennen, ist nur möglich, weil ihnen die Idee des Gleichen zugrunde liegt. Für Platon sind zwei wahrnehmbare Dinge nie uneingeschränkt gleich. Sie sind immer auch in gewisser Weise ungleich. Keine zwei Dinge sind nur schön, und keine Handlung ist nur gerecht. Was schön ist, ist immer auch in gewisser Weise hässlich, und was gerecht ist, ist immer auch in gewisser Weise ungerecht. Die Begriffe des Gleichen, des Schönen und des Gerechten müssen wir durch etwas erworben haben, das uneingeschränkt gleich, uneingeschränkt schön beziehungsweise uneingeschränkt gerecht ist. Wir können uns diese Begriffe nur durch die Kenntnis des Gleichen selbst, des Schönen selbst und des Gerechten selbst angeeignet haben. Derartige Begriffe müssen wir schon gehabt haben, bevor wir begonnen haben, etwas zu erkennen. Dieses Wissens, das nicht aus der Erfahrung stammt, haben wir uns vor unserem Leben erworben. Folglich muss unsere Seele bereits vor der Geburt existiert haben. Platon spricht von der Präexistenz der Seele. Präexistenz meint, dass die Seele vor der Entstehung des Körpers existierte und im Reich der Ideen zum Beispiel die Idee des Gleichen, des Guten, des Schönen und des Gerechten schaute. Diese Form des Wissen haben wir uns also vor der Geburt durch die Schau der Ideen angeeignet. Solches Wissen bedeutet sich erinnern, empfangene Erkenntnis besitzen und nicht verlieren (vgl. Phaidon,

72 e–77 d). Für Platon sind die konkreten Dinge unserer Erfahrung nur Abbilder der Ideen, die letztlich viel 'realer' sind als ihre Abbilder.

Platon führt mehrere Argumente für die Unsterblichkeit der Seele an (vgl. Beckermann, 1999, 20–28). Seine Annahme der Präexistenz der Seele wird häufig mit der Annahme der Unsterblichkeit der Seele gleichgesetzt. Das ist nicht ganz unproblematisch. Eine Präexistenz der Seele ist denkbar ohne die Annahme ihrer Unsterblichkeit, und die Annahme der Unsterblichkeit der Seele lässt sich vertreten, ohne für ihre Präexistenz zu argumentieren.

Ein Argument Platons für die Unsterblichkeit der Seele bezieht sich auf den *Zyklus von Entstehen und Vergehen*. Was entsteht, entsteht aus seinem Gegenteil: das Schöne aus dem Hässlichen, das Gerechte aus dem Ungerechten, das Kleine aus dem Großen, das Starke aus dem Schwachen, das Aufwachen aus dem Schlafen. Was ein Entgegengesetztes hat, entsteht daraus. Dem Leben ist der Tod entgegengesetzt. Das Leben kommt aus dem Tod und der Tod aus dem Leben. Wie es zum Einschlafen das Aufwachen gibt, muss es zum Sterben das Wiederaufleben geben. Sterben bedeutet, dass die Seele sich vom Körper trennt. Das Wiederaufleben muss also darin bestehen, dass die Seele erneut in einen Körper zurückkehrt (vgl. Phaidon, 69 e–72 e). Platon nimmt an, dass es zu jedem Prozess einen Umkehrprozess geben muss. Gegen diese Annahme spricht zum Beispiel, dass der Prozess des Alterns nicht rückgängig gemacht werden kann. Selbst wenn es zu einem Prozess einen Gegenprozess gibt, muss dieser nicht immer stattfinden. Wer krank ist, kann gesund werden, muss es aber nicht. Wer im Koma liegt, kann wieder aufwachen, muss es aber nicht (vgl. Beckermann, 1999, 22).

Ein weiteres Argument Platons für die Unsterblichkeit der Seele handelt von der Verwandtschaft der Seele mit den Ideen. Die Seele strebt nach Erkenntnis, sie interessiert sich für das eigentlich Wirkliche, für den Bereich des Unsichtbaren. Der Körper hingegen ist auf die vergänglichen Dinge, auf die empirische Welt, gerichtet. Es gibt eine Verwandtschaft zwischen Körper und vergänglicher Welt einerseits, und Seele und Ideenwelt andererseits. Das Gleiche selbst, das Schöne selbst, das, was von Natur aus eine Einheit bildet, verändert sich nicht und ist unsichtbar. Zu diesen Dingen kann man nur in der Schau der Ideen gelangen. Das Sichtbare verändert sich ständig, das Unsichtbare bleibt unverändert. Die Seele ist wie die Ideen unvergänglich, der Körper jedoch ist vergänglich. Platon bestimmt die Seele als das Unsichtbare, Unveränderliche und Einheitliche, den Körper als das Sichtbare, Veränderliche und Teilbare (vgl. Phaidon, 78b–84b). Der Körper trennt den Menschen von der Wahrheit und vom Guten. Befreiung vom Körper bedeutet deshalb Erlösung. Der Philosoph sehnt den Tod herbei, um sich vom Einfluss des materiellen Körpers zu lösen. Er ist voll Zuversicht und ohne Angst, wie Sokrates in der Stunde seines Todes. Zwar vermag die Seele sich zum Teil schon während des Erdenlebens durch Askese und Pflege geistiger Erkenntnis vom Körper zu befreien, aber endgültig kann sie ihn erst im Tod verlassen und zur wahren Erkenntnis gelangen.

Nach Platon gibt es Ideen, die notwendig einander ausschließen, und solche, die notwendig einander einschließen. Die Seele ist Träger des Lebens, ihr kommt notwendig Leben zu. Platon spricht von der *Seele als Lebensprinzip*. So wie das Feuer allem, dem es innewohnt, Wärme gibt, so gibt die Seele allem, wovon sie Besitz ergreift, Leben. Feuer ist notwendig warm und kann nicht die Eigenschaft der Kälte annehmen, ohne aufzuhören Feuer zu sein. Schnee ist notwendig kalt und kann nicht die Eigenschaft der Wärme annehmen, ohne aufzuhören Schnee zu sein. Als Lebensprinzip ist die Seele mit der Idee des Lebens so unauflöslich verbunden wie der Schnee mit der Idee der Kälte und das Feuer mit der Idee der Wärme. Keine Idee lässt die Verbindung mit dem zu, was ihr entgegengesetzt ist. Da die Seele mit der Idee des Lebens unauflöslich verbunden ist, schließt sie den Tod aus. Folglich ist die Seele unsterblich (vgl. Phaidon, 102a–107b). Dieser Schluss Platons ist nach Beckermann unbedenklich, solange man das Wort ‘unsterblich’ so versteht, wie Platon dies tut: Unsterblich ist, was notwendig lebendig ist. Aus einer so verstandenen Unsterblichkeit der Seele folgt jedoch nicht ihre Unvergänglichkeit. Selbst wenn die Seele mit der Idee des Lebens verbunden wäre, würde daraus nicht folgen, dass die Seele unvergänglich ist, sondern nur, dass die Seele immer lebendig ist, solange sie existiert (vgl. Beckermann, 1999, 26f.). Aus der Unsterblichkeit in diesem Sinne folgt nicht die Unsterblichkeit im alltagssprachlichen Sinn.

Nach Platon ist der Körper der Seele untergeordnet. Er bezeichnet den Körper sogar als das Gefängnis der Seele. Die Seele kann die Wirklichkeit nur durch die Gitter ihres Kerkers betrachten. Ein gutes Leben führt der Mensch dann, wenn er sich nicht von den Bedürfnissen des Körpers bestimmen lässt und seine Emotionen unter Kontrolle hält. Hat ein Mensch gut gelebt, wird er im nächsten Leben in ein höher entwickeltes Lebewesen inkarniert. Hat er moralisch verwerflich gelebt und sich bloß seinen Sinnen hingegeben, wird er, je nach Lebenswandel, in einen tierischen Körper inkarniert, in eine Biene, einen Esel oder einen Geier. „Wie, die sich ohne alle Scheu der Völlerei und des Übermuts und Trunkes befleißigen, solche begeben sich wohl natürlich in Esel und ähnliche Arten von Tieren. Oder meinst du nicht? ... Die aber Ungerechtigkeit, Herrschsucht und Raub vorzogen, diese dagegen in die verschiedenen Geschlechter der Wölfe, Habichte und Geier?" (Phaidon, 81e und 82b). Ein und dieselbe Seele kann nacheinander viele verschiedene Leben in unterschiedlichen Körpern führen.

Eine Folge der dualistischen Vorstellung von Platon war die Abwertung des Körpers gegenüber der Seele. Platonisches Denkens beeinflusste auch das Christentum. Jahrhunderte hindurch betrachtete man den Körper als das gegenüber der Seele Niedrigere. Sich dem Körper mit seinen Bedürfnissen und Begierden zu entziehen und nach der Reinheit eines weltabgewandten Seelenlebens zu streben galt als ideale Lebenseinstellung (vgl. Neuner, 2000, 223). Für Platon ist die Körperwelt nur ein trübes Abbild der Welt der Ideen. Der Körper trennt den Menschen von den Ideen, von der Wahrheit und vom Guten. Platon zufolge leben wir Menschen in einem Zwischenbereich, in einem Spannungsfeld voller Gegensätze: zwischen Tier und Gott, zwischen Tod und Unsterblichkeit; zwischen dem sichtbaren, veränderlichen Kosmos und der intelligiblen Welt des unveränderlichen Seienden; zwischen Freiheit und Notwendigkeit; zwischen der Isolierung, in die unser Egoismus uns treibt, und dem Glück einer gerechten Gemeinschaft. Wo wir heute vom Menschen sprechen, gebraucht Platon das Wort 'Seele' (*psyché*). Die Seele ist das Dazwischen, in dem die Gegensätze aufeinander treffen. Sie kann unter ihnen wählen und so sich selbst bestimmen. Seele ist die Gesamtheit all dessen, als was der Mensch sich erfährt (vgl. Ricken, 1988, 88).

2. Aristoteles

Für Aristoteles ist der Mensch, im Gegensatz zu Platon, nicht aus zwei Substanzen zusammengesetzt, sondern eine aus Körper und Seele bestehende einheitliche Substanz. Körper und Seele sind gleichberechtigt, und der Körper ist auch nicht der Seele untergeordnet wie in der dualistischen Konzeption Platons. Die menschliche Seele ist nach Aristoteles Teil der Natur, sie ist die Form des Organismus. Körper und Seele stehen zueinander wie Stoff und Form. Die Seele ist das formgebende Prinzip, das die Materie zu einem lebendigen menschlichen Leib formt, ihn belebt und beseelt. Der Körper wird erst durch die Seele zu einem lebendigen menschlichen Leib. Mit dem Ausdruck 'Seele' bezeichnet Aristoteles nicht nur den Geist, sondern auch den Grund für das Lebendigsein überhaupt. Eine Seele haben bedeutet zunächst einmal so viel wie Leben haben. Leben ist das, was das Beseelte vom Unbeseelten unterscheidet. Nicht nur die Menschen sind beseelt, sondern auch die Tiere und die Pflanzen. Lebendige Körper unterscheiden sich von unbelebten durch Ernährung, Wachstum, Fortpflanzung, Altern und Zerfall. Weite Teile der Schriften von Aristoteles sind rein biologisch ausgerichtet. Dass ein Organismus eine Seele hat, heißt demnach, dass er fähig ist, gewisse Lebensfunktionen auszuüben wie Essen, Trinken, Wahrnehmen, Fühlen und im Falle des Menschen auch Denken. Mit dem Leben tritt auch die Welt des Bewusstseins auf (vgl. Hirschberger, 1957, 181–187). Aristoteles erklärt mit 'Seele' zunächst bestimmte Arten der Bewegung, welche die physikalische Bewegungslehre nicht oder nur unzureichend erklären kann. Bewegungen physikalischer Objekte werden durch äußere Ursachen erklärt, Bewegungen und Verhaltensweisen lebender Organismen wie Wachstum und Zerfall, Ortsbewegung und sinnliche Wahrnehmung lassen sich jedoch nicht auf diese Weise erklären. Organismen bewegen sich, ohne durch äußere Ursachen bewegt zu werden. Ihre Verhaltensweisen lassen sich nicht kausal aus äußeren Ursachen ableiten. Lebewesen müssen die Ursache ihrer Bewegung in sich tragen. Seele ist das Sich-selbst-Bewegende, der Ursprung der Körperbewegung. Sie bewegt, ist aber selbst unbewegt. Die Seele leitet die Bewegungen des Körpers und richtet sie auf ein Ziel aus. Lebewesen besitzen jedoch keine absolute Selbstbewegung. Es scheint nur so, als würden sie sich ganz spontan bewegen. In Wirklichkeit verursacht auch die Umgebung, die Nahrung liefert, ihre Bewegungen. Aristoteles verwendet 'Seele' als Erklärung (Explanans) für die Gesamtheit aller biologischen und kognitiven Prozesse.

Für Aristoteles ist die Seele die Form des Leibes, die Ganzheit, die Sinnhaftigkeit und der Zweckzusammenhang des lebendigen Körpers. Alles am Leib ist um des Ganzen willen da und auf ein Ziel hin geordnet wie ein Werkzeug (*órganon*). In dieser Auffassung liegt auch die ursprüngliche Bedeutung des Begriffs des Organischen (vgl. Hirschberger, 1957, 182). Man nennt die aristotelische Philosophie *Hylemorphismus*. Der Stoff oder die Materie (*hyle*) gibt an, *woraus* etwas ist beziehungsweise wird; die Form (*morphé*) gibt an, *wodurch* etwas ist beziehungsweise wird. Die Seele als Lebensprinzip (Form) verhält sich zum Körper (Stoff) wie die Wirklichkeit zur Möglichkeit. Die Seele ist das innere Prinzip des organischen Körpers, das ihn zu seinem Ziel, der rechten Verwirklichung seines ihm innewohnenden Zweckes, bringt. Mit 'Seele' ist mehr gemeint als die äußere Gestalt eines Lebewesens, nämlich das es formende, bewegende und bestimmende Lebensprinzip.

In welchem Verhältnis stehen Körper und Seele zueinander? Am Beispiel des Auges und der Sehkraft versucht Aristoteles diese Frage zu beantworten. „Wenn nämlich das Auge ein Lebewesen wäre, so wäre seine Seele die Sehkraft; denn sie ist das Wesen des Auges dem Begriff nach. Das Auge aber ist die Materie der Sehkraft" (De Anima II 1, 412b 19); „... Wie aber die Pupille und die Sehkraft das Auge bilden, so bilden dort die Seele und der Körper das Lebewesen" (De Anima II 1, 413a 3). Das Auge ist die materielle Grundlage, die Sehkraft ist die Form des Auges. Ist die Sehkraft zerstört, dann ist das Auge kein Auge mehr, sondern höchstens ein Auge im übertragenen Sinn, wie ein aus Stein gehauenes oder ein gemaltes Auge. Ähnlich verhält es sich mit Körper und Seele. Ist ein Lebewesen tot, also nicht mehr beseelt, dann ist es nur noch eine Pflanze, ein Tier oder ein Mensch im übertragenen Sinn. Wie das Wachs und die Figur, so sind auch Leib und Seele eins. „Daher darf man auch nicht fragen, ob die Seele und der Körper Eines sind, wie auch nicht, ob das Wachs und die Figur (Eines sind), und überhaupt nicht, ob die Materie und das, wovon sie Materie ist" (De Anima II 1, 412b 6). Die Seele ist deshalb auch nicht vom Körper trennbar, dessen Form sie ist. Vom Körper abtrennbar ist in gewisser Weise nur der geistige Teil der Seele, und zwar die tätige Vernunft. Aristoteles unterscheidet vor allem drei Seelenarten, drei Seelenteile oder Seelenvermögen: das vegetative, das sensitive und das rationale Seelenvermögen.

Das *vegetative Seelenvermögen* besitzen bereits die Pflanzen. Aristoteles nennt es auch das Ernährungsvermögen. Es umfasst Stoffwechsel, Wachstum und Fortpflanzung. Das *sensitive Seelenvermögen* schließt die Funktionen der Pflanzenseele ein und umfasst zusätzlich Sinnesempfindungen, niederes Strebevermögen und Ortsbewegung. Es bildet die Grundlage der sinnlichen Wahrnehmung: Tasten, Sehen, Hören, Schmecken und Riechen. Für Aristoteles ist der Tastsinn primär, denn über ihn verfügen alle sinnlich wahrnehmenden Lebewesen. Ist ein Lebewesen zu Sinnesempfindungen fähig, dann kommt ihm auch Lust und Schmerz, ein Gefühl für das Angenehme und Unangenehme, zu (De Anima II 3, 414b 1 ff.). Wir Menschen überragen Pflanzen und Tiere, weil wir neben dem vegetativen und sensitiven Seelenvermögen auch das *rationale Seelenvermögen* besitzen. Die Geistseele oder die Vernunft, wie Aristoteles dieses Vermögen auch nennt, macht den Menschen erst zum Menschen, zum *animal rationale*. Wir Menschen haben das vegetative Leben der Ernährung und des Wachstums mit den Pflanzen und Tieren gemeinsam, das sinnliche Leben der Wahrnehmung und des Begehrens mit den Tieren, doch das Leben gemäß der Vernunft, dem rationalen Seelenvermögen, ist nur uns Menschen eigen. Da Aristoteles in der menschlichen Seele die Form des Gesamtorganismus sah, erklärte er sie nicht nur zum Prinzip der Geistigkeit, sondern auch zum Prinzip der Ernährung, der Fortpflanzung, der Wahrnehmungsfähigkeit und des Trieblebens (vgl. Röd, 1994, 168). Wenn Aristoteles von der Seele des Menschen spricht, unterscheidet er oft nicht genauer und kann beides meinen: die niedere Seele als Lebensprinzip oder die höhere Geistseele. Im Allgemeinen ist für ihn die Seele des Menschen etwas, das beides umfasst, wobei das Geistige den Ton angibt (vgl. Hirschberger, 1957, 184).

Dem Begriff nach lassen sich zwar verschiedene Seelenvermögen unterscheiden, aber die menschliche Seele ist eine Einheit. Die unteren Seelenvermögen sind in den höheren realisiert. Die Menschenseele ist in erster Linie „das, wodurch wir primär leben, wahrnehmen und denken“ (De Anima II 2, 414 a 12). Vernunft und Denkkraft, die Geistseele, ist auch für Aristoteles vom Körper trennbar –, wie das Ewige vom Vergänglichen. Wie kann die Geistseele, die vom Leib trennbar ist wie das Ewige vom Vergänglichen, noch Form des Leibes sein? Wenn die Seele Form des Gesamtorganismus ist, muss sie dann nicht mit dem Organismus zu Grunde gehen? Die Form einer Statue hört auch auf zu bestehen, wenn die Statue zertrümmert wird. Aristoteles wich dieser Schlussfolgerung aus: Seiner Ansicht nach hören nur die niederen Seelenteile mit dem Tode zu bestehen auf, nicht aber der Geist als tätige Vernunft. Die geistige Energie ist unvergänglich, während die Bewusstseinsinhalte vergehen. Daher ist anzunehmen, dass der Geist nach dem Tode keine Erinnerungen mehr an die Erfahrungen des vorangegangenen Lebens hat (vgl. Röd, 1994, 169 f.). Aristoteles unterscheidet zwischen tätiger und leidender beziehungsweise aktiver und passiver Vernunft. Die aktive Vernunft ist leidensunfähig und unsterblich, die passive dagegen leidensfähig und vergänglich. Von der tätigen Vernunft sagt er: „Und diese tätige Vernunft ist von allem Stofflichen getrennt, unveränderlich und unvermischt, ihrem Wesen nach reine Wirklichkeit. Denn das Wirkende steht immer höher als das Leidende, die bewegende Ursache höher als der Stoff“ (De Anima III 5, 430 a 17 f.). Dieser Seelenteil, die tätige Vernunft, die nach Aristoteles das Erfassen geistiger Erkenntnisgehalte bewirkt, ist unsterblich und ewig, während die anderen Seelenteile mit dem Leib zu Grunde gehen.

Im Grunde ist die Annahme einer vom Leib abtrennbaren Seele mit der Auffassung der Seele als Form des Gesamtorganismus nicht vereinbar. Wenn man Seele als Lebensprinzip versteht, dann geht sie mit dem Tod des Leibes zu Grunde (vgl. Hirschberger, 1957, 187). Für Aristoteles ist die Seele ja *Form* des lebendigen Organismus, der Grund dafür, dass man von einem Wesen sagen kann, dass es lebt. Die Seele kann nicht für sich allein existieren, sondern braucht zu ihrer Existenz einen Träger, einen Organismus. So verstanden kann die Seele nach dem Tod ihres Organismus nicht weiterexistieren. Auch die Frage des Verhältnisses von Körper und Seele erübrigt sich insofern, als die Seele keine eigenständige Wirklichkeit, keine Substanz ist, die von sich aus wirken könnte. Diese naturalistische Deutung der aristotelischen Seelenlehre berücksichtigt allerdings jene Stellen nicht, an denen Aristoteles vom Vernunftprinzip spricht. Was nach Aristoteles auch ohne Körper weiterexistieren kann, ist nur das aktive Prinzip der menschlichen Vernunft, die tätige Vernunft.

In welchem Sinn kann im Rahmen der aristotelischen Philosophie von der Unsterblichkeit der Seele gesprochen werden? Angesichts der Mehrdeutigkeit der Texte war die Frage, ob die Annahme einer individuellen Unsterblichkeit mit den Voraussetzungen der aristotelischen Seelenlehre verträglich ist, stets kontrovers. Den aristotelischen Schriften ist keine einheitliche Theorie des Körper-Geist-Verhältnisses zu entnehmen. Vertreter sehr verschiedener Auffassungen konnten sich deshalb auf die aristotelische Seelenlehre berufen. Diese wurde für die Lehre von der individuellen Unsterblichkeit in der christlichen Deutung ebenso in Anspruch genommen wie für pantheistische Auffassungen oder für eine naturalistische Seelendeutung (vgl. Röd, 1994, 171 f.). Bei Aristoteles finden sich sowohl Ansatzpunkte für die Unsterblichkeit der Seele als auch für das Gegenteil.

3. Thomas von Aquin

Thomas von Aquin greift in seiner Deutung des Körper-Geist-Verhältnisses auf Aristoteles und dessen Seelenlehre zurück. Er fragt zunächst, wodurch belebte Körper sich von unbelebten unterscheiden. Belebte Körper nehmen Nahrung auf, sie wachsen und sie bewegen sich. Die Ursache dafür liegt in ihnen selbst und nicht außerhalb von ihnen. Bei lebendigen Körpern muss es also mehr geben als das bloße Körpersein. Wie Aristoteles unterscheidet Thomas verschiedene Arten von Lebewesen und spricht ihnen jeweils andere Vermögen zu: den Pflanzen das *vegetative Vermögen*, den Tieren das *sensitive Vermögen* und dem Menschen das *intellektuelle Vermögen*. Der Mensch ist nicht bloß Lebewesen, sondern ein denkendes, vernunftbegabtes Lebewesen, ein *animal rationale*. Von allen übrigen Lebewesen unterscheidet er sich durch seinen Intellekt.

Wie begründet Thomas die Aussage, der Mensch sei ein höheres Wesen als Pflanzen und Tiere? Thomas unterstreicht zwar wie Aristoteles die Einheit von Materie und Form, von Körper und Seele, betont aber, dass mit der Höherentwicklung der Lebewesen die Form von der Materie unabhängiger wird. Im Vergleich mit den Pflanzen und Tieren erreicht der Mensch durch seinen Geist einen relativ hohen Grad an Unabhängigkeit von der Materie. Er kann die Umgebung und sich selbst zum Gegenstand seiner Erkenntnis machen. In seiner Körperlichkeit gehört er zwar ganz zur Welt des Irdischen und Vergänglichen, in seiner Geistigkeit nähert er sich aber den rein geistigen Wesen, den Engeln und Gott.

Thomas betont die Einheit von Körper und Seele. Er lehnt die Vorstellung ab, der Mensch sei eine Verbindung oder Zusammensetzung aus zwei Substanzen. Der Mensch besteht nicht aus zwei entgegengesetzten und fremd zueinander stehenden Größen. Körper und Seele sind nicht zwei Wirklichkeiten oder zwei Teile des Menschen. Wirklich ist immer nur der eine und ganze Mensch, ganz Seele und ganz Körper. Jede Tätigkeit des Menschen ist immer eine Tätigkeit des ganzen Menschen. Der Mensch ist eine substantielle Einheit, er ist Körper und er ist Seele (vgl. Neuner, 2000, 225–227). Die Seele des Menschen ist nach Thomas die erste Grundlage aller Lebensprozesse. Dazu zählt er auch alle geistigen Tätigkeiten. Die Geistseele übernimmt sowohl die Leistungen und Fähigkeiten der Tierseele als auch der Pflanzenseele. „Es gibt keine andere substantielle Form des Menschen als nur die Geistseele, und wie sie selbst virtuell die sensitive und vegetative Seele enthält, so enthält sie virtuell auch andere niedere Formen“ (S. th. I, q. 76, a. 4). Thomas vertritt den Hylemorphismus von Aristoteles. Wäre die Seele nicht Form des Körpers, könnten wir von einem bestimmten Menschen nicht sagen, dass er denkt. Wir müssten dann sagen, ein unpersönliches Etwas denkt in ihm. Der einzelne Mensch unterscheidet sich von allen anderen Menschen vor allem auf Grund seines Körpers. Erst durch Leiblichkeit wird der Mensch Individuum und damit auch Person (vgl. Neuner, 2000, 226).

Thomas distanziert sich ebenso wie Aristoteles von der Auffassung Platons, der Körper sei das Gefängnis der Seele und die Seele sei das, was den Menschen ausmache. Er kritisiert auch die Abwertung des Körpers durch Platon und lehnt dessen These von der Seelenwanderung ab. Obwohl Thomas in seiner Deutung des Körper-Geist-Verhältnisses auf die Seelenlehre des Aristoteles zurückgreift, verteidigt er die Auffassung von der individuellen unsterblichen Seele. Thomas bemüht sich, den Aristotelismus mit der christlichen Unsterblichkeitslehre zu verbinden. Der menschlichen Seele räumt er gegenüber der Tierseele und Pflanzenseele eine Sonderstellung ein. Nach Aristoteles scheint nur die tätige Vernunft unsterblich zu sein, jedoch nicht die ganze menschliche Seele. Thomas geht in seiner Argumentation für die Unsterblichkeit der individuellen Seele von den menschlichen Lebensvollzügen aus. Diese sind auf die Einheit von Körper und Seele angewiesen. Trinken, Essen und sinnliche Wahrnehmung hängen vom vegetativen und sensitiven Seelenvermögen ab. Sie sind ohne Körper nicht möglich. Welche Tätigkeit, so fragt Thomas, kann die menschliche Seele ausüben, ohne auf den Körper angewiesen zu sein? Welcher menschliche Lebensvollzug funktioniert unabhängig vom Körper? Nur wenn die Seele eine körperunabhängige Tätigkeit vollführen kann, ist ihre Existenz getrennt vom Körper möglich. Der Mensch unterscheidet sich von allen anderen Lebewesen dadurch, dass er ein Vermögen besitzt, das unabhängig vom Körper funktioniert. Aristoteles nannte dieses besondere Vermögen des Menschen die Vernunft. Die tätige Vernunft wird nur durch die Seele selbst realisiert. Abstrahieren, Begriffsbildung und Selbsterkenntnis sind Beispiele für eine vom Körper getrennte Seelentätigkeit. Der Körper ist zwar wegen der durch die Sinne vermittelten Vorstellungen eine notwendige Voraussetzung der rationalen Erkenntnis, aber am Erkenntnisakt selbst ist er nicht beteiligt. Zwar bezieht das Denken von den Sinnen den Stoff, aber es selbst ist etwas Nichtsinnliches. Darin zeigt sich seine Selbständigkeit. Thomas folgert daraus, dass die menschliche Seele etwas sein muss, das auch unabhängig vom Körper existieren kann. Die Pflanzenseele und die Tierseele gehen mit dem Tod des Lebewesens zu Grunde, weil sie eine derartige Selbständigkeit nicht besitzen. Das zentrale Argument für die Unsterblichkeit der individuellen menschlichen Seele ist die Nichtsinnlichkeit des Denkens, die Thomas von Aristoteles übernimmt. Die Unvergänglichkeit der Seele gründet nach Thomas in der Unabhängigkeit des Inhaltes des rationalen Erkennens von den raumzeitlichen Bestimmungen des Körpers, die den Inhalt des sinnenhaften Erkennens bedingen. Den Unterschied zwischen rationalem und sinnenhaftem Erkennen kann man sich in etwa so vorstellen: Damit Sie den Text, der vor Ihnen liegt, lesen können, muss er hier und jetzt für Sie wahrnehmbar sein; nach der Lektüre des Textes hängt das, was Sie als den Sinn des Gelesenen auffassen, nicht mehr davon ab, dass der Text vor Ihnen liegt. Weil nach Thomas Denken und vernunftgemäßes Wollen etwas Geistiges, etwas Immaterielles, sind, muss auch die Seele des Menschen immateriell sein (vgl. Hirschberger, 1957, 416–420). Kann die Seele als Form des menschlichen Leibes in seinen verschiedenen vegetativen, sensitiven und intellektuellen Funktionen zugleich Substanz sein? Thomas bejaht diese Frage. Für ihn ist die menschliche Seele einerseits Form des Körpers im aristotelischen Sinne, andererseits etwas, das auch von sich aus existieren kann und keines Trägers bedarf. Die menschliche Seele ist sowohl substantielle als auch 'subsistierende' Form. Sie kann auch allein weiterexistieren. Einerseits ist sie an den Körper gebunden, andererseits aber auch nicht. Substantielle Formen haften nach Thomas entweder unauflösbar einem konkreten Ding an, oder sie sind selbständig. Die Form einer Statue hört auf zu bestehen, wenn die Statue zerfällt. Selbständige substantielle Formen nennt Thomas *subsistierende* Formen. Bei diesen unterscheidet er weiter zwischen Formen, die getrennt von der Materie bestehen können, wie zum Beispiel die Engel, und Formen, die zwar selbständig sind, aber etwas Materielles formen. Mit dieser Unterscheidung geht Thomas über Aristoteles hinaus. Es geht ihm darum, Raum für die Annahme der Unsterblichkeit der menschlichen Seele zu schaffen. Die menschliche Seele kann für Thomas nicht eine Form sein wie die Tierseele, die unlösbar an das konkrete Lebewesen gebunden ist, denn dann könnte sie den Tod nicht überdauern. Thomas schreibt der menschlichen Seele eine Sonderstellung zu: Obwohl sie als Form des Lebewesens Mensch diesem innewohnt, existiert sie nach dessen Tod abgesondert weiter (vgl. Röd, 1994, 349 f.). Dabei ist Thomas sich durchaus dessen bewusst, dass diese Existenzform der Seele ihrer Natur, Form des Körpers zu sein, widerspricht. Aus diesem Grunde kann die Existenz der Seele nach dem Tod nur gewährleistet sein, wenn sie in der Auferstehung des Leibes wieder Form des Körpers wird.

In der Lehre des Thomas von Aquin findet die Bestimmung des Verhältnisses von Leib und Seele in der Einheit des Menschen als Person ihre klassische Formulierung. Der Leib ist nur durch seine Form, die Seele, menschlicher Leib. Die Seele ist nur als Form des Leibes individuelle menschliche Seele. Doch auch die Konzeption von Thomas konnte den Dualismus in der Folgezeit nicht völlig verhindern. Sie barg, wie Neuner sagt, bereits den Keim des Zerfalls in sich. Für Thomas ist die Seele wesentlicher und entscheidender als der Körper. „Denn eher enthält die Seele den Leib und macht ihn zu einem, als umgekehrt“ (S. th. I, q. 76, a. 3). Mit dieser Betonung der Seele als Form und damit als bestimmender Wirklichkeit war das Verständnis des Menschen letztlich doch spiritualisiert. Die Vorstellung machte sich wieder breit, dass Leib und Seele unterschiedliche Wirklichkeiten sind, die nur äußerlich verbunden erscheinen. „Dies erreichte einen Höhepunkt bei Descartes und seiner Unterscheidung von *res cogitans* und *res extensa*, die einen realen Gegensatz zwischen Natur und Geist, zwischen Seele und Körper behauptete und die leib-seelische Einheit des Menschen nachhaltig zerstörte“ (Neuner, 2000, 226).

4. Descartes

René Descartes (1596–1650) ist wohl die wichtigste Persönlichkeit in der Geschichte des Körper-Geist-Problems. Er fragte sich: Wer oder was bin ich, Körper oder Geist? Man kann mich in allem täuschen, außer darin, dass ich es bin, der getäuscht wird. An allem kann ich zweifeln, außer daran, dass ich es bin, der zweifelt. Ich bin ein denkendes Etwas, das zweifelt, empfindet und fühlt (vgl. Descartes, 1992, Meditatio I, II). Was bezweifelt werden kann, ist ungewiss, was nicht bezweifelt werden kann, ist gewiss. Der radikale Zweifel zeigt Descartes, dass er alles bezweifeln kann, sogar die Existenz seines eigenen Körpers und die Existenz der Außenwelt. Nur eines kann er nicht bezweifeln: die Erfahrung, dass er denkt und zweifelt. Was jede Täuschung ausschließt, ist: Ich denke, also bin ich. Mit ‘Denken’ meint Descartes die ganze Vielfalt des Erlebens. Descartes unterscheidet zwischen *Geist* (*res cogitans*) und *Körper* (*res extensa*), zwischen *Innenwelt* und *Außenwelt*. Die Innenwelt ist die Welt des nicht ausgedehnten immateriellen Bewusstseins. Sie ist uns unmittelbar von innen her gegeben. Die Außenwelt ist die Welt der ausgedehnten materiellen Körper. Diese können wir nur als Objekt von außen her erkennen. Descartes betrachtet Innenwelt und Außenwelt als zwei verschiedene Substanzen und Realitäten. Substanz definiert er als ein Ding, das so existiert, dass es zu seiner Existenz keines anderen Dinges bedarf. Er räumt allerdings ein, dass eigentlich nur Gott es ernsthaft verdiene, als Substanz in diesem Sinne bezeichnet zu werden (vgl. Descartes, 1992, Meditatio III).

Nach Descartes ist der Körper teilbar, der Geist jedoch unteilbar. Der ganze Geist ist mit dem ganzen Körper vereint. Selbst wenn man Teile des Körpers abschnitte, würde der Geist dadurch nicht kleiner. Der Geist erhält über die Nerven nicht von allen Körperorganen Eindrücke, sondern nur vom Gehirn. Descartes vergleicht den Körper des Menschen mit einer Uhr, die geistlose Bewegungen ausführt, und deshalb kann der Körper auch wissenschaftlich erforscht werden wie eine Maschine (vgl. Descartes,1992, Meditatio VI). Das war für die Zeit des 17. Jahrhunderts eine radikale Ansicht. Descartes formulierte als Erster rein physiologische Fragestellungen zur Mechanik des menschlichen Körpers. Er fragte nach den Kräften, die das Verhalten des Menschen kontrollieren. „Schließlich weiß man, dass alle diese Bewegungen der Muskeln wie auch alle Sinnesorgane von Nerven abhängen, die wie kleine Fäden oder Röhrchen alle vom Gehirn ausgehen und wie dieses eine Art Luft oder sehr subtilen Wind enthalten, den man die Lebensgeister – esprits animaux – nennt" (Descartes, 1996, 13). Die Lebensgeister sind kleine Körper, die sich sehr schnell bewegen wie die Teile einer Flamme. Die Seele, die Welt der Gedanken, Willensakte, Wahrnehmungen und Emotionen, ist mit allen Teilen des Körpers insgesamt verbunden. Sie lässt sich nicht einem bestimmten Körperteil zuordnen. Die Seele hat nach Descartes von Natur aus weder eine Beziehung zur Ausdehnung noch zu den räumlichen Dimensionen oder anderen Eigenschaften, aus denen der Körper zusammengesetzt ist. Trotzdem steht sie mit allen Körperorganen in Verbindung (vgl. Descartes, 1996, 51). Wie ist das möglich? Wie wirken Seele und Körper aufeinander ein? Descartes war überzeugt, dass die Seele ihre Funktionen nicht über das Gehirn oder das Herz ausübt, sondern allein über die Zirbeldrüse (Epiphyse) im Zwischenhirn. Von dieser Drüse aus wirkt sie mit Hilfe der Lebensgeister über Nerven und Blut auf den gesamten Körper ein (vgl. Descartes, 1996, 52f.). Warum wählte Descartes gerade die Zirbeldrüse als Ort der Wechselwirkung zwischen Seele und Körper?

> „Der Grund, der mich überzeugt, dass die Seele keine andere Stelle im ganzen Körper haben kann als diese Drüse, wo sie unmittelbar ihre Funktion ausüben kann, liegt darin, dass alle anderen Teile unseres Gehirns doppelt vorhanden sind, so wie wir auch zwei Augen, zwei Hände, zwei Ohren haben, und überhaupt alle unsere äußeren Sinnesorgane doppelt vorhanden sind. Damit wir also nur einen einzigen und einfachen Gedanken von der gleichen Sache und zur gleichen Zeit haben, ist es notwendig, dass es eine Stelle gibt, wo die zwei Bilder, die von den beiden Augen kommen oder zwei andere Eindrücke, die von einem einzigen Gegenstand durch die doppelten Organe der anderen Sinne kom-

men, sich zu einem verbinden können, bevor sie zur Seele gelangen, damit sie dieser nicht zwei anstatt einem Bild darbieten“ (Descartes, 1996, 53 f.).

In der Zirbeldrüse, in der Mitte des Gehirns, vereinen sich nach Descartes die verschiedenen Eindrücke, die aus den paarigen Sinnesorganen kommen, zu einem Bild. Von dieser Drüse aus beeinflusst die Seele die Bewegungsrichtung der Lebensgeister und verändert dadurch mittelbar die Bewegung anderer Körperteile. Über die Zirbeldrüse gab es lange Zeit keine gesicherten Kenntnisse. Heute weiß man, dass sie unsere Schlaf- und Wachperioden und unsere Stimmung steuert. Sie fungiert auch als Messinstrument und Zeitsteuerung des Körpers. Auf den Körper wirkt sie durch die Produktion und Ausschüttung des Hormons Melatonin. 1980 wurde von amerikanischen Wissenschaftlern der tägliche Melatoninrhythmus entdeckt. Sie fanden heraus, dass sich die normale nächtliche Melatoninausschüttung durch helles Licht unterbinden lässt. Die Melatoninsekretion wird durch das Tageslicht unterdrückt und durch die nächtliche Dunkelheit angeregt. Nachts sind die Melatoninwerte am höchsten, tagsüber am niedrigsten. Von Experimenten bei Tieren ist bekannt, dass die Ausschüttung von Melatonin ihren Winterschlaf reguliert. Man nimmt an, dass Melatonin beim Menschen das Signal für jahreszeitlich bedingte Stimmungsschwankungen gibt.

René Descartes beeinflusste mit seiner Gegenüberstellung von Innenwelt und Außenwelt sehr entscheidend die neuzeitliche Diskussion des Körper-Geist-Problems. Durch seine Aufspaltung des Menschen in ein denkendes Wesen einerseits und eine mechanistische Gliedermaschine andererseits zerfällt die Einheit von Seele und Körper, wie Aristoteles und Thomas sie konzipiert hatten (vgl. Carrier und Mittelstraß, 1989, 17 f.). Mit seinem Dualismus von Geist und Körper warf Descartes Fragen auf, die in der Folgezeit die Diskussion des Körper-Geist-Problems maßgeblich bestimmten. Wie kann eine immaterielle Substanz, die keinen Ort im Raum einnimmt und keine Masse besitzt, einen kausalen Einfluss auf den Körper ausüben? Wie können Bewusstseinszustände Körperzustände verursachen und umgekehrt? Und vor allem: Wo soll die kausale Wechselwirkung zwischen Geist und Körper stattfinden? Aus dem cartesianischen Dualismus folgt nicht eine Wechselwirkung, sondern streng genommen die Unmöglichkeit einer Wechselwirkung, die Descartes jedoch als Zugeständnis an die Alltagserfahrung annehmen musste. Diese Inkonsequenz gegenüber seinen eigenen Prinzipien warf man ihm bereits zu Lebzeiten vor (vgl. Coreth, 1986, 118). Descartes’ Deutung des Körper-Geist-Verhältnisses führte dazu, dass die Frage der kausalen Wechselwirkung von Körper und Geist die Leib-Seele-Debatte dominierte.

5. Das Körper-Geist-Problem als Trilemma

Das Körper-Geist-Problem lässt sich in Form dreier Thesen beschreiben, die nicht gleichzeitig wahr sein können (vgl. Bieri, 1993, 5):

(1) Mentales ist nicht Physikalisches.
(2) Mentales ist im Bereich des Physikalischen kausal wirksam.
(3) Der Bereich des Physikalischen ist kausal geschlossen.

Satz (1) enthält die These des ontologischen Dualismus. Ihr zufolge besteht die Wirklichkeit aus zwei exklusiven Phänomenbereichen: aus physischen und mentalen bzw. körperlichen und seelischen Phänomenen. Satz (2) formuliert die Annahme der *mentalen Verursachung*. Mentale Zustände und Ereignisse spielen eine kausale Rolle. Diese Annahme beruht auf zwei Beobachtungen. Wir betrachten erstens mentale Zustände wie zum Beispiel Emotionen, Wünsche, Absichten und Willensentschlüsse als Ursachen unseres Verhaltens und Handelns. Mentale Zustände sind wirksam, wenn wir zum Beispiel vor Angst zittern oder uns vor Ekel schütteln, und mentale Verursachung liegt vor, wenn Absichten, Meinungen und Wünsche zu Handlungen führen. Wir erklären das Verhalten unserer Mitmenschen einerseits durch mentale Zustände, und betrachten ihr Verhalten andererseits als Beweis für mentale Zustände, weil wir annehmen, dass zwischen beiden kausale Beziehungen bestehen. Zweitens beobachten wir, dass mentale Zustände Folgen für die normale und abnorme Verfassung unseres Körpers haben. Starke Gefühle zeigen sich im Gesichtsausdruck, in der Gestik und in der Qualität der Stimme. Schwere depressive Verstimmungen äußern sich unter anderem in Antriebslosigkeit, Appetitlosigkeit, Schlafstörungen und anderen körperlichen Erscheinungen. Satz (3) enthält das Prinzip des methodologischen Physikalismus. Nach diesem Prinzip ist die physikalische Welt kausal lückenlos geschlossen, und der Kosmos ist vollständig durch physikalische Gesetze erklärbar. Sucht ein Wissenschaftler nach einer Kausalerklärung für ein physikalisches Phänomen, dann muss er den Bereich physikalischer Phänomene nicht verlassen. Physikalische Phänomene gelten erst dann als erklärt, wenn eine physikalische Ursache für sie gefunden wurde. Das Prinzip des methodologischen Physikalismus besagt, dass jedes physikalische Phänomen durch andere physikalische Phänomene verursacht wird. Bei der Erklärung materieller Gegebenheiten beschränkt sich der Wissenschaftler auf materielle Ursachen und muss keine zusätzlichen geistigen Ursachen annehmen. Wenn er mit physikalischen Ursachen allein nicht auskommt, dann ist das kein Hinweis für das Vorliegen geistiger Ursachen, sondern ein Zeichen dafür, dass der Stand der naturwissenschaftlichen Forschung noch mangelhaft ist. Nach dieser Auffassung gibt es keine 'Lücken' in der materiellen Welt, durch die geistige Ursachen materielle Veränderungen bewirken könnten. Aus der kausalen Geschlossenheit der physikalischen Welt folgt die kausale Wirkungslosigkeit des Mentalen. Das Prinzip des methodologischen Physikalismus beruht auf dem Glauben an die übermächtige Erklärungskraft physikalischer Theorien als Letzterklärungen. Außer der naturwissenschaftlich erforschbaren Welt existiert nichts. Wenn der Mensch Teil der Natur ist, dann muss auch er vollständig nach dem Prinzip der Kausalität funktionieren. Demnach ist unser bewusstes Erleben aus physikalischen Prozessen zusammengesetzt, die im Gehirn ablaufen.

Die drei Sätze des Trilemmas können nicht gleichzeitig wahr sein. Das Trilemma lässt sich nicht lösen, sondern nur auflösen, indem man einen der drei Sätze aufgibt. Die verschiedenen Positionen in der Körper-Geist-Debatte kann man als Auflösungsmöglichkeiten des Trilemmas begreifen. Zwei Sätze des Trilemmas schließen jeweils die Falschheit des dritten ein. Die beiden ersten Sätze des Trilemmas implizieren zum Beispiel die Falschheit des dritten Satzes. Wenn Mentales nicht Physikalisches ist und wenn es mentale Verursachung gibt, dann kann der Bereich des Physikalischen nicht kausal geschlossen sein. Dies entspricht der Position der *Wechselwirkungstheorie*. Die Sätze drei und eins haben die Falschheit des zweiten Satzes zur Folge. Wenn der Bereich des Physikalischen kausal geschlossen ist und wenn Mentales nicht Physikalisches ist, dann kann es unserer Alltagsüberzeugung zum Trotz keine mentale Verursachung geben. Diese Position vertreten der *psychophysische Parallelismus* und der *Epiphänomenalismus*. Materialistische Positionen geben Satz eins des Trilemmas, den ontologischen Dualismus, auf. Für sie sind mentale Phänomene in Wirklichkeit physikalische Phänomene, sie sind nichts anderes als Gehirnprozesse. Diese Deutung erlaubt es, die mentale Verursachung mit der kausalen Geschlossenheit des physikalischen

Bereichs in Übereinstimmung zu bringen. Wenn Mentales in Wirklichkeit Physikalisches ist, dann ist auch mentale Verursachung in Wirklichkeit physische Verursachung. Die *materialistische Identitätstheorie* und der *eliminative Materialismus* wählen diese Variante der Auflösung des Trilemmas. Auch der *Funktionalismus* lässt sich am ehesten unter diese Auflösungsvariante des Trilemmas einordnen (vgl. Bieri, 1993, 5–9).

IV. Dualistische Deutungen

Im Alltag vertreten wir unreflektiert einen Dualismus von Körper und Geist. Es gibt Physisches und Psychisches, Materielles und Geistiges. Es gibt Häuser, Möbel, Autos, Elektronen, Körper, Organe und Gehirne. Es gibt Gedanken, Gefühle, Absichten, Sinneseindrücke, Lust und Schmerz. Mit großer Selbstverständlichkeit glauben wir an die kausale Macht des Geistes. Wir geben zum Beispiel geistige Ursachen für körperliche Veränderungen an. Auf die Frage: „Warum hast du den Arm gehoben?", antworten wir: „Ich habe jemanden gegrüßt." Wir stellen einen Ursache-Wirkungs-Zusammenhang her zwischen einer geistigen Ursache, der Absicht, jemanden zu grüßen, und einer materiell-körperlichen Veränderung, dem Heben des Arms. Wie kann etwas, das keinen Ort und keinen Raum einnimmt, wie eine Absicht, einen kausalen Einfluss auf den Körper ausüben? Wo soll die kausale Wechselwirkung zwischen Körper und Geist stattfinden? Wenn es eine psychophysische Wechselwirkung gibt, dann muss sie an einem bestimmten Ort stattfinden (vgl. Zoglauer, 1998, 50).

1. Die Wechselwirkungstheorie

Vertreter der Wechselwirkungstheorie geben Satz (3) des Trilemmas, den methodologischen Physikalismus, auf und nehmen an, dass der Geist kausal auf den Körper einwirkt und umgekehrt. Sie betrachten mentale Zustände und Gehirnzustände als verschiedene Größen, die kausal aufeinander einwirken. Bewusstseinszustände einer Person können Zustände in ihrem Körper verursachen: Wünsche und Absichten können Körperbewegungen verursachen. Zustände im Körper einer Person können Zustände im Bewusstsein verursachen: Körperverletzungen können Schmerzen verursachen (vgl. Beckermann, 1999, 48). Für die Wechselwirkungstheorie ist auch der Ausdruck *Interaktionistischer Dualismus* gebräuchlich. Interaktionistische Dualisten sind davon überzeugt, dass es für manche Ereignisse wie zum Beispiel Körperbewegungen, Handlungen und Willensentschlüsse prinzipiell keine vollständige physikalische Erklärung geben kann, denn die komplette Kausalgeschichte dieser Ereignisse enthält nichtphysikalische Elemente. Bei willentlichen Handlungen sind dem Interaktionismus zufolge die Wünsche, Absichten und Überzeugungen einer Person für bestimmte Körperbewegungen kausal mitverantwortlich (vgl. Beckermann, 1999, 49). Folglich müssen die Idee der kausalen Geschlossenheit der physikalischen Welt und der methodologische Physikalismus aufgegeben werden. Die wichtigste Stütze für den Dualismus ist die Erfahrung, dass wir zur Welt der Körper und zur Welt des Geistes einen verschiedenen erkenntnistheoretischen Zugang haben: Wir erkennen die physikalische Welt durch unsere Sinnesorgane, durch Sehen, Hören, Tasten, Riechen und Schmecken, aber wir benötigen einen zusätzlichen 'Sinn', um unseren eigenen Geist zu erkennen. Manche Philosophen nennen diesen sechsten Sinn *innere Wahrnehmung* oder *Introspektion* (vgl. Zoglauer, 1998, 37 f.).

Das Hauptproblem des interaktionistischen Dualismus besteht darin zu zeigen, *wie* und *wo* die Wechselwirkung zwischen Geist und Körper stattfindet. Wegen dieses Erklärungsbedarfs steht der Dualismus bei Philosophen in keinem guten Ansehen. Daniel Dennett ruft sogar zum heiligen Krieg gegen ihn auf und meint, dieser zutiefst unwissenschaftliche Standpunkt sei um jeden Preis zu bekämpfen. Doch alte dualistische Vorstellungen loszuwerden sei viel schwieriger, als sich das zeitgenössische Materialisten vorstellen (vgl. Dennett, 1991, 37). Gegenüber der dominierenden naturwissenschaftlichen Weltanschauung befindet sich der interaktionistische Dualismus in einer unterlegenen Position. Er müsste zeigen, dass die materielle Welt für den kausalen Einfluss des Geistes auf eine Weise offen ist, dass dabei die physikalischen Gesetze nicht verletzt werden. John Eccles, ein klassischer Vertreter des Interaktionismus, behauptet, dass seine Theorie diesen Anforderungen gerecht wird (vgl. Brüntrup, 1996, 50).

a) Die Wechselwirkungstheorie nach Popper und Eccles

Der Philosoph Sir Karl Popper und der Gehirnbiologe und Nobelpreisträger für Physiologie und Medizin (1963) Sir John Eccles verfassten gemeinsam ein Buch mit dem Titel: „Das Ich und sein Gehirn" (1982). Beide Autoren sind davon überzeugt, dass eine interdisziplinäre Zusammenarbeit zwischen Naturwissenschaft und Philosophie notwendig ist. Philosophen sollten den neuesten Kenntnisstand über das Gehirn in ihre Überlegungen zum Körper-Geist-

Problem miteinbeziehen (vgl. Popper & Eccles, 1982, 281 f.). Im Allgemeinen stimmen Neurowissenschaftler darin überein, dass jede bewusste Erfahrung, jede Wahrnehmung, jeder Gedanke und jede Erinnerung als materielles Gegenstück irgendeine spezifische räumlich-zeitliche Aktivität in dem ungeheuer großen Neuronennetzwerk der Gehirnrinde hat (vgl. Eccles, 1975). Eccles bezeichnet sich als gläubigen Menschen, der an Gott und an ein Weiterleben der menschlichen Seele glaubt. Popper bezeichnet sich als Agnostiker: „Aber wir bringen beide dem Standpunkt des anderen nicht nur Achtung entgegen, sondern wir versuchen, ihn zu verstehen“ (Popper & Eccles, 1982, 14). Beide sind Anhänger des Evolutionsgedankens und betonen die Selbständigkeit von geistigen und materiellen Zuständen. Sie unterstreichen die Autonomie des Ich-Bewusstseins gegenüber seinen physischen Repräsentanten, Körper und Gehirn. Beide bezweifeln, dass wir die Beziehung zwischen Körper und Geist jemals wirklich verstehen werden. Unser Wissen sei Vermutungswissen.

Popper gliedert die Wirklichkeit in drei eigenständige Seinsbereiche, die nicht aufeinander reduzierbar sind. *Welt 1* nennt er die Welt der physikalischen Gegenstände und Zustände. Diese umfasst einerseits alles Anorganische: kosmische Materie, kosmische Energie, Kraftfelder und atomare Prozesse, andererseits alles Organische: Aufbau und Tätigkeiten der Lebewesen sowie das menschliche Gehirn. *Welt 2* ist die psychische Welt, die Welt des Bewusstseins. Zu ihr gehören alle bewussten und unbewussten Erlebnisse, subjektives Wissen, Wahrnehmungen, Denkprozesse, Erinnerungen, Phantasien, Träume, Gefühle, Absichten und kreative Imaginationen. Psychische Zustände sind genauso wirklich wie physikalische Gegenstände und Zustände. Manche Phänomene sind sowohl psychisch als auch physisch und damit Teil von Welt 1 und von Welt 2. Popper nennt als Beispiel Zahnschmerzen:

> „Wenn man starke Zahnschmerzen hat, ist das ein dringender Grund, zum Zahnarzt zu gehen, was wiederum gewisse Aktivitäten und physische Bewegungen des Körpers einschließt. Die Karies im Zahn – ein materieller, physikochemischer Vorgang – führt somit zu physischen Wirkungen; das aber hängt mit den Schmerzempfindungen und dem Wissen um bestehende Institutionen wie Zahnarztpraxen zusammen. (Solange man keine Schmerzen hat, bemerkt man die Karies nicht und geht nicht zum Zahnarzt; oder man wird aus anderen Gründen aufmerksam und geht, ohne auf die Schmerzen zu warten, zum Zahnarzt. In beiden Fällen werden durch das Dazwischentreten psychischer Zustände – durch etwas wie Vermutung oder Wissen – die Handlungen und die Bewegungen des Körpers verständlich)“ (Popper & Eccles, 1982, 61).

Als *Welt 3* bezeichnet Popper die Welt des Wissens im objektiven Sinn. Dazu zählen alle Erzeugnisse des menschlichen Geistes: Erzählungen, Mythen, Theorien, Kunstwerke, Musik, Malerei, Literatur und das gesamte Kulturerbe der menschlichen Geistesgeschichte. Zu Welt 3 gehören auch vom menschlichen Geist unabhängig existierende nichtmaterielle Entitäten wie zum Beispiel Zahlen.

Popper verbindet seine Drei-Welten-Theorie mit der Hypothese der Evolution zur Idee der *emergenten* Evolution. Im Laufe der Evolution tauchten neue Dinge mit gänzlich unvorhersehbaren Eigenschaften auf. In einem materiellen Universum entstand etwas wirklich Neues. Tote Materie brachte mehr hervor als tote Materie. Sie brachte Leben hervor, das menschliche Gehirn, den menschlichen Geist, das Selbstbewusstsein des Menschen, sein Wissen um das Universum und um den eigenen Tod. „Wir können uns nur wundern, dass Materie so über sich selbst hinausgehen kann, dass sie Bewusstsein hervorbringt und Zwecke und Ziele, und schließlich die Welt der Erzeugnisse des denkenden menschlichen Geistes" (Popper & Eccles, 1982, 31). Das wohl erste Erzeugnis des menschlichen Geistes war die Sprache. Popper vermutet, dass Gehirn und Geist des Menschen sich in Wechselwirkung mit der Sprache entwickelten. Ausgangspunkt aller Überlegungen zum Körper-Geist-Problem sollte die Tatsache sein, dass in einer Welt, in der es über Äonen keine Spur von Leben oder Bewusstsein gab, Leben, Bewusstsein und sogar eine Welt 3 auftauchte. Ursprünglich bedeutete das Wort Evolution Entfaltung von etwas, das bereits da ist. Diese Bedeutung sei überholt, und heute glauben wir, dass die Evolution des Universums und vor allem die Evolution des Lebens auf der Erde etwas wirklich Neuartiges hervorgebracht hat.

Popper betont die Realität des Ich. Jeder Mensch ist ein individuelles Ich, „mit Gefühlen, Hoffnungen und Ängsten, Sorgen und Freuden, Furcht und Träumen, die wir nur erraten können, da sie ja nur dem Einzelnen selbst bekannt sind" (Popper & Eccles, 1982, 136). Wir leben nicht nur, wir sind uns dessen bewusst, Subjekt unserer Erfahrungen und Erlebnisse zu sein. Wir sind uns unserer Identität über beträchtliche Zeiträume bewusst, auch nach Unterbrechungen unseres Selbstbewusstseins durch Schlaf und Bewusstlosigkeit. Wir wissen um die moralische Verantwortung für unser Handeln. Unsere Ich-Identität ist eng mit unserem Körper verknüpft, obwohl dieser sich im Laufe des Lebens ändert und seine materiellen Zustände wechselt. Die Identität und Integrität des Ich besitzt eine physische Basis, die ihren Sitz im Gehirn zu haben scheint. „Doch wir können beträchtliche Teile unseres Gehirns ohne Störungen unserer Persönlichkeit verlieren. Andererseits scheint eine Schädigung unserer geistigen, bewusstseinsmäßigen Integrität immer auf Hirnverletzungen oder anderen physischen Störungen des Gehirns zu beruhen“ (Popper & Eccles, 1982, 151). Popper unterstreicht die Autonomie des Ich-Bewusstseins gegenüber Gehirn und Körper. Das Gehirn gehört dem Ich und nicht umgekehrt. Für das aktive psychophysische Ich verwendet er das Bild des Computerprogrammierers und des Steuermanns. Die Aktivität des Ich ist die einzige Aktivität, die wir kennen. Wie ein Steuermann beobachtet und handelt es gleichzeitig. Es ist tätig und erleidend, erinnert sich der Vergangenheit und plant und programmiert die Zukunft.

Wie und wo nimmt der Geist kausal Einfluss auf die Materie? Popper nahm an, dass diese Einflussnahme im Gehirn stattfinden müsse. Er glaubte, dass die Physik des 20. Jahrhunderts, vor allem die Quantenmechanik, das mechanistische Weltbild überwinden und die Grundlage für das Verständnis der kausalen Interaktion zwischen Geist und Materie schaffen würde. Da der genaue Ort und das Wie der Interaktion unbekannt sind, betrachtete Popper die Wechselwirkungstheorie eher als eine Art Forschungsprogramm. Er war skeptisch, ob wir Menschen jemals imstande sein würden, diese schwierige Frage klären zu können. Vielleicht müssen wir uns vom Ideal des vollständigen Verständnisses überhaupt verabschieden (vgl. Brüntrup, 1996, 52).

Eccles nahm die Herausforderung des Forschungsprogramms der Wechselwirkungstheorie an und machte das Herzstück des interaktionistischen Dualismus zum Gegenstand einer empirischen Theorie. Damit ist es nun eine Frage der neurophysiologischen und physikalischen Forschung, ob es eine Körper-Geist-Interaktion gibt oder geben kann (vgl. Brüntrup, 1996, 52). In seinen Gifford-Vorlesungen betont Eccles, dass er in einer Zeit der Desillusionierung, die von materialistischen und antireligiösen Anschauungen geprägt ist, den Glauben an das geistige Wesen des Menschen stärken und eine Wissenschaftsgläubigkeit bekämpfen will, die meint, die Naturwissenschaft könne schon bald alle unsere Erfahrungen vollständig erklären (vgl. Eccles, 1985).

In seiner Theorie der Wechselwirkung zwischen Geist und Gehirn räumt Eccles dem Geist eine überlegene interpretierende und kontrollierende Vorrangstellung gegenüber dem Gehirn ein. Ausgangspunkt seiner Überlegungen ist die Drei-Welten-Theorie von Popper.

Das Gehirn gehört zu Welt 1 und das Ich, der sich seiner selbst bewusste Geist, wie Eccles sagt, zu Welt 2. Beide wirken kausal aufeinander ein. Diese Interaktion über die Grenzen von Welt 1 und Welt 2 hinweg ist als Informationsstrom und nicht als Energiefluss zu verstehen. Welt 1, der Bereich des Physikalischen, ist nicht kausal geschlossen, sondern weist kleine 'Spalten' auf. Gegen materialistische Positionen, die auf die kausale Geschlossenheit des physikalischen Bereichs pochen, wendet Eccles ein, dass wir gegen den physikalischen Determinismus, wenn er wahr wäre, nicht argumentieren könnten, da alle unsere Argumente dann auch physikalisch determiniert wären. Diese Überlegung habe ihn veranlasst, seiner ursprünglichen These eine noch radikalere Form zu verleihen (vgl. Eccles & Zeier, 1984, 143–145).

Zunächst glaubte Eccles, die Schnittstelle zwischen Körper und Geist im so genannten 'Liaison-Hirn' entdeckt zu haben. Seine Ausführungen dazu gliedert er in sechs Thesen (vgl. Popper & Eccles, 1982, 434–440; Eccles & Zeier, 1984, 145–150). (1) Die Erfahrungen des sich seiner selbst bewussten Geistes haben eine enge Beziehung zu den neuronalen Vorgängen im Liaison-Hirn. Als Liaison-Hirn bezeichnet Eccles alle Areale der dominanten Großhirnhemisphäre, die potentiell mit dem Ich in Verbindung treten können, wie zum Beispiel die Sprachzentren und den Großteil des Stirnlappens. (2) Die Erfahrung des sich seiner selbst bewussten Geistes hat ganzheitlichen Charakter. Der Geist baut aus der Vielfalt der Hirnereignisse die Einheit des bewussten Erlebens auf. (3) Die Sinnesorgane übermitteln dem Gehirn Informationen in Form komplexer raumzeitlicher Impulsmuster, die sich beim Überqueren der Grenze von Welt 1 zu Welt 2 auf wunderbare Weise in die vielfältigen Erfahrungen verwandeln, die für unsere Wahrnehmungswelt charakteristisch sind. (4) Der sich seiner selbst bewusste Geist kann die Gehirnvorgänge aktiv nach seinen Interessen und Wünschen verändern. Wir können jederzeit Gehirnmechanismen hervorrufen, die im Elektroenzephalogramm (EEG) sichtbar werden, etwa bei Willkürbewegungen, beim Versuch, uns an etwas zu erinnern, oder beim Kopfrechnen. (5) Eine Wechselwirkung zwischen Gehirn und Geist erfolgt nur, wenn im Liaison-Hirn ein hohes Aktivitätsniveau besteht. Bei zu geringer Aktivität herrscht Bewusstlosigkeit wie in der Narkose oder im Koma, ebenso bei zu hoher Aktivität wie bei heftigen epileptischen Anfällen. (6) Welt 1 ist nicht kausal geschlossen, sondern für die Einflüsse aus Welt 2, der Welt des bewussten Erlebens, offen. Zentraler Punkt dieser Thesen ist, dass der sich seiner selbst bewusste Geist eine aktive, interpretierende und kontrollierende Funktion über die neuronale Maschinerie des Liaison-Hirns ausübt. Er spielt auf der Tastatur der Gehirnmaschine wie ein Pianist auf der Klaviatur.

Eccles glaubte zuerst, die Schnittstelle zwischen Körper und Geist im Liaison-Hirn lokalisieren zu können. Seine Idee des Liaison-Hirns wurde mehrfach als abenteuerliche Erfindung kritisiert (vgl. Carrier und Mittelstraß, 1989, 123). Eccles war sich dessen bewusst, dass er mit seiner Theorie die entscheidende Frage der psychophysischen Wechselwirkung nicht beantwortet hatte. In seinen späteren Veröffentlichungen formulierte er eine neue Theorie, mit der er die Frage nach dem *Wo* und *Wie* der Wechselwirkung von Geist und Gehirn über eine Interpretation der Quantenmechanik zu beantworten versuchte (vgl. Eccles, 1996, Kap. 9). Er vermutete, dass es eine enge Beziehung zwischen Quantenmechanik und Bewusstsein gibt. Im neurophysiologischen Teil dieser Theorie betont er, das Gehirn sei in seiner Mikrostruktur quantenmechanisch zu interpretieren. Geist und Gehirn nehmen über die Quantenmechanik eine Wechselbeziehung auf. Mentale Ereignisse können über quantenmechanische Effekte die Wahrscheinlichkeit der Neurotransmitterausschüttung aus präsynaptischen Vesikeln ändern, ohne dabei die Erhaltungsgesetze der Physik zu verletzen. Beispielsweise kann ein Willensentschluss über die entsprechenden neuronalen Schaltkreise die gewünschten Hirnreaktionen hervorrufen. Diese Erklärung lasse sich auf die Wirkung aller mentalen Einflüsse auf das Gehirn ausweiten. Die Welt des Physikalischen sei keineswegs kausal geschlossen. Der quantenmechanische Indeterminismus biete genügend Schlupflöcher, durch die der Geist in den Bereich des Materiellen eingreifen könne. Im Rahmen seiner neuen Theorie postuliert Eccles die Existenz mentaler Entitäten, so genannter 'Psychonen'. Psychonen sind die kleinsten Einheiten des Mentalen. Alle komplexen mentalen Ereignisse und Zustände setzen sich aus diesen elementaren Entitäten zusammen. Psychonen wählen die Vesikel für die Neurotransmitterausschüttung aus. Eccles sagt:

> „Die Hypothese der Wechselwirkung zwischen Geist und Gehirn ... lautet, dass die gesamte mentale Welt mikrogranular aufgebaut ist. Wir nennen ihre mentalen Einheiten Psychonen. Im Idealfall kommt je ein Psychon auf ein Dendron ... Weiterhin lautet die Hypothese, dass die Wechselwirkung zwischen Geist und Gehirn in jeder Psychon-Dendron-Einheit abläuft und sich mit Hilfe der Quantenphysik erklären lässt ... Ein Dendron empfängt über Tausende von Synapsen auf den aufsteigenden Dendriten mitsamt ihren Verzweigungen einer jeden Pyramidenzelle ... einen gewaltigen Input. Somit befinden sich Millionen bereiter synaptischer Vesikeln auf einem Dendron, das infolgedessen einen äu-

ßerst sensiblen Rezeptor für Psychon-Eingänge darstellt. Und auf diese Art wird Bewusstsein erfahren“ (Eccles 1996, 177 f.).

‘Dendronen’ sind Bündel von Dendriten. Jedes Dendron enthält etwa hundert aufsteigende Dendriten (vgl. Eccles, 1996, 137). Eccles nimmt eine psychophysische Wechselwirkung zwischen Psychonen und den Mikrostrukturen der Nervenzellen an. Diese Wechselwirkung sei lokal auf die Großhirnrinde begrenzt. Umstritten ist vor allem die Annahme so genannter *Psychonen*. Eccles sagt uns nicht viel über diese rätselhaften Gebilde. Er zeigt auch nicht, wie aus der Kombination von Psychonen das bewusste Erleben hervorgeht oder wie Erlebnisqualitäten aus den Urbausteinen des Mentalen entstehen. Die Annahme von Psychonen trägt wenig zur Klärung des Körper-Geist-Problems bei. Die Stärke des Ansatzes von Eccles liegt darin, dass er trotz aller offenen Fragen ein konkretes Modell der psychophysischen Wechselwirkung vorlegt. Eccles beruft sich auf die Ergebnisse der Hirnforschung, um seine Theorien zu untermauern. Vertreter des Materialismus und des Epiphänomenalismus ziehen dieselben Forschungsergebnisse heran, um ihre Hypothesen zu stützen. Die Frage, welche Interpretation der Forschungsergebnisse aus welchen Gründen die angemessenere ist, lässt sich nicht ausschließlich mit empirischen Mitteln klären, sie ist auch eine philosophische Frage. Ist das Modell der psychophysischen Wechselwirkung, das Eccles vorlegt, eine zwingende Interpretation empirischer Fakten, oder zwängt er die Daten auf dem Hintergrund bestimmter metaphysischer Annahmen in eine passende Interpretation (vgl. Brüntrup, 1996, 55 f.)?

b) Anfragen an die Wechselwirkungstheorie

Wenn der Geist kausal auf den Körper einwirkt, dann sollte man eigentlich erwarten, dass sich dies in empirischen Untersuchungen der Funktionsweise des Gehirns zeigt. Neurobiologische Untersuchungen haben bisher jedoch nirgends einen Anhaltspunkt für das Wirken nichtphysikalischer Ursachen gefunden. Empirisch konnte keine kausale Interaktion zwischen geistigen und körperlichen Vorgängen nachgewiesen werden. Bemerkenswert ist, dass in den Theorien der kausalen Interaktion von Geist und Körper der Einfluss des Geistes so gering ist, dass er unterhalb der Schwelle des empirisch Feststellbaren liegt. Aus der angenommenen grundsätzlichen Verschiedenheit von Körper und Geist und vor allem aus der Nichträumlichkeit des

Geistes ergeben sich für die Möglichkeit der kausalen Interaktion eine Reihe schwer wiegender Fragen. Warum sind die Wirkungen des Geistes so minimal und nur auf bestimmte Bereiche des Gehirns beschränkt? Nach Eccles ist der Geist auf die Schlupflöcher angewiesen, die ihm der quantenmechanische Indeterminismus öffnet. Warum benötigt der Geist, um kausal wirksam werden zu können, ein äußerst komplexes und funktionsfähiges Gehirn? Wie sieht der Mechanismus aus, auf dem die kausale Beziehung zwischen Geist und Körper beruht (vgl. Beckermann, 1999, 49–56)? Wie kann ein körperloses Bewusstsein Ursache von etwas Körperlichem sein? Wie kann die physikalische Ereignisfolge im materiellen Universum durch etwas unterbrochen werden, das immateriell ist? In der materiellen Welt setzen Ursache und Wirkung eine Art Energietransport voraus: die Übertragung von Bewegungsenergie, von elektrischer Energie oder die Wirkung der Schwerkraft. Bloßes Bewusstsein allein kann keine dieser Arten von Energie abgeben. Wie kann es Veränderungen bei irgendetwas verursachen? Wie streckt Bewusstsein die Hand aus und berührt etwas? Was vermittelt die ihm zugeschriebenen kausalen Kräfte? Mentale Ereignisse sollen den Gang der Dinge im materiellen Universum von außen verändern. Das bedeutet, dass es physikalische Ereignisse gibt, die keine materiellen Ursachen haben. Wenn wir Bewusstsein am Gehirn festmachen, dann haben wir zumindest eine gewisse Vorstellung davon, wie mentale Kausalität funktioniert. Sie funktioniert mit Hilfe der physischen Merkmale des Gehirns, seiner elektrochemischen Eigenschaften (vgl. McGinn, 2001, 111). McGinn veranschaulicht diese Probleme am Beispiel des Schmerzerlebens. Meine Hand zuckt vor einer Flamme zurück, weil ich deren Hitze als Schmerz erlebe. Der Schmerz veranlasst meinen Körper, die Hand zurückzuziehen. Wenn der Schmerz etwas Immaterielles ist, dann wird das physikalische Ereignis meiner Armbewegung durch ein nichtphysikalisches Ereignis verursacht. Also muss es physikalische Ereignisse geben, die nichtphysikalische Ursachen haben. Wir können aber die Abläufe, welche die Muskeln beim Schmerzerleben kontrahieren lassen, zurückverfolgen bis ins Gehirn. Es gibt eine physikalische Ursache für Körperbewegungen. Damit sitzen wir in der Klemme. Der Ausweg daraus besteht darin, festzustellen, dass Bewusstseinsereignisse für sich genommen, ohne die helfende Hand physikalischer Kausalität, keine physikalischen Veränderungen verursachen können. Unsere Körperbewegungen sind physikalische Ereignisse mit physikalischen Ursachen. Wir dürfen die mentale Kausalität nicht von der physikalischen Kausalität trennen, wie es der Dualismus zu tun versucht. Das tiefere Problem des Dualismus besteht darin, dass er die mentale Kausalität nicht nachweisen kann (vgl. McGinn, 2001, 110–112).

2. Psychophysischer Parallelismus

Der psychophysische Parallelismus gibt Satz (2) des Trilemmas auf und verzichtet auf die These der mentalen Verursachung. Er leugnet jede kausale Wechselwirkung zwischen Körper und Geist. Innerhalb des geistigen und innerhalb des körperlichen Bereichs gibt es zwar kausale Beziehungen, aber nicht zwischen beiden Bereichen. Der körperliche und der geistige Bereich sind in sich kausal geschlossen, funktionieren aber perfekt parallel. Geistige und körperliche Zustände laufen kausal unabhängig voneinander ab, jedoch in strenger Parallelität. Wenn wir zum Beispiel Hunger haben und etwas essen möchten, dann werden parallel dazu bestimmte Neuronenverbände in unserem Gehirn aktiv, die bewirken, dass wir uns etwas zu essen besorgen. Nicht das Erleben des Hungers ist die Ursache dafür, dass wir uns etwas zu essen holen, sondern eine bestimmte Neuronenaktivität in unserem Gehirn. Leibniz verwendet für diese Parallelität das Bild zweier synchron laufender, untereinander aber nicht verbundener Uhren, die den Anschein erwecken, sie wären kausal miteinander verbunden (vgl. Carrier und Mittelstraß, 1989, 20–27). In ähnlicher Weise postuliert Spinoza, dass seelische und körperliche Zustände einander genau entsprechen, obwohl zwischen ihnen keine kausale Beziehung besteht. Die Gesetze des Psychischen bestimmen die Abfolge seelischer Zustände, die Ordnung physikalischer Zustände unterliegt ausschließlich den Naturgesetzen. Obwohl Seelenleben und Körperwelt zwei eigenständige Bereiche sind und keinerlei Wirkung aufeinander ausüben, herrscht strenge Korrespondenz zwischen ihnen.

Im Sinne dieser Deutung des Körper-Geist-Verhältnisses vernachlässigt Spinoza in seiner Affektlehre die körperliche Seite der Affekte. „Übrigens habe ich die äußeren Affektionen des Körpers, die man bei den Affekten beobachtet, wie das Zittern, das Erblassen, das Schluchzen, das Lachen usw. beiseite gelassen, weil sie sich bloß auf den Körper beziehen und keine Beziehung auf die Seele haben“ (Spinoza, 1976, 167). Emotionen können wir sowohl unter dem Gesichtspunkt des Geistes als auch unter dem Gesichtspunkt des Körpers betrachten. Eine kausale Wechselwirkung zwischen der geistigen und der körperlichen Seite der Emotion schließt Spinoza aber aus. Das synchrone Ablaufen beider Emotionsphänomene führt er darauf zurück, dass sie Ausprägungen einer einzigen, ihnen gemeinsam zugrunde liegenden Substanz sind. Dem Geistigen und dem Materiellen liegt nach Spinoza eine gemeinsame Wirklichkeit zugrunde, die selbst weder geistiger noch materieller Natur ist. Diese eine Wirklichkeit zeigt sich unter den beiden Attributen Körper und Geist.

Linke und Kurthen (1988) vertreten eine moderne Version des Parallelismus. Sie betonen, dass die Beziehung zwischen Gehirn und Geist nur als Korrelation beschrieben werden kann. Empirisch können wir nur eine gesetzmäßige Korrelation zwischen körperlichen und geistigen Ereignissen feststellen, aber keine kausale Wechselwirkung. Der Interaktionismus sollte daher in den Neurowissenschaften aufgegeben werden. Gerade die Nichterklärbarkeit kausaler psychophysischer Wechselwirkung habe dem Materialismus in der Philosophie des Geistes und später auch in den Neurowissenschaften zu neuem Ansehen verholfen. Beide Autoren pochen auf eine saubere Trennung der Beschreibungsebenen und auf eine klare Unterscheidung zwischen Korrelation und Kausalität. So seien beispielsweise die seelischen Wirkungen von 'Psychopharmaka' kein Beweis für den Interaktionismus. Psychopharmaka wirkten auf das Gehirn, das Gehirn wirke aber nicht auf die Seele. Die einzige Rechtfertigung des Ausdrucks *Psycho*-Pharmaka bestehe darin, dass dem Gehirnzustand ein psychischer Zustand zugeordnet sei. Ebenso bewirke eine 'psychotrope' Droge auch keine Veränderung der Psyche, sondern des Gehirnzustandes, dem jeweils ein spezifischer seelischer Zustand zugeordnet ist. Nach Kurthen (1988) entspricht der Parallelismus dem derzeitigen Stand der empirischen Forschung und erlaubt dem Neurowissenschaftler, dort weiterzuarbeiten, wo er wirklich steht. Es gebe keine empirischen Beweise für eine kausale Wechselwirkung zwischen neuronalen und irreduzibel mentalen Prozessen. Wie sollen Neurowissenschaftler Wechselwirkungen zwischen zwei Komponenten untersuchen, die sie weder exakt bestimmen noch sicher und genau korrelieren können? Der Parallelismus sei die zeitgemäßere, weil bescheidenere Arbeitshypothese für die Hirnforschung. Zudem sei der Parallelismus für eine zukünftige Modifikation seiner selbst offen.

Wer oder was gewährleistet die perfekte Parallelität von Körper und Geist? Diese Frage beschäftigt die Vertreter des Parallelismus seit jeher. Wenn Parallelität nicht als unerklärbares Geheimnis stehen bleiben soll, dann muss man Gott oder eine neutrale Substanz zu Hilfe nehmen, um die Korrespondenz zwischen neuronalen und mentalen

Vorgängen zu begründen. Für den Parallelismus sind der Bereich des Mentalen und der Bereich des Physischen kausal geschlossen. Unser Erleben ist jedoch kein geschlossenes kausales System. Wir können zum Beispiel nicht alle unsere Erlebnisse dadurch erklären, dass wir sie auf andere mentale Phänomene zurückführen. Bieri illustriert diesen Einwand gegen den Parallelismus mit folgendem Beispiel: „Ich kann meine Gedanken an den Arzt und meine Absicht, ihn aufzusuchen, durch meinen Schmerz erklären. Der Schmerz seinerseits aber lässt sich nicht mehr vollständig durch andere mentale Phänomene erklären. Die Erklärung muss auf Phänomene in meinem Körper zurückgreifen. Zu vieles, was nicht selber mental ist, affiziert das Mentale“ (Bieri, 1993, 7). Linke und Kurthens Version des Parallelismus kann als vorläufige Arbeitshypothese der Neurowissenschaften verstanden werden, die in Zukunft durch eine andere Theorie ersetzbar ist.

3. Epiphänomenalismus

Dem *Epiphänomenalismus* zufolge entsteht Bewusstsein irgendwie aus Gehirnprozessen, kann selbst aber nicht auf diese zurückwirken. Wie die Nervenzellen des Gehirns die Innenwelt unseres bewussten Erlebens hervorbringen, darauf gibt auch der Epiphänomenalismus keine Antwort. Im Gegensatz zur Wechselwirkungstheorie vermeidet er die Schwierigkeit der ‘Rückwirkung’ des Mentalen auf das Körperliche. Für ihn gibt es Kausalbeziehungen nur in der Richtung vom Physischen zum Mentalen. Das Gehirn und mit ihm der Körper wirken kausal auf den Geist, jedoch nicht umgekehrt. Bewusstsein ist eine kausal einflusslose Begleiterscheinung, ein *Epiphänomen* der Gehirnmechanik. Dieser Deutung zufolge ist unser bewusstes Erleben ähnlich dem Klang einer Dampfpfeife, der auf die Funktionsweise der Dampfmaschine keinen Einfluss hat. Das Erleben kann auch nicht Ursache des Verhaltens und Handelns sein.

Unserem Alltagsverständnis erscheint diese Deutung des Körper-Geist-Verhältnisses paradox: Absichten, Pläne und Wünsche hätten keinen Einfluss auf unser Handeln und den Verlauf unseres Lebens. Wir glauben, dass wir unseren Körper steuern und kontrollieren. Unsere willkürlichen Bewegungen und unsere Handlungen scheinen dies zu beweisen. Jedesmal, wenn wir einen Arm bewegen wollen, gehorcht er und bewegt sich. Ein Epiphänomenalist sieht den kausalen Zusammenhang allerdings anders: Nicht unser Wille bewegt den Arm, sondern Nervenzellen in den motorischen Rindenfeldern unseres Gehirns. Gehirnprozesse verursachen die Körperbewegung und erzeugen zugleich das Gefühl, dass wir den Arm bewegen wollen. Dieses 'Wollen' ist jedoch nur eine Begleiterscheinung neuronaler Aktivität. Unser Wunsch, den Arm zu bewegen, ändert nichts an der Körperbewegung. Der Arm bewegt sich von selbst, wir aber glauben fälschlicherweise, wir hätten ihn durch unseren Willen bewegt (vgl. Zoglauer, 1998, 76–87).

Der Epiphänomenalismus entstand im 19. Jahrhundert unter dem Eindruck neuer Forschungsergebnisse der Naturwissenschaften. Als sein wichtigster Vertreter gilt der englische Biologe Thomas Henry Huxley (1825–1895). Huxley betrachtet Bewusstsein als ein Produkt biochemischer Prozesse im Gehirn. Jede Veränderung im mentalen Zustand eines Menschen wird durch eine Veränderung des Gehirnzustandes hervorgerufen. Molekulare Prozesse im Gehirn verursachen Bewusstseinsphänomene. Für Huxley ist auch der Wille bloß eine Begleiterscheinung molekularer Veränderungen im Gehirn, die bei motorischen Aktivitäten auftreten. Den Organismus von Tieren vergleicht er mit einer Dampfmaschine, deren Verbrennungsmotor Dampf produziert. Der Dampf wird über eine Dampfpfeife abgelassen, die jedesmal einen lauten Ton von sich gibt, wenn das Ventil betätigt wird. Das Bewusstsein entspricht den Tönen, welche die Maschine von sich gibt, wenn sie arbeitet. Das Pfeifen ist nur eine Begleiterscheinung mechanischer Prozesse und hat keinen Einfluss auf die Funktionsweise der Maschine. Für Huxley besteht kein Zweifel daran, dass bewusste Erlebnisse durch Aktivitäten bestimmter Hirnregionen verursacht werden. Alle Sinnesreize gelangen zunächst ins Gehirn, und dort entstehen die entsprechenden bewussten Erlebnisse. Für das Verhalten eines Organismus ist es völlig bedeutungslos, ob Veränderungen im Gehirn bewusste Erlebnisse hervorrufen oder nicht. Huxley begründet diese Behauptung unter anderem mit der Beobachtung, dass Frösche auch dann noch zu Körperbewegungen fähig sind, wenn man Teile ihres Gehirns entfernt. Sie hüpfen und schwimmen auch ohne Bewusstsein und folglich auch ohne Willensakt. Sollte ein Frosch irgendetwas besitzen, das wir 'Willensakt' nennen, so gibt es keinen Grund zur Annahme, dass es sich dabei um etwas anderes handelt als um eine Begleiterscheinung molekularer Veränderungen im Gehirn, die Teil der Kette sind, welche die Bewegungen hervorbringt. Es gibt kein Bewusstsein ohne materielle Ursachen, sehr wohl aber Körperbewegungen ohne mentale Ursachen. Veränderungen im Gehirn verursachen bewusste Erlebnisse, diese können aber selbst niemals körperliche Veränderungen bewirken. Das Bewusstsein der Tiere verhält sich zum Mechanismus ihrer Körper wie die Dampfpfeife zur Antriebsmaschine der Dampflokomotive. Bewusstsein ist eine Begleiterscheinung der Arbeitsweise des Körpers, hat jedoch keine Kraft, diese zu verändern. Falls Tiere Willensakte besitzen, sind diese nichts weiter als eine Emotion, die physische Veränderungen anzeigt, ohne diese zu verursachen (vgl. Huxley, 1874). Bewusstsein ist ein Epiphänomen jener Gehirnvorgänge, die für unser Verhalten verantwortlich sind, aber nicht deren Ursache.

Huxley war im mechanistischen Denken seiner Zeit gefangen. Er glaubte wie Descartes, dass Tiere nur Automaten sind, billigte ihnen aber eine rudimentäre Form von Bewusstsein zu. Die Bewegungen dieser Automaten folgen mechanischen Gesetzen, und da die physikalische Welt kausal lückenlos geschlossen sei, könne jede mechanische Bewegung nur mechanische Ursachen haben. Mentale Ursachen würden diese kausale Geschlossenheit durchbrechen und gegen elementare Naturgesetze verstoßen.

Für den Epiphänomenalismus sind mentale Zustände ein Produkt von Gehirnvorgängen, können selbst aber nicht auf das Gehirn und den Körper zurückwirken. Diese Deutung des Körper-Geist-Verhältnisses ist hochgradig kontraintuitiv. Eigentlich müssten wir uns jedesmal darüber wundern, warum sich unser Arm bewegt, wenn wir das wollen. Wenn wir beispielsweise eine Schmerztablette nehmen, dann ist nicht das Erleben des Schmerzes die Ursache dieser Handlung, sondern irgendein neuronaler Zustand unseres Gehirns. Wäre der Epiphänomenalismus wahr, hätten wir auch dann zur Tablette gegriffen, wenn wir keinen Schmerz verspürt hätten. Der eigentliche Auslöser unserer Handlung ist ja ein Gehirnprozess. Was wir dabei empfinden oder ob wir überhaupt etwas dabei empfinden, ist für das kausale Geschehen irrelevant (vgl. Zoglauer, 1998, 84–86). Der Epiphänomenalismus impliziert, dass das gesamte Leben auf dieser Welt genauso ablaufen würde, wie es jetzt abläuft, wenn kein Mensch und kein Tier je bewusste Erlebnisse, Überzeugungen und Wünsche hätten (vgl. Beckermann, 1999, 47–49). Dem Epiphänomenalismus zufolge leben wir unser Leben wie in einem Film, auf dessen Handlung wir keinen Einfluss haben. Wir sind wie Passagiere in einem Flugzeug, das auf Automatik geschaltet ist und dessen Flugbahn wir nicht bestimmen können. Die Evolution hätte im Laufe von Jahrmillionen als höchste ihrer Errungenschaften die völlig überflüssige Fähigkeit zu denken, zu fühlen und zu wollen hervorgebracht. Da Denken, Fühlen und Wollen keinen kausalen Einfluss besitzen, sind sie für das Überleben auch nicht notwendig.

Hans Jonas (1987) weist dem Epiphänomenalismus einen Selbstwiderspruch nach. Wenn unser Bewusstsein nur ein Nebenprodukt der Hirnmaschinerie ist, das selbst keinen Einfluss auf das Gehirn und den Körper ausübt, dann ist auch unser Denken und Überlegen ohnmächtig. Jedes rationale Überlegen und logische Schließen entlarvt sich als Schein. Es ist lediglich die kausale Folge eines neuronalen Prozesses. Welchen Sinn hat es da noch zu versuchen, andere Menschen durch Argumente überzeugen zu wollen oder sie zum Epiphänomenalismus bekehren zu wollen? Jonas macht auf die Gefahr eines performativen Selbstwiderspruchs im Vollzug der Wissenschaftspraxis anhand einer Anekdote aus der Frühzeit der experimentellen Physiologie aufmerksam. Etwa um das Jahr 1845 trafen sich in Berlin einige Wissenschaftler zu wöchentlichen Verabredungen. Es sollen Ernst Brücke und Emil du Bois-Reymond gewesen sein, zu denen sich später noch der junge Helmholtz gesellte. Die drei verpflichteten sich unter Eid auf ein ehrgeiziges Wissenschaftsprojekt: In gemeinsamer Anstrengung wollten sie den Nachweis erbringen, dass der menschliche Organismus von keinen anderen Kräften bewegt wird als von physikalisch-chemischen. Alle drei legten eine glänzende akademische Laufbahn zurück, die sie zu höchsten Ehren führte, ohne dass sie ihr ursprüngliches Erkenntnisziel jemals erreicht hätten. Was ihnen trotz aller wissenschaftlichen Erfolge entging, war die Tatsache, dass sie „mit dem Eingehen eines Versprechens ... dem besonderen Inhalt *dieses* Versprechens bereits zuwiderhandelten" (Jonas, 1987, 13). Indem die drei sich in ihren subjektiven Ansichten gegenseitig bestärkten, widerlegten sie ihre eigene wissenschaftliche Überzeugung von der kausalen Wirkungslosigkeit ihres Bewusstseins. „In der Tatsache des Gelöbnisses trauten sie einem ganz und gar Nichtphysischen, ihrem Verhältnis zur Wahrheit, eben *die* Macht über das Benehmen ihrer Gehirne zu, die sie im Inhalt des Gelöbnisses generell verneinten" (Jonas, 1987, 13 f.).

Hans Jonas betont die Unmöglichkeit, komplexe mentale Phänomene wie moralische, religiöse oder wissenschaftliche Überzeugungen einlinig in einer Punkt-zu-Punkt-Entsprechung auf physikalische Basiszustände im Gehirn zurückzuführen. Mentale Zustände wie Wertüberzeugungen und Einstellungen zu zentralen Lebensproblemen, individuelle Entscheidungen, Gewissensregungen oder das Empfinden von Scham und Schuld auf neuronale Determinanten zurückführen zu wollen, ist nach Jonas zum Scheitern verurteilt. Nach allen neurowissenschaftlichen Erkenntnissen, über die wir heute verfügen, lässt sich im neuronalen Geschehen nichts ausfindig machen, was den Inhalten verschiedener Überzeugungen auch nur annäherungsweise entsprechen würde.

4. Ist Willensfreiheit eine Illusion?

Wäre der Epiphänomenalismus wahr, gäbe es keine Willensfreiheit. Reichen Thomas Henry Huxleys Beobachtungen an Fröschen aus, um die These von der kausalen Machtlosigkeit des Bewusstseins zu bestätigen? Heute liegen empirische Untersuchungen vor, die immer wieder zitiert werden, um Huxleys These zu untermauern. Es sind die Experimente des kalifornischen Neurophysiologen Benjamin Libet, die für viel Aufruhr in der Diskussion über Willensfreiheit sorgen. Libets Untersuchungsergebnisse legen die Vermutung nahe, dass das Bewusstsein unseren Wahrnehmungen und Entscheidungen bis zu einer halben Sekunde hinterherhinkt. Ist damit auch die Willensfreiheit eine Illusion? Mit seinen Experimenten zum Bewusstwerden sensorischer Reize in den siebziger Jahren zeigt Libet, dass nach wiederholter elektrischer Stimulation des somatosensorischen Kortex eine halbe Sekunde verstreicht, bis eine bewusste Wahrnehmung auftritt. Ähnliche Zeitverzögerungen stellte er bei Versuchspersonen fest, denen er einen kurzen Stromstoß auf die Hand verabreichte. Die Versuchspersonen merkten nicht, dass es eine Verzögerung bis zu einer halben Sekunde gab, bis sie die Stimulation empfanden. Das Eintreffen des Reizes im Gehirn war bereits nach 15 Millisekunden als sensorisch evoziertes Potential nachweisbar. Das Bewusstwerden des Reizes erforderte jedoch eine halbe Sekunde Hirnaktivität. Obwohl die Hautreizung bis zu ihrer Wahrnehmung 0,5 Sekunden kortikaler Aktivität benötigte, entstand bei den Probanden der Eindruck, dass sie diese früher wahrgenommen hatten. Libet spricht von einem Zeitangleichungsmechanismus des Gehirns, von einer subjektiven zeitlichen Rückversetzung der Empfindung. Wir erleben eine einfache Hautreizung subjektiv unmittelbar nach Einsetzen der Reizung und nicht erst eine halbe Sekunde später. Das Erleben wird mit Hilfe des sensorisch evozierten Potentials so rückdatiert, dass der Eindruck entsteht, als ob der Reiz zum Zeitpunkt des sensorisch evozierten Potentials bewusst geworden wäre.

Nach Libet hinkt das Bewusstsein nicht nur bei Wahrnehmungen, sondern auch bei absichtlichen Bewegungen hinterher. Das zeigte die Entdeckung des so genannten 'Bereitschaftspotentials' durch Hans Helmut Kornhuber und Lüder Deecke (1965). Der Ausdruck Bereitschaftspotential meint den Prozess der Vorbereitung einer Körperbewegung. Es wird als Zeichen jener Hirnaktivität angesehen, die mit der Vorbereitung und Initiierung von Willkürbewegungen korreliert. Libet untersuchte in seinen aufsehenerregenden Experimenten die Beziehung zwischen dem Auftreten des Bereitschaftspotentials und dem Zeitpunkt des Entschlusses, eine bestimmte Bewegung auszuführen (vgl. Libet, 1999). Seine operationale Definition des freien Willens steht in Einklang mit der verbreiteten Auffassung, dass eine Handlung dann frei ist, wenn sie von innen kommt, absichtlich erfolgt und die Person erlebt, dass sie selbst bestimmen kann, ob und wann sie die Handlung ausführt. Libet instruierte Probanden, zu einem von ihnen gewählten Zeitpunkt den Entschluss zu fassen, einen Finger oder die ganze Hand zu bewegen. Er protokollierte folgende Ereignisse: den Zeitpunkt, an dem die Versuchsperson den Willen äußerte, die Bewegung auszuführen; den Zeitpunkt, an dem sich erstmals ein Bereitschaftspotential im Gehirn aufbaute, das die neuronale Ursache für die Bewegung darstellt; und den Zeitpunkt der tatsächlichen Bewegung. Man würde nun Folgendes erwarten: Zuerst findet der Entschluss, die Bewegung auszuführen, statt; als Folge davon baut sich ein neuronales Bereitschaftspotential im Gehirn auf, das dann über die Nervenbahnen an die Fingermuskeln weitergeleitet wird und schließlich die gewünschte Bewegung auslöst. Entgegen diesen Erwartungen entdeckte Libet folgende Reihenfolge: Das Bereitschaftspotential baut sich schon eine halbe Sekunde bis eine Sekunde vor dem Bewegungsbeginn auf; der bewusste Entschluss, die Handlung durchzuführen, tritt 200 Millisekunden vor der Handlung auf. Es verstreichen mehr als 300 Millisekunden, ehe das Bewusstsein merkt, dass das Gehirn begonnen hat, die beschlossene Handlung durch den Aufbau eines Bereitschaftspotentials im motorischen Kortex einzuleiten. Das Bewusstsein verspätet sich. Die willentliche Absicht, zu handeln, tritt nach dem Beginn des Bereitschaftspotentials auf, jedoch vor dem neuronalen Kommando, das die Muskelkontraktionen kontrolliert. Libet folgerte daraus: Willentliche Handlungen werden zwar unbewusst initiiert, sind aber Gegenstand bewusster Kontrolle.

Wenn uns Willensentschlüsse erst bewusst werden, nachdem die neuronale Maschinerie zu ihrer Durchführung bereits angelaufen ist, ist unser Wille dann noch frei? Das Wollen kann gar nicht die Ursache der neuronalen Aktivität sein, weil es erst nach dem Aufbau des Bereitschaftspotentials auftritt. Manche Autoren ziehen aus Libets Befunden den Schluss: Wir tun nicht, was wir wollen, sondern wir wollen, was wir tun (vgl. Prinz, 1996). Demnach werden Handlungsentscheidungen zunächst unbewusst fabriziert und dann bewusst reinterpretiert. Der Gehirnforscher Michael Gazzaniga meint sogar: Wir sind die Letzten, die erfahren, was unser Gehirn vorhat. Ganz so machtlos ist unser Bewusstsein nach Libet nun doch nicht. Zwischen dem Bewusstwerden des Entschlusses, die Hand zu bewegen, und der Bewegung selbst liegen 200 Millisekunden. In dieser Zeit kann das Bewusstsein intervenieren und entscheiden, ob die Bewegung ausgeführt wird oder nicht. Das Bewusstsein mag zwar nicht die Macht besitzen, die neuronale Aktivität zu initiieren, aber es ist immer noch in der Lage, die einmal in Gang gesetzte Aktivität zu stoppen. Die Macht des Willens ist eingeschränkt. Der Wille ist kein Initiator, sondern ein Zensor. Indem er nur solche neuronalen Impulse passieren lässt, die ihm genehm sind, steuert er den Körper. Die unbewussten Initiativen für willentliche Handlungen kann man sich bildlich wie hochsteigende Bläschen im Gehirn vorstellen. Der bewusste Wille wählt aus, welche davon in die Tat umgesetzt werden und welche nicht. Diese Rolle des freien Willens steht nach Libet im Einklang mit religiösen und ethischen Geboten. Der Großteil der Zehn Gebote beginnt mit „Du sollst nicht ...“. Libet fragt: Wenn wir den Drang verspüren, etwas Unerlaubtes zu tun: Ist dies bereits als Sünde zu betrachten, selbst dann, wenn wir den Drang nie in die Tat umsetzen? Manche Religionen würden diese Frage mit Ja beantworten. Derartige Wünsche und Absichten entstehen im Gehirn jedoch unbewusst. Das bloße Auftauchen einer Handlungsabsicht können wir nicht verhindern, wohl aber deren Durchführung.

Geht dem bewussten Veto, eine Bewegung *nicht* auszuführen, auch ein Bereitschaftspotential voraus? Kontrolliert die Versuchsperson bewusst, oder wird sie sich der unbewusst initiierten Wahl, die Bewegung nicht auszuführen, erst im Nachhinein bewusst? Libet vertritt die Hypothese, dass das bewusste Veto nicht das Ergebnis eines vorausgehenden unbewussten neuronalen Prozesses ist. Er argumentiert für die Unabhängigkeit der bewussten Kontrolle von neuronaler Aktivität, nicht weil es dafür empirische Belege gibt, sondern weil eine solche Unabhängigkeit logisch und empirisch nicht ausgeschlossen sei. Libet postuliert ein bewusstes *mentales Feld*, das die neuronalen Ereignisse im Gehirn verursacht, welche die Handlung entweder ausführen oder durch ein Veto stoppen.

Libets Experimente werden sehr kontrovers diskutiert. Gegenüber dem Vorwurf, er möchte eine nichtneuronale Grundlage, eine Art mentales Feld, für den freien Willen ausfindig machen, betont Libet, dass er in seinen Experimenten nur einiges darüber entdeckt habe, wie der freie Wille funktioniert. Damit habe er noch nicht die Frage beantwortet, ob unsere Handlungen ähnlich den Aktivitäten der Neuronen im Gehirn durch die Naturgesetze determiniert oder bis zu einem gewissen Grad davon unabhängig sind. Bezweifelt wird auch, ob eine Entscheidung tatsächlich ein momentaner Akt ist, der sich, wie Libet annimmt, auf Millisekunden genau bestimmen lässt. Wenn eine Entscheidung ein Prozess ist, der sich über längere Zeit erstrekkt, dann könnte der Aufbau des Bereitschaftspotentials von bewussten Vorentscheidungen abhängen, die bereits vor dem Einsetzen der von ihm vorgenommenen Messungen gefallen waren (vgl. Pauen, 2001, 111 f.). Libet zeigt durch seine Experimente, dass das Bereitschaftspotential keine hinreichende Bedingung für eine Handlung ist, denn es kann in Abwesenheit jeglicher Handlung auftreten. Man sollte deshalb das Bereitschaftspotential nicht mit der unwiderruflichen Entscheidung, jetzt zu handeln, verwechseln, deren wir uns als Ursache unserer willentlichen Handlungen bewusst sind (vgl. Gomes, 1999).

Kann die Erfahrung, frei entscheiden und handeln zu können, mit der Vorstellung in Einklang gebracht werden, dass wir als Entscheidende selbst Teil der Welt der Ursachen und Wirkungen sind? Die Neurowissenschaften leiden an der Unvereinbarkeit zweier Perspektiven, der Ersten-Person-Perspektive und der Dritten-Person-Perspektive. Denken, Fühlen und Wollen beschreiben wir aus der Ersten-Person-Perspektive. Sie sind uns nur in dieser Perspektive gegeben. In der Dritten-Person-Perspektive einer naturwissenschaftlichen Beschreibung kommen diese Phänomene überhaupt nicht vor. Die beiden Perspektiven lassen sich nicht aufeinander reduzieren (vgl. Singer, 2001). Für Wolfgang Prinz (1996, 101) gilt es deshalb, zwei verschiedene gesellschaftliche Spiele auseinander zu halten: Wissenschaft und Moral. Im Sprachspiel wissenschaftlicher Erklärungen von Handlungen gibt es für die Idee der Willensfreiheit keinen Platz, wohl aber im Sprachspiel der moralischen Bewertung von Handlungen. Beide Spiele haben ihre Berechtigung: Wissenschaft muss sein, und Moral muss sein. Entscheidend sei, die beiden Spiele und die dazugehörigen Sprachspiele zu entflechten. Jeder Sprechende solle festlegen, in welchem Spiel er sich gerade befindet. Wer diese Regel beachte, dürfe durchaus in beiden Spielen mitspielen. In ähnlicher Weise unterscheidet Theo Herrmann (1996) zwischen einem Freiheits-Handlungs-Jargon und einem naturwissenschaftlichen Determinationsjargon, die sich letztlich auf ein und dasselbe beziehen.

Für *Kompatibilisten* sind Freiheit und Naturkausalität vereinbar.

Nach Gilberto Gomes löst sich der Widerspruch zwischen dem freien Willen, wie wir ihn aus der Ersten-Person-Perspektive erleben, und der natürlichen Verursachung auf, wenn wir die erstaunliche Hypothese annehmen, dass wir selbst als frei Handelnde Hirnsysteme sind, welche die Fähigkeit besitzen, zu wählen, zu entscheiden und zu handeln. Gomes zitiert Max Planck: „Von außen, objektiv betrachtet, ist unser Wille kausal gebunden; von innen, subjektiv betrachtet, ist der Wille frei“ (zit. nach Gomes, 1999, 61 f.).

Die Hirnforschung ist weit davon entfernt, die neuronale Grundlage des Erlebens der Willensfreiheit identifiziert zu haben. Es gibt erste interessante Hinweise. Diese belegen das Faktum, dass bestimmte Hirnareale und Hirnfunktionen eine notwendige Bedingung für Willenserlebnisse sind. Sind sie auch eine hinreichende Bedingung? Die interdisziplinäre Erörterung der Willensfreiheit zeigt, dass unser Wissen über das Gehirn und dessen Leistungen in einem fundamentalen Sinne unvollständig ist. Wir haben nicht die geringste Ahnung davon, wie das Erleben des freien Willens, das uns nur in der Ersten-Person-Perspektive gegeben ist, aus objektiv beschreibbaren Hirnprozessen hervorgeht (vgl. Chalmers, 1996b, 40–47). Dieses Problem ist auch experimentell nicht zugänglich. Die Frage, ob unser Wissen über phänomenale Zustände aus der Erlebnisperspektive mit unserem objektiven Wissen aus der Beobachterperspektive in Einklang gebracht werden kann, ist zur Zeit eine der größten Herausforderungen für die interdisziplinäre Erforschung des Bewusstseins.

V. Materialistische Deutungen

1. Die materialistische Identitätstheorie

Zurzeit sind materialistisch-monistische Deutungen des Körper-Geist-Verhältnisses populär. Angesichts der beachtlichen Fortschritte der Neurowissenschaften glaubt man, in Zukunft das Bewusstsein naturwissenschaftlich erklären zu können. Wenn wir einmal genau wissen, wie das Gehirn Informationen verarbeitet, dann haben wir das Rätsel des Bewusstseins gelöst. Der Molekularbiologe und Nobelpreisträger Francis Crick sagt: Die Bilanz von Philosophie und Theologie ist nach zweitausend Jahren der Beschäftigung mit dem Körper-Geist-Problem so armselig, dass sie jede Glaubwürdigkeit verspielt haben und jetzt das Feld zugunsten der Neurophysiologie räumen müssten. Er vertritt folgende Hypothese:

> „'Sie', Ihre Freuden und Leiden, Ihre Erinnerungen, Ihre Ziele, Ihr Sinn für Ihre eigene Identität und Willensfreiheit – bei alledem handelt es sich in Wirklichkeit nur um das Verhalten einer riesigen Ansammlung von Nervenzellen und dazugehörigen Molekülen. Lewis Carrolls Alice aus dem Wunderland hätte es vielleicht so gesagt: 'Sie sind nichts weiter als ein Haufen Neurone.' Diese Hypothese ist so weit von den Vorstellungen der meisten Menschen entfernt, dass man sie wahrlich als erstaunlich bezeichnen kann" (Crick, 1994, 17).

Die *materialistische Identitätstheorie* gibt Satz (1) des Trilemmas, Mentales ist nicht Physikalisches, auf und betrachtet mentale Phänomene als physikalische Zustände unseres Gehirns. Als physikalische Zustände können sie im Bereich physischer Phänomene natürlich kausal wirksam sein. Damit stimmen die Sätze (2) und (3) des Trilemmas: Mentales ist im Bereich des Physikalischen kausal wirksam und: Der Bereich des Physikalischen ist kausal geschlossen.

Der Materialismus behauptet, dass alles, was existiert, physikalischer Natur ist. Daher ist auch die Bezeichnung *Physikalismus* gebräuchlich. Für den Physikalismus gibt es keine nichtphysikalischen Tatsachen. Auf der untersten Ebene existieren Elementarteilchen und ihre Wechselwirkungen. Alle anderen Dinge wie Atome, Moleküle, unbelebte Körper, Pflanzen, lebende Organismen, Tiere und Menschen sind aus diesen Elementarteilchen zusammengesetzt. Die Eigenschaften von Tier und Mensch ergeben sich aus der komplexen Wechselwirkung zwischen den Elementarteilchen (vgl. Zoglauer, 1998, 24 f.). Der reduktive Physikalismus reduziert das Mentale auf physikalische Eigenschaften des Gehirns. Demnach ist unser bewusstes Erleben mit bestimmten neuronalen Prozessen im Gehirn identisch. Am Geist ist nicht mehr dran, als das Gehirn zu bieten hat. Geist ist Fleisch, nicht mehr und nicht weniger. Bewusstseinsprozesse sind neuronale Prozesse. Ein Bewusstseinszustand ist nicht mehr und nicht weniger als sein neuronales Korrelat. Ein Schmerzgefühl reduziert sich auf das Feuern bestimmter Neuronengruppen, und das ist ein physikalischer Prozess. Ein Materialist würde zugeben, dass Schmerz nicht so aussieht, wenn man ihn introspektiv betrachtet, doch die Introspektion ist für ihn voller Irrtümer und Illusionen. Sie enthüllt nicht die wahre Natur des Bewusstseins. Die wahre Natur des Schmerzes bleibt unserem unmittelbaren Erleben verborgen, sie lässt sich nur durch die Wissenschaft offen legen, die untersucht, was in unserem Gehirn vor sich geht, wenn wir Schmerzen erleben. Dass wir über Bewusstsein so reden, wie wir reden, liegt allein daran, dass wir nicht genug über unser Gehirn wissen (vgl. McGinn, 2001, 30–32). Die Konsequenzen einer erfolgreichen Reduktion des Mentalen auf neuronale Prozesse wären beachtlich. Psychologie, Philosophie und Theologie könnten durch die Neurowissenschaften ersetzt werden. Ist eine reduktionistische Erklärung unseres bewussten Erlebens tatsächlich möglich? Was können wir von den Neurowissenschaften wirklich erwarten?

Die Identitätstheorie betrachtet mentale Zustände als physikalische Zustände unseres Gehirns. Daraus folgt, dass Beschreibungen von bewussten Erlebnissen und Beschreibungen von neuronalen Prozessen sich de facto auf denselben Gegenstand beziehen. Wir können unser bewusstes Erleben, so die Argumentation, einerseits mit Begriffen der Alltagspsychologie und andererseits mit physikalischen Begriffen beschreiben. Dass beide Beschreibungen sich auf ein und dasselbe Phänomen beziehen, wäre durch die zukünftige empirische Forschung zu entdecken. Obwohl psychologische und neurobiologische Prädikate nicht denselben Sinn haben, beziehen sie sich doch auf dasselbe Etwas. Ein viel zitiertes Beispiel in diesem Zusammenhang ist Gottlob Freges Unterscheidung zwischen Sinn und Bezug (Intension und Extension). Die Ausdrücke 'Morgenstern' und 'Abendstern' haben zwar einen verschiedenen Sinn, aber denselben Bezug. Die Astronomie entdeckte, dass der Morgenstern und der Abendstern mit dem Planeten Venus identisch sind. Ein anderes Beispiel für die Unterscheidung zwischen Sinn und Bezug ist folgende Aussage: Der Mensch ist sowohl ein vernünftiges Tier als auch ein ungefiederter Zweibeiner. Obwohl beide Charakterisierungen dem Sinn nach verschieden sind, beziehen sie sich doch auf dieselbe Klasse von Lebewesen. Dasselbe Verhältnis soll zwischen Beschreibungen von Bewusstseinsinhalten mit Begriffen der Psychologie und mit Begriffen der Neurobiologie bestehen. Der Dualismus von Bewusstsein und Gehirn ist so zu sehen wie der Dualismus von Morgenstern und Abendstern, von Blitzen und elektrischen Entladungen, von Wasser und H_2O oder von Genen und DNS-Molekülen: als ein Dualismus der Beschreibungen, und nicht als ein Dualismus irreduzibler Phänomene (vgl. Bieri, 1993, 38 f.).

Die Identitätstheorie ist nach dem Anspruch ihrer Vertreter kein metaphysisches Dogma, sondern eine empirisch überprüfbare wissenschaftliche Hypothese (vgl. Zoglauer, 1998, 97 f.). Aussagen über Bewusstseinsprozesse und Aussagen über Gehirnprozesse sind auf verschiedene Weise verifizierbar: durch Introspektion und durch äußere Beobachtung. Die Identität beider lässt sich empirisch feststellen. Sie ist dann gegeben, wenn es gelingt, unser subjektives Erleben durch die Gehirnprozesse zu erklären, die mit ihm korrelieren. Eine empirische Entdeckung besteht häufig in der Reduktion von Phänomenen durch Identifikation, wie zum Beispiel die astronomische Entdeckung, dass der Morgenstern und der Abendstern mit dem Planeten Venus identisch sind. So wie die Wissenschaft entdeckte, dass Wasser H_2O ist, dass Blitze elektrische Entladungen sind und Gene DNS-Moleküle, so wird die Gehirnforschung entdecken, dass Erlebnisqualitäten nichts anderes sind als neuronale Prozesse. Reduktionismus ist die Auffassung, dass die materiellen Beschreibungen eine umfassendere und genauere Erklärung der Wirklichkeit liefern als geistige Beschreibungen. Daraus folgt nicht, dass die geistigen Erklärungen unserer Handlungen, die wir im Alltag benutzen, völlig falsch wären. Obwohl wir wissen, dass die Neurowissenschaften letztlich die angemessenere Erklärung für unser Handeln liefern, können wir uns im Alltag der geistigen Beschreibungen bedienen.

Die Feststellung gesetzmäßiger Korrelationen zwischen mentalen und neuronalen Ereignissen und Prozessen ist der wichtigste Prüfstein für die Identitätsthese. Die Identifizierung mentaler mit neuronalen Prozessen überschreitet aber eine ‘ontologische Barriere’. Sie verknüpft subjektive Erlebnisse, die uns nur in der Ersten-Person-Perspektive gegeben sind, mit objektiven Ereignissen. Dies hätte zur Folge, dass private Zustände nicht mehr länger privat, sondern einer intersubjektiven Überprüfung zugänglich wären (vgl. Zoglauer, 1998,

97 f.). Die stärkeren Varianten der Identitätstheorie sehen eine Reduktion der Psychologie auf die Neurobiologie vor. Demnach werden wir unser Erleben in ferner Zukunft mit Ausdrücken der Neurobiologie beschreiben. Statt von Empfindungen, Gefühlen, Gedanken oder Bedürfnissen zu sprechen, werden wir dann wohl von neuronalen Aktivitätsmustern und elektrochemischen Abläufen sprechen.

Es lassen sich drei Arten empirischer Identifikation unterscheiden: (1) Die Identifikation zweier *beobachtbarer* Entitäten: Morgenstern und Abendstern sind ein und derselbe Planet. (2) Die Identifikation eines *beobachtbaren* mit einem von einer Theorie beschriebenen oder postulierten Phänomen: Man entdeckte, dass Blitze elektrische Entladungen *sind* und dass 'Wasser' und 'H_2O' ein und dasselbe Phänomen bezeichnen. (3) Die Identifikation eines *funktional* beschriebenen Phänomens mit einem *inhaltlich spezifizierten* Phänomen: Die Biochemie entdeckte, dass die funktionalen Einheiten, die wir 'Gene' nennen, DNS-Moleküle sind.

Identitätstheoretiker unterscheiden zwei verschiedene Formen von Identitätsbeziehungen: eine stärkere, die *Typenidentität* (Type-Type-Identity), und eine schwächere, die *Tokenidentität* (Token-Token-Identity). Die Typenidentität oder generelle Identität meint eine *allgemeine* Identität: Mentale Arten wie Gefühle, Wünsche, Absichten und Überzeugungen werden mit Typen von Gehirnzuständen identifiziert. Ein bestimmter Typ von Erleben wie beispielsweise das Gefühl 'Freude' ist mit einem bestimmten Typ von Gehirnzustand identisch. Aus einer Typenidentität lassen sich allgemeine psychophysische Gesetze ableiten. Ein Typ umfasst eine ganze Menge verschiedener Token. Der Typ 'Freude' beinhaltet viele verschiedene Formen von Freude. Der Ausdruck Tokenidentität bezeichnet *partikuläre* Identitäten: Ein konkretes Erlebnis der Freude von Person A ist zum Zeitpunkt t_1 mit einem konkreten neuronalen Prozess identisch. Dasselbe Erlebnis der Freude von Person A kann jedoch zum Zeitpunkt t_2 mit einem anderen neuronalen Prozess identisch sein. Ein und dasselbe psychische Ereignis kann auf verschiedene Weise neuronal umgesetzt sein. Man spricht in diesem Zusammenhang auch von multipler Realisierbarkeit. Die Token-Identitätstheorie ist wesentlich genauer als die Typen-Identitätstheorie und stellt höhere Anforderungen an die empirischen Möglichkeiten zur Überprüfung der Identitäten. Aus einer Tokenidentität lassen sich jedoch keine allgemeinen Gesetze zwischen Psychischem und Physischem ableiten. Sie stellt eine abgeschwächte Form der Identitätstheorie dar.

Wie können Bewusstseinsphänomene wie Freude, Trauer, Ärger

oder Willensentschlüsse mit neuronalen Prozessen identisch sein? Es gibt beachtliche Unterschiede zwischen der subjektiven Erlebnisqualität dieser Phänomene und den ihnen zugeordneten neuronalen Korrelaten. Der Sprung von der subjektiven Erlebnisperspektive zur objektiven Beschreibung auf der Ebene neuronaler Prozesse führt von den mentalen Phänomenen, so wie wir sie erleben, weg. Die objektive Analyse verfehlt den wesentlichsten Aspekt dieser Phänomene. Was bleibt zum Beispiel von Gefühlserlebnissen übrig, wenn wir die subjektive Erlebnisperspektive wegstreichen und sie nur als neuronale Prozesse beschreiben? Die erlebten Gefühle sind genau so, wie sie erscheinen, wie sie sich anfühlen. Eine noch so profunde Kenntnis der neuronalen Grundlage von Ärgererlebnissen sagt uns nichts darüber, wie es sich anfühlt, sich zu ärgern (vgl. Bieri, 1992). Der amerikanische Philosoph John Searle betont: Erlebnisqualitäten lassen sich nicht dadurch erfassen, dass man sie 'naturalisiert', d.h. auf körperliche Phänomene zurückführt. Wenn wir sagen, Schmerz ist in Wirklichkeit nichts anderes als ein Muster neuronalen Feuerns, dann lassen wir die wesentlichen Merkmale des Schmerzes unberücksichtigt (vgl. Searle, 1994, 117). Es ist völlig unklar, wie die Eigenschaft, Erlebnisqualitäten zu haben, durch physikalische Gehirnprozesse erklärt werden könnte. Neuronen ärgern sich nicht, sie freuen sich nicht und sie haben auch keine Absichten und Ziele. Dieser Mangel lässt sich auch nicht dadurch beheben, dass man behauptet, diese Eigenschaften kämen nur einer genügend großen Anzahl von Neuronen zu (vgl. Zoglauer, 1998, 107f.).

Gegen die Identitätstheorie werden verschiedene Argumente vorgebracht. Im Folgenden kommen drei dieser Argumente zur Sprache: das Argument aus dem Leibniz-Prinzip, das Argument des unvollständigen Wissens und das Argument der Erklärungslücke.

(1) Das Argument aus dem Leibniz-Prinzip

Nach dem leibnizschen Prinzip sind zwei Dinge dann identisch und nur dann, wenn sie dieselben Eigenschaften besitzen. Sobald zwei Dinge sich in mindestens einer Eigenschaft unterscheiden, können sie nicht identisch sein. Wenn der Geist mit dem Körper identisch ist, dann hat der Geist jede Eigenschaft, die der Körper hat – und umgekehrt: Der Körper hat jede Eigenschaft, die der Geist hat. Aus diesem Prinzip der Ununterscheidbarkeit von Identischem ergeben sich erhebliche Probleme für die Identitätstheorie. Wenn der Geist andere Eigenschaften hat als der Körper, dann kann er nicht mit dem Körper identisch sein. Bewusstes Erleben und neuronale Prozesse unterscheiden sich in mehreren Eigenschaften. Das Mentale ist unräumlich, der Körper aber räumlich, also können beide nicht identisch sein. Wenn gezeigt werden kann, dass das Mentale und das Physische jeweils verschiedene Eigenschaften besitzen, dann wäre ihre Nichtidentität bereits bewiesen (vgl. Brüntrup, 1996, 26). Das Mentale ist subjektiv und privat, es ist an die Erste-Person-Perspektive gebunden und es ist unräumlich. Diese Eigenschaften kommen dem Physischen nicht zu.

(2) Das Argument des unvollständigen Wissens

Dieses Argument geht auf Frank Jackson (1986, 2001) zurück und richtet sich gegen die These, dass sich mentale Eigenschaften auf physikalische Eigenschaften reduzieren lassen. Jackson betont die Existenz von Erlebnisqualitäten und will zeigen, dass diese gegen die Wahrheit des ontologischen Physikalismus spricht. Dazu verwendet er ein viel diskutiertes Gedankenexperiment über Mary und ihre schwarzweiße Welt.

Mary lebt in einer Umgebung, in der alles schwarz, weiß oder grau ist. Sie wurde in einem schwarzweißen Raum geboren und wuchs dort auf. Sie hat nie eine andere Farbe zu Gesicht bekommen. Mary ist eine überaus begabte Naturwissenschaftlerin. Über einen Schwarzweißmonitor in ihrem Zimmer lernt sie alles, was die Neurowissenschaften im Prinzip über das menschliche Gehirn entdecken können. Mary entwickelt sich zur weltweit führenden Expertin auf dem Gebiet der menschlichen Farbwahrnehmung. Sie erwirbt vollständige naturwissenschaftliche Kenntnisse darüber, was in unserem Gehirn abläuft, wenn wir das Blau des Himmels oder das Rot reifer Tomaten betrachten und dabei Ausdrücke wie ‘blau’ und ‘rot’ verwenden. Es gibt keinen physikalischen Aspekt der Farbwahrnehmung, über den sie nicht Bescheid weiß. Ihr sind auch alle neuronalen Korrelate der Farberlebnisse vertraut. Eines Tages öffnet sich die Tür zum schwarzweißen Zimmer, und Mary geht hinaus in die Welt der Farben. Zum ersten Mal in ihrem Leben sieht sie das Blau eines wolkenlosen Himmels und das Rot reifer Tomaten. Mary erlebt in diesem Augenblick etwas, was sie bisher nicht erlebt hat, und zwar wie es ist, Farben zu sehen. Sie lernt eine neue Art des Erlebens kennen. Obwohl sie alle wissenschaftlichen Fakten über die menschliche Farbwahrnehmung kannte, wusste sie bisher nicht, wie es ist, ein Farberlebnis zu haben. Wenn das stimmt, dann wusste Mary, als sie noch in ihrem schwarzweißen Zimmer hauste, nicht alles über Farbwahrnehmung, obwohl ihr sämtliche Fakten, welche die Neurowissenschaften darüber entdecken können, vertraut waren. Folglich gibt es über Farbwahrnehmung mehr zu wissen, als die Neurowissenschaften dazu beitragen können. Das Wissen über die Beschaffenheit des menschlichen Gehirns addiert sich nicht automatisch zu Wissen über das menschliche Bewusstsein. Trotz ihres vollständigen objektiven Wissens über die menschliche Farbwahrnehmung wusste Mary in ihrem schwarzweißen Zimmer nicht, wie es sich anfühlt, ein Farberlebnis zu haben. Ihr fehlte etwas, und dieses Etwas war nichts anderes als ein Stück Bewusstsein, eine Art des Erlebens. Das Erleben ist aber das Wesentliche am Bewusstsein. „Da sie über alle physikalischen Informationen verfügte, muss es folglich mehr zu wissen geben als das, und der Physikalismus ist falsch" (Jackson, 2001, 128). Als 'physikalische Informationen' bezeichnet Jackson alle Informationen, die uns die Physik, die Chemie und die Biologie zur Verfügung stellen können.

Jackson will mit dem Argument des unvollständigen Wissens zeigen, dass es Tatsachen gibt, welche die Neurowissenschaften prinzipiell nicht entdecken können, und zwar Tatsachen, die nicht einmal im weitesten Sinne physikalisch sind. Ich mag alles wissen, was es aus der Sicht der Neurowissenschaften über das menschliche Gehirn zu wissen gibt, dennoch werde ich weder etwas über die Schmerzhaftigkeit eines Schmerzes, das Jucken eines Juckreizes oder den 'Stich der Eifersucht' wissen, noch werde ich wissen, wie es ist, eine Zitrone zu schmecken, eine Rose zu riechen, einen lauten Knall zu hören oder den Himmel zu sehen (vgl. Jackson, 2001, 124). Wenn es aber nichtphysikalische Tatsachen gibt, dann muss der Physikalismus falsch sein.

(3) Das Argument der Erklärungslücke

Die Neurowissenschaften zeigen, dass es einen engen Zusammenhang zwischen Bewusstsein und Gehirnprozessen gibt. Wir haben jedoch nicht die leiseste Ahnung, welcher Art dieser Zusammenhang ist. Es ist für uns rätselhaft, wie Nervensysteme zu einer Erlebnisperspektive kommen. Wir wissen nicht, wie die subjektiven und privaten Erlebnisse, die uns nur in der Ersten-Person-Perspektive gegeben sind, aus objektiv beschreibbaren neuronalen Prozessen hervorgehen. „Wir wissen nicht, warum es sich aus der Innenperspektive ausgerechnet so anfühlen sollte, sich in einem bestimmten neuronalen Zustand zu befinden; wir wissen noch nicht einmal, warum es sich *überhaupt irgendwie* anfühlen sollte" (Walter, 2001, 66). Nach Levine müsste eine adäquate physikalistische Theorie des Geistes nicht nur physikalische Beschreibungen mentaler Zustände und Eigenschaften liefern, sie sollte diese Zustände und Eigenschaften auch *erklären*. Sie sollte erklären, warum wir, wenn wir uns in einem bestimmten neuronalen Zustand befinden, gerade das erleben, was wir erleben. Sie müsste zeigen, warum Grün sehen, sich freuen oder einen süßen Geschmack empfinden sich für uns so anfühlt, wie es sich anfühlt. Durch die Erklärung sollten wir erkennen können, dass die Dinge genau so sein müssen, wie sie an der Oberfläche erscheinen. Materialistische Identitätstheorien erklären unser bewusstes Erleben nicht. Zwischen unserer körperlichen Beschaffenheit und unserem bewussten Erleben klafft eine tiefe Kluft. Physikalistische Theorien machen deutlich, dass wir nicht in der Lage sind, Erlebnisqualitäten durch einen Verweis auf neuronale Prozesse zu erklären. Es bleibt stets eine 'Erklärungslücke', und diese offenbart eine tief gehende Unzulänglichkeit aller physikalistischen Theorien des Geistes (vgl. Levine, 2001, 79).

Bewusstseinszustände lassen sich nicht dadurch erklären, dass man sie auf neuronale Prozesse reduziert. Für Levine gibt es einen entscheidenden Unterschied zwischen wissenschaftlich anerkannten theoretischen Identitätsaussagen wie „Wasser ist identisch mit H_2O" einerseits und umstrittenen psychophysischen Identitätsaussagen wie „Schmerz ist identisch mit einem spezifischen Muster neuronaler Aktivität" andererseits. Im Falle des Wassers vermittelt uns die Identifizierung mit H_2O ein tieferes Verständnis seiner Natur und seines Verhaltens. Die Tatsache, dass Wasser bei Zimmertemperatur flüssig ist, bei null Grad Celsius gefriert und bei 100 Grad Celsius kocht, führen wir auf seine H_2O-Struktur zurück. Physik und Chemie machen uns verständlich, wie die H_2O-Struktur des Wassers die kausale Rolle spielt, die wir mit den Zuständen Flüssigsein, Kochen und Gefrieren verbinden. Im Falle des Bewusstseins hingegen werden die Erlebnisqualitäten durch die Identifikation des Bewusstseins mit neuronalen Prozessen nicht erklärt. Es bleibt eine Erklärungslücke. Man versteht überhaupt nicht, wie zum Beispiel ein bewusstes Schmerzerlebnis mit einem neuronalen Zustand identisch sein könnte, der kein qualitativer bewusster Zustand ist. Wir können uns immer ein Wesen vorstellen, das sich in genau dem gleichen neuronalen Zustand befindet wie wir, wenn wir Schmerzen haben, und das trotzdem keinerlei Schmerzen erlebt. Eine genaue Kenntnis der neuronalen Prozesse, die dem Schmerzerleben zugrunde liegen, erklärt uns zwar den Mechanismus, auf dem die kausale Rolle des Schmerzes beruht, aber sie erklärt uns nicht, warum Schmerzen sich so anfühlen, wie sie sich anfühlen. Unser Begriff von Schmerzen umfasst nämlich mehr als die kausale Rolle des Schmerzes, er umfasst auch den Erlebnisgehalt von Schmerzen, wie es sich anfühlt, Schmerzen zu haben. Die Neurobiologie kann nicht verständlich machen, warum bestimmte neuronale Zustände mit spezifischen Erlebnisqualitäten verbunden sind oder warum Erlebnisqualitäten überhaupt mit diesen Zuständen einhergehen. Aus diesem Grund, so Levine, lassen Erklärungen mit Hilfe psychophysischer Identitätsaussagen notwendigerweise etwas aus. Er betont, dass die Unterscheidung zwischen der Art und Weise, wie etwas erscheint, und wie etwas wirklich ist, die sich im Fall von Wasser und H_2O als so nützlich erwiesen hat, bei Erlebnisqualitäten nicht greift. Erlebnisqualitäten sind genau so, wie sie sich anfühlen. Solange unser Begriff von Erlebnisgehalt Aspekte enthält, die durch seine kausale Rolle nicht erfasst werden, wird er sich „dem explanatorischen Netz physikalistischer Reduktionen" entziehen (Levine, 2001, 102). Das bewusste Erleben ist nicht dadurch befriedigend wissenschaftlich erklärt, dass uns die Neurowissenschaften zeigen, dass wir immer dann bei Bewusstsein sind, wenn wir uns in einem bestimmten neuronalen Zustand befinden. Von einer angemessenen wissenschaftlichen Erklärung könnte erst die Rede sein, wenn es gelänge, Bewusstsein auf dieselbe Weise auf neuronale Aktivitätsmuster zurückzuführen wie die Eigenschaften von Wasser auf seine H_2O-Struktur. Die Neurowissenschaften müssten verständlich machen, warum bestimmte neuronale Aktivitätsmuster mit Erlebnisqualitäten verbunden sind.

Wie steht es um den Anspruch, menschliches Bewusstsein vollständig auf seine neuronalen Korrelate reduzieren zu können? Francis Crick und andere Identitätstheoretiker glauben, das menschliche Bewusstsein lasse sich mit Hilfe neurobiologischer Befunde prinzipiell erklären. Unter 'erklären' verstehen sie die vollständige Zurückführung mentaler Phänomene auf neuronale Vorgänge. Dadurch werden Begriffe wie Subjekt, Geist und Selbst als Illusionen entlarvt (vgl. Schockenhoff, 2000, 241). Eine wissenschaftliche Theorie, die mentale Phänomene aus neuronalen Gegebenheiten erklären möchte, ist aber selbst ein mentales Phänomen, denn der Vorgang des wissenschaftlichen Erklärens spielt sich im Bewusstsein ab. Diese Theorie setzt das zu Erklärende, nämlich das menschliche Bewusstsein, im Vollzug der Formulierung einer reduktionistischen Theorie bereits voraus. Das Bewusstsein ist der Ausgangspunkt, nicht das Ergebnis des Erklärens, und kann daher auch nicht 'wegerklärt' oder auf noch ursprünglichere Phänomene zurückgeführt werden. Eine wissenschaftliche Theorie, die das versucht, zerstört ihre eigenen Voraussetzungen. Sie endet in einem Selbstwiderspruch, weil sie ihre notwendigen Entstehungsbedingungen nicht mit reflektiert, sondern nachträglich wieder aufhebt. Eine wissenschaftliche Erklärung lässt sich nicht mehr durch Argumente begründen, wenn man Argumenten und Gründen durch eben diese Theorie jede kausale Wirksamkeit abspricht (vgl. Schockenhoff, 2000, 256 f.).

Wie steht es um den Anspruch der Identitätstheorie, eine empirisch überprüfbare wissenschaftliche Hypothese zu sein? Der Aufweis eindeutiger Korrelationen zwischen mentalen Zuständen einerseits und neuronalen Zuständen andererseits ist der Ausgangspunkt für die empirische Bestätigung der Identitätshypothese. Der Schritt von der Korrelation zur Identität, so argumentieren Identitätstheoretiker, sei dann nahe liegend. Der bloße Aufweis strikter psychophysischer Korrelationen berechtigt jedoch keineswegs zu einer Identifikation. Von einer Korrelation kann man nicht ohne weiteres auf Identität schließen, ja nicht einmal auf einen kausalen Zusammenhang. Eine erfolgreiche Reduktion der Psychologie auf die Neurobiologie wäre der einzig legitime Weg zur empirischen Bestätigung der Identitätstheorie. Sieht man sich die wenigen interdisziplinären Forschungsansätze auf dem Gebiet zwischen Hirnforschung und Psychologie an, dann ergibt sich ein ernüchterndes Fazit: Eine Reduktion der Psychologie auf die Neurobiologie ist nirgends in Sicht (vgl. Carrier und Mittelstraß, 1989, 134).

2. Der eliminative Materialismus

Vertreter des eliminativen Materialismus bestreiten, dass es bewusstes Erleben, wie wir es im Alltag beschreiben, überhaupt gibt. Im Gegensatz zu den materialistischen Identitätstheoretikern wollen sie Bewusstseinsphänomene nicht auf Gehirnprozesse reduzieren, denn ihrer Meinung nach gibt es mentale Phänomene ebenso wenig wie es Hexen, Dämonen oder die Donnerkeile des Zeus gibt. Geistiges soll vielmehr zugunsten des Materiellen eliminiert werden, daher der Name 'eliminativer Materialismus'. Diese Deutung des Körper-Geist-Verhältnisses geht auf Richard Rorty und Paul Feyerabend zurück. Zurzeit bringen Paul und Patricia Churchland (1990) und Daniel Dennett (2001) den eliminativen Materialismus in die Diskussion ein.

Wie begründen eliminative Materialisten die ungewöhnliche Behauptung, es gebe keine mentalen Phänomene? Die Alltagspsychologie spielt in ihrer Argumentation eine entscheidende Rolle. Der Ausdruck 'Alltagspsychologie' bezeichnet die Art und Weise, wie wir im Alltag unser Verhalten und das unserer Mitmenschen erklären und vorhersagen. In der Regel erklären wir es durch Bedürfnisse, Wünsche, Absichten, Gefühle, Meinungen und Überzeugungen. Unsere Alltagspsychologie ist dualistisch ausgerichtet. In den Augen der eliminativen Materialisten ist sie eine unzureichende, falsche und irreführende Theorie. Sie rufen zu einer Art Kreuzzug gegen sie auf. Ziel ist die völlige Eliminierung der Alltagspsychologie und die Etablierung eines strengen Physikalismus (vgl. Beckermann, 1999, 233–254; Zoglauer, 1998, 119–129).

Richard Rorty macht uns darauf aufmerksam, dass wir uns mit den Begriffen der Alltagspsychologie auf keine wirklich existierenden Phänomene beziehen (vgl. Rorty, 1993a, 1993b). Die Alltagspsychologie ist eine falsche und überholte Theorie. Sie ist folglich zu eliminieren und durch eine bessere, eine neurobiologische Theorie zu ersetzen. Früher glaubten die Menschen zum Beispiel, so genannte Geisteskrankheiten seien ein Werk des Teufels, eine Machenschaft von Hexen oder Dämonen. Heute stünden uns, dank der Wissenschaftsentwicklung, viel bessere Erklärungen psychischer Störungen zur Verfügung. Dämonen, Teufel und Hexen hätten ausgedient. Auf ähnliche Weise, so Rorty, kann die Art, wie wir im Alltag unser Erleben ausdrücken und wie wir es erklären, durch Aussagen über Gehirnprozesse ersetzt werden. Was wir einmal Empfindungen, Gefühle, Gedanken und Willensentschlüsse nannten, seien in Wirklichkeit nichts anderes als Neuronenaktivitäten. Aussagen über Gefühle, Wünsche, Absichten und Gedanken stellten sich als genauso falsch heraus wie Aussagen längst überholter Theorien. Freude, Angst, Wut, Trauer, Hoffnung, Überzeugungen, Absichten und Wünsche gäben es ebenso wenig wie Dämonen, Hexen und Teufel. Die Neurowissenschaften könnten unser Verhalten und Handeln viel besser erklären als die Alltagspsychologie. Wie die moderne Wissenschaft den Glauben an Dämonen und Hexen ablöste, so werde eine zukünftige Neurowissenschaft die Alltagspsychologie eines Tages ersetzen.

Wir erleben Freude, Angst, Wut und Schmerz mit zweifelsfreier Gewissheit. Diese Erlebnisse sind uns unmittelbar gegeben, und keine wissenschaftliche Erkenntnis kann uns davon überzeugen, dass wir sie nicht haben. Wie kann Rorty behaupten, mentale Phänomene existierten gar nicht? Wenn dem so wäre, würden wir mit der Elimination mentaler Phänomene auch unser eigenes Ich eliminieren. Wir wären dann alle Zombies. Wie sollten wir zum Beispiel die Freude über einen sonnigen Frühlingstag mit dem Vokabular einer zukünftigen Neurowissenschaft zum Ausdruck bringen? Einen Menschen, der an einer schweren Depression leidet, wird es wenig trösten, wenn man ihn darüber aufklärt, dass es Depression in Wirklichkeit gar nicht gibt, sondern nur Störungen des Neurotransmitterhaushaltes. Wenn Rorty Recht hätte, gäbe es auch keinen Liebeskummer, keine Eifersucht und keinen Schmerz, sondern nur neuronale Aktivitätsmuster. Patienten müssten bei Operationen wohl auch nicht mehr narkotisiert werden. Sollten wir Menschen uns über das eigene bewusste Erleben derart täuschen, dann wäre das mit Sicherheit der größte Irrtum, den wir je begangen hätten.

Rorty bemüht sich, die 'intuitive Unplausibilität' des eliminativen Materialismus zu erklären. Er führt diese jedoch nicht auf die Merkmale des Mentalen wie Subjektivität, Privatheit und Unräumlichkeit zurück, sondern allein auf die Tatsache, dass die Elimination von Ausdrücken wie 'Empfindung' aus unserer Sprache höchst *unpraktisch* wäre (vgl. Rorty, 1993a, 99). Die Merkmale des Mentalen sind für ihn empirisch korrigierbare Alltags-Überzeugungen. Unser alter mentalistischer Sprachgebrauch hält sich nur deshalb so hartnäckig, weil er der bequemere ist. Obwohl wir wissen, dass Tische und Stühle in Wirklichkeit nichts anderes sind als 'Wolken von Molekülen', wird niemand daran denken, die Tisch-Terminologie durch die Molekül-Terminologie zu ersetzen. Prinzipiell ist es aber möglich, die Wörter Tisch und Stuhl aus unserem Wortschatz zu streichen, nur wäre es ungeheuer unbequem (vgl. Rorty, 1993a, 101). Rorty meint, dem Materialisten müsse es genügen, zu zeigen, dass ein Wechsel vom 'mentalen' zum 'neurobiologischen' Diskurs prinzipiell möglich sei. „Würden die Menschen feststellen, dass sie Verhalten durch Bezugnahme auf Gehirnzustände mindestens ebenso gut erklären können wie durch Bezugnahme auf Meinungen, Wünsche, Gedanken und Empfindungen, dann könnte es sein, dass sie einfach aufhörten, von Letzteren zu reden“ (Rorty, 1993b, 256). In seiner späteren Wende zum Pragmatismus meint Rorty, die Psychologie behauptet sich nur deshalb so hartnäckig gegenüber der Neurobiologie, weil die neurobiologischen Zusammenhänge offenbar so kompliziert und schwer verständlich sind, dass weiterhin ein Bedürfnis nach einem praktikablen mentalistischen Diskurs besteht. Wäre der Körper leichter zu verstehen, wäre niemand auf den Gedanken gekommen, dass wir mentale Zustände haben. Der mentalistische und der neurobiologische Diskurs seien zwei Weisen, von derselben Sache zu sprechen, wobei die Frage: von welcher Sache?, nach Rorty keine Antwort verdient.

Wie kann jemand behaupten, es gebe weder Meinungen noch Überzeugungen, wenn er selber davon *überzeugt* ist, dass die Position des eliminativen Materialismus wahr ist? Wer so argumentiert, verhält sich wie ein Skeptiker, der behauptet, die Aussage „Es gibt keine Wahrheit" sei wahr. Vertreter des eliminativen Materialismus benötigen alltagspsychologische Begriffe, um ihre Position überhaupt ausdrücken zu können (vgl. Brüntrup, 1996, 129). Wäre der eliminative Materialismus wahr, dann gäbe es zum Beispiel keine Interessen, Überzeugungen und Absichten. Es gäbe keinen Unterschied zwischen absichtlichen und unabsichtlichen Taten, keine Lüge und keine Wahrheit. Jede moralische oder juristische Beurteilung einer Tat, bei der es nicht nur auf die Tat, sondern auch auf die Absichten und Motive des Täters ankommt, wäre hinfällig (vgl. Beckermann, 1999, 242f.). Wenn alles, was wir sagen und schreiben, keine Bedeutung hat, dann hat auch der eliminative Materialismus keine Bedeutung. Warum äußert der Eliminativist eigentlich seine Behauptungen, wenn er sie nicht glaubt? Was will er mit seinen Äußerungen erreichen? Es kann ja nicht sein 'Ziel' sein, jemanden davon überzeugen zu wollen, dass er Recht hat (vgl. Beckermann, 1999, 252). Der eliminative Materialist leugnet, dass es Meinungen, Überzeugungen und andere mentale Phänomene gibt. Trotzdem meint er oder ist überzeugt, dass es keine Meinungen gibt. Das ist ein Widerspruch in sich. Patricia Churchland behauptet, dieser Widerspruch komme nur deshalb zustande, weil sich auch der eliminative Materialist notgedrungen im Rahmen der Alltagspsychologie bewegen und deren Sprache verwenden müsse. Wenn die Alltagspsychologie eines Tages durch eine bessere neurobiologische Theorie ersetzt sein werde, lasse sich auch dieser Widerspruch vermeiden. Weil man sich unter diesem Versprechen so recht nichts vorzustellen vermag, wird der eliminative Materialismus auch 'versprechender Materialismus' genannt oder als 'Vertröstungsstrategie' kritisiert (vgl. Brüntrup, 1996, 129; Zoglauer, 1998, 127).

Daniel Dennett vertritt die Position des eliminativen Materialismus in Bezug auf Erlebnisqualitäten (Qualia). Er behauptet, dass es Erlebnisqualitäten schlicht und einfach nicht gibt, auch wenn es sie zu geben scheint. An Erlebnisqualitäten festzuhalten sei wie „Wasser in einem Sieb tragen" (Dennett, 2001, 253). Die Aussage, es gebe Sinnesempfindungen, Körperempfindungen und Gefühle, sei analog der Behauptung, es gebe Dämonen, Hexen und Teufel. Für viele scheinen Erlebnisqualitäten so etwas wie die letzte Bastion der 'Innerlichkeit' und 'Unerreichbarkeit' unseres Geistes zu sein, „ein letztes Bollwerk gegen den heraufkriechenden Mechanismus" (Dennett, 2001, 461).

Sie möchten dieses Heiligtum vor der Eroberung durch die Wissenschaft schützen. Selbst Einstein meinte, die Wissenschaft könne uns keine Auskunft darüber geben, wie Suppe schmecke. Dennett nennt es ein frustrierendes Unterfangen, die Vorstellung von Erlebnisqualitäten zu Fall bringen zu wollen, „denn kaum zieht sich die von mir attackierte Vorstellung angesichts eines Arguments zurück, taucht sie, scheinbar unbeeindruckt von allen Anklagepunkten, in anderer Gestalt wieder auf" (Dennett, 2001, 454). Mit fünfzehn Intuitionsargumenten versucht Dennett, unsere falschen Vorstellungen von Qualia zu unterhöhlen und dann völlig wegzuspülen. Das bewusste Erleben besitze keine Eigenschaften mit jenen Besonderheiten, die Qualia angeblich auszeichnen. Nach traditioneller Auffassung sind Qualia die unaussprechlichen, intrinsischen, privaten und direkt zugänglichen Arten und Weisen, wie uns die Dinge erscheinen. Dennett empfiehlt allen, die von privaten und subjektiven Eigenschaften oder vom qualitativen Gehalt des Erlebens sprechen, zunächst einmal zu beweisen, dass sie damit keine Fehler begehen. Mit seinen Intuitionsargumenten will er aufzeigen, dass es nichts gibt, das die Charakterisierung der Erlebnisqualitäten als unaussprechliche, intrinsische, private und unmittelbar zugängliche Eigenschaften des Erlebens erfüllt. Es gibt keine Qualia, auch wenn es für uns so zu sein scheint, als ob uns die Dinge phänomenal auf die eine oder andere Art und Weise erscheinen. „Qualia sind noch nicht einmal 'etwas, worüber sich nichts aussagen lässt'" (Dennett, 2001, 462). Der philosophische Ausdruck 'Qualia' habe außer Unklarheiten nichts gebracht und beziehe sich letztlich auf überhaupt keine Eigenschaften oder Merkmale. Qualia seien wissenschaftlich nicht erkennbar und erfassbar. Von einem intersubjektiven, objektiv-wissenschaftlichen Standpunkt aus gesehen seien sie Pseudoentitäten. Sollte es sie tatsächlich geben, dann könnten wir über ihre objektive Beschaffenheit nichts wissen und mit Hilfe der Wissenschaft nichts über sie herausfinden. Folglich sei es besser anzunehmen, dass es sie gar nicht gebe.

Bemerkenswerterweise befasst sich Dennett in seinen Intuitionsargumenten gegen die Vorstellung von Erlebnisqualitäten ausschließlich mit Sinnesempfindungen, mit Schmecken, Sehen und Hören. Gefühle, die den Kern unseres Erlebens ausmachen, und Stimmungen, die den atmosphärischen Hintergrund unseres gesamten Erlebens bilden, erwähnt er mit keinem Wort. Wahrscheinlich ist es einfacher, 'Qualia zu eliminieren', wenn man den Großteil des bewussten Erlebens erst gar nicht berücksichtigt. Für Dennett sind wir alle naive 'Qualiarealisten'. In unserer Naivität glauben wir zum Beispiel, zwischen Freude, Trauer, Ärger, Wut, Überraschung, Scham, Ekel und Langeweile unterscheiden zu können, weil sie für uns mit einer ganz bestimmten Erlebnisqualität verbunden sind. Wir sind überzeugt, dass jede einzelne dieser Emotionen sich anders anfühlt. Dennett will uns jedoch darüber aufklären, dass dies alles nur so zu sein *scheint*. Und daraus, dass etwas der Fall zu sein *scheint*, folgt nicht, dass es auch der Fall *ist*. Es gibt keine Erlebnisqualitäten, auch wenn es sie für uns zu geben scheint.

Der eliminative Materialismus bietet für das Körper-Geist-Problem eine sehr simple Lösung: Was von einem objektiv-wissenschaftlichen Standpunkt aus nicht zugänglich ist und was das Weltbild des Physikalismus stört, wird einfach 'wegerklärt' beziehungsweise eliminiert.

VI. Der Funktionalismus

Der Funktionalismus ist wohl die zur Zeit populärste Deutung des Körper-Geist-Verhältnisses. Funktionalisten sind der Auffassung, der Geist verhalte sich zum Körper wie die Software zur Hardware in einem Computer. Das Gehirn ist in diesem Vergleich die 'Hardware' des Computers. Wenn ich wissen will, wie ein Computer funktioniert, warum er mir zum Beispiel keine Umlaute auf dem Bildschirm anzeigt, dann hat es wenig Sinn, den Computer zu zerlegen und herauszufinden, aus welchen materiellen Bestandteilen er zusammengesetzt ist. Ich kann die Funktionsweise des Computers erst verstehen, wenn ich das Programm, zum Beispiel das Betriebssystem und das Textverarbeitungsprogramm, kenne. In ähnlicher Weise hat es wenig Sinn, menschliches Verhalten allein mit Hilfe neuronaler Prozesse erklären zu wollen. Ich muss etwas über das 'Programm' des Menschen, seine geistigen Fähigkeiten, sein 'Seelenleben' wissen, wenn ich sein Verhalten erklären will. Geistige Erklärungen sind den materiellen überlegen, beide Beschreibungen beziehen sich jedoch auf ein und dieselbe Wirklichkeit.

Im Gegensatz zur materialistischen Identitätstheorie, nach der mentale Zustände mit ihren neuronalen Korrelaten identisch sind, betrachtet der Funktionalismus mentale Zustände als abstrakte *funktionale Zustände*, die materiell auf verschiedene Weise realisiert werden können. Ein funktionaler Zustand ist ein Zustand eines Systems, der allein durch seine kausalen Beziehungen zum Input, zum Output und zu anderen Zuständen des Systems definiert ist. Für den Funktionalismus sind mentale Zustände durch die *kausale Rolle* bestimmt, die sie in der funktionalen Organisation des Organismus einnehmen. Zeitangaben sind ein Beispiel für funktionale Zustände. Sie können mit Hilfe verschiedener Geräte wie Sonnenuhren, Sanduhren, elektrischer Uhren oder Atomuhren gemacht werden. So wie Maschinen unterschiedlicher technischer Ausführung in der Lage sind, nach demselben Programm zu arbeiten, können mentale Zustände in verschiedenen Nervensystemen oder im gleichen Nervensystem zu verschiedenen Zeiten auf unterschiedliche Weise realisiert werden. Beispielsweise können nach einer Gehirnverletzung zunächst nicht mehr ausführbare Funktionen von anderen Gehirnregionen übernommen werden.

Der Funktionalismus wurde zum führenden Paradigma der Künstlichen-Intelligenz-Szene. Was will die Künstliche Intelligenz? Oft wird verkündet, sie wolle Maschinen bauen, die intelligent sind, die denken, die wahrnehmen, die Entscheidungen treffen, die etwas wollen, die also Bewusstsein haben. Eine viel verwendete Definition der Künstlichen Intelligenz formuliert das wesentlich behutsamer: „Künstliche Intelligenz ist der Zweig der Computerwissenschaften, der sich damit befasst, Computer so zu programmieren, dass sie Aufgaben ausführen können, die, wenn sie von einem Menschen ausgeführt würden, Intelligenz erfordern" (Gevarter, 1987, 9). Anders formuliert: Die Künstliche Intelligenz will Maschinen konstruieren, die sich so verhalten, dass wir das beim Menschen alltagspsychologisch durch mentale Zustände erklären würden (vgl. Tetens, 1994, 106). Wenn eine Maschine das beobachtbare Verhalten eines Menschen kopiert, kopieren dann die internen Zustände dieser Maschine auch das Erleben dieses Menschen? Bisher kennen wir nur Maschinen, die das psychologisch erklärte menschliche Verhalten, wenn überhaupt, dann durch interne Mechanismen zustande bringen. Diese internen Mechanismen ähneln psychischen Zuständen sehr wenig oder gar nicht.

Nach der These der *Starken Künstlichen Intelligenz* sind Wesen mit mentalen Zuständen nichts anderes als sehr komplexe Computer. Bewusstseinszustände zu haben bedeutet demnach, ein Programm zu besitzen, und mehr ist am Geist nicht dran. Wäre diese These korrekt, dann gäbe es für die Nachbildung und Überbietung des menschlichen Geistes auf Computern keine Grenzen mehr. *Schwache Künstliche Intelligenz* ist die Auffassung, dass Gehirnprozesse und geistige Vorgänge mit Hilfe von Computern *simuliert* werden können.

Der Funktionalismus reduziert Mentales auf seine kausale Rolle, die mechanisch auf verschiedene Weise umsetzbar ist. Durch die These, dass beim Menschen mentale Zustände faktisch durch Gehirnprozesse realisiert werden, wird der Funktionalismus zum funktionalen Materialismus. Es sind die Gehirnzustände, die kausal wirksam sind. Schmerzen haben zum Beispiel charakteristische Ursachen und Wirkungen, ihnen kommt eine bestimmte kausale Rolle zu. Körperverletzungen verursachen Schmerzen, und Schmerzen ihrerseits verursachen unter anderem Klagen, Erbleichen, Schreien, Weinen, Handlungen zur Versorgung des verletzten Gewebes und den Wunsch, die Schmerzen zu beseitigen. Für den Funktionalismus ist Schmerz ein Zustand, der durch seine kausale Rolle definiert ist. Demnach hat ein Wesen genau dann Schmerzen, wenn es sich in einem Zustand befindet, der diese kausale Rolle innehat (vgl. Beckermann, 1999, 142,

393). Schmerzen sind nicht mehr und nicht weniger als ihre kausale Rolle. Sie verursachen das charakteristische Schmerzverhalten. Ein Programmierer kann im Sinne dieser Auffassung von Schmerz einem Industrieroboter ein Schmerzprogramm schreiben. Immer dann, wenn der Roboter sich bei der Arbeit beschädigt, bringt das Schmerzprogramm ihn dazu, die Arbeit sofort zu unterbrechen und die beschädigten Teile seines Maschinenkörpers umgehend zu reparieren oder auszutauschen. Das Programm registriert alle Schäden und Materialermüdungen sowie sämtliche Funktionsstörungen im Maschinenkörper und leitet die nötigen Reparaturmaßnahmen ein. Es sorgt auch dafür, dass der Roboter allen gefährlichen Situationen in Zukunft aus dem Wege geht, um Schäden an seinem Maschinenkörper zu vermeiden. Dazu speichert das Programm alle Umstände, unter denen sich der Roboter beschädigt. Die kausale Rolle des Schmerzes ließe sich auf diese Weise umsetzen, ohne dass der Roboter irgendetwas spüren müsste. Für die Realisierung der kausalen Rolle des Schmerzes scheint das Erleben des Schmerzes völlig unnötig und überflüssig zu sein. Das widerspricht aber unserem Alltagsverständnis von Schmerz. Schmerzen sind nicht allein durch ein bestimmtes Verhalten charakterisiert. Unser Begriff von Schmerzen umfasst nicht nur das Schmerzverhalten, sondern auch das Schmerzerleben, die Art, wie es sich anfühlt, Schmerzen zu haben.

Dem Funktionalismus wird vorgeworfen, dass er den Erlebnisgehalt mentaler Phänomene verkennt, denn für ihn sind diese bloß abstrakte funktionale Zustände. Erlebnisqualitäten lassen sich jedoch mit funktionalen Kategorien nicht angemessen deuten. Wenn wir zum Beispiel den Ausdruck ‘Freude’ verwenden, dann beziehen wir uns nicht auf den funktionalen Zustand ‘Freude’ bzw. auf dessen kausale Rolle im Informationsverarbeitungsprozess unseres Organismus, sondern auf das Gefühl der Freude selbst. Gegen eine funktionalistische Deutung des bewussten Erlebens richten sich vor allem die folgenden drei Argumente: das Argument der fehlenden Qualia, das Argument der vertauschten Qualia und das Argument des chinesischen Zimmers.

1. Das Argument der fehlenden Qualia

Dem Argument der fehlenden Qualia liegt die Intuition zugrunde, dass Erlebnisqualitäten sich jeder physikalistischen und funktionalen Analyse entziehen. Es ist die These, dass es philosophische Zombies geben könnte (vgl. Chalmers, 1996a). Zombies sind Wesen, die physikalisch und funktional mit uns identisch sind. Sie leben in einer Zombiewelt, in der alles ist wie in unserer Welt, nur gibt es dort kein bewusstes Erleben. Zombies verhalten sich genauso wie wir, sie sprechen wie wir, sie haben Überzeugungen wie wir, doch sie fühlen überhaupt nichts, weil keiner ihrer Zustände einen Erlebnisgehalt aufweist (vgl. Beckermann, 1999, 173). Es gibt nichts, wie es sich anfühlt, ein Zombie zu sein. Wären wir in der Lage, Zombies als solche zu erkennen? Könnten Zombies selbst herausfinden, dass sie Zombies sind? Reicht es aus, das Verhalten eines Menschen zu beobachten, um zu wissen, ob er überhaupt etwas fühlt oder was er fühlt? Ein perfekter Schauspieler könnte sich so verhalten wie jemand, der starke Schmerzen hat, obwohl ihm gar nichts weh tut. Woran beurteilen wir im Alltag die Echtheit eines Gefühls bei unseren Mitmenschen? Worauf verlassen wir uns, wenn wir einen Widerspruch feststellen zwischen dem, was uns jemand über sein Erleben sagt, und der Art, wie er sich dabei verhält? Glauben wir in diesem Fall eher seinen verbalen Äußerungen oder dem, was er in Mimik, Gestik und Tonfall zum Ausdruck bringt? Im Zweifelsfall verlassen wir uns eher auf das Ausdrucksverhalten. Untersuchungen zum Gesichtsausdruck belegen, dass sich willkürliche und unwillkürliche Gesichtsausdrücke in ihrem Erscheinungsbild unterscheiden. Ein willkürlicher Gesichtsausdruck ist stärker auf der linken Gesichtshälfte ausgeprägt, während ein spontaner Gesichtsausdruck auf beiden Gesichtshälften symmetrischer ist (vgl. Ekman, 1988, 149–179). Bei willkürlichen und unwillkürlichen Gesichtsbewegungen sind verschiedene Nervenbahnen beteiligt. Menschen, die an einer totalen Lähmung aller willkürlichen Gesichtsbewegungen leiden (Pseudobulbärparalyse), zeigen trotzdem spontane Gesichtsbewegungen, wenn das entsprechende Gefühl ausgelöst wird. Bei Parkinsonkranken verhält es sich umgekehrt: Obwohl ihr Gesicht beinahe unbeweglich und maskenhaft erscheint, sind sie in der Lage, auf Anordnung Gesichtsbewegungen auszuführen. Sie können aber ihre spontanen Gefühlsregungen nicht ausdrücken, obwohl ihr Gefühlsleben erhalten bleibt. Das Erleben ihrer Gefühle ist gleichsam vom Ausdruck abgekoppelt (vgl. Ploog, 1987). Im Alltag machen wir uns ein Bild davon, was unsere Mitmenschen empfinden, fühlen und denken. Wir können uns bis zu einem gewissen Grad in sie einfühlen. Von ihrem Verhalten schließen wir auf ihr Erleben. Die Tatsache, dass unsere Mitmenschen für uns Gefühle haben und dass wir für sie Gefühle haben, spielt in unserem Alltag eine sehr wichtige Rolle. Wir wollen wissen, was Mitmenschen uns gegenüber empfinden und welche Rolle wir in ihrem Erleben spielen. Könnten wir uns damit abfinden, bezüglich Liebe, Zuneigung, Bewunderung, Neid und Hass bloß von erlebnislosen Automaten registriert zu werden? Die Vorstellung, von Zombies umgeben zu sein, ist nicht nur gedanklich schwer nachvollziehbar, sie ist auch gefühlsmäßig absurd. Ist es wirklich vorstellbar, dass ein Zombie das Verhalten eines wütenden, eines aggressiven, eines ängstlichen oder eines glücklichen Menschen zeigt, ohne dabei irgendetwas zu empfinden? Wären Zombies demnach Wesen mit einer extremen *antisozialen Persönlichkeitsstörung*? Menschen mit dieser Störung mangelt es an Pflichtgefühl, Schamgefühl, Reue, Angst und Einfühlungsvermögen. Weil sie gegenüber den Gefühlen anderer unbeteiligt sind, weil sie nicht erleben, was sie anderen antun, empfinden sie keine Reue und keine Schuld. Ihr Mangel an Gefühl für andere ist der Grund ihres antisozialen Verhaltens (vgl. Fiedler, 1994, 171–194). Der Zusammenhang zwischen Erleben und Verhalten ist meines Erachtens viel enger, als es die Zombie-Annahme vermuten lässt. Nach Chalmers (1996a, 94–99) geht es beim Argument der fehlenden Qualia jedoch nicht um die Frage, ob es plausibel ist, dass Zombies in unserer Welt existieren könnten, sondern um die logische Möglichkeit von Zombies. Es bleibt vorstellbar, dass jemand sich in einem physikalischen und funktionalen Zustand befindet, der normalerweise mit der Erlebnisqualität Langeweile einhergeht, und trotzdem dabei nichts erlebt.

2. Das Argument der vertauschten Qualia

Beckermann erörtert dieses Argument anhand eines Gedankenexperiments (vgl. Beckermann, 1999, 169–172). Martine hat eine angeborene abnorme Farbwahrnehmung. Rote Dinge wie Tomaten, Feuerwehrautos und Mohnblumen lösen bei ihr Empfindungen aus, die mit einem Grün-Eindruck verbunden sind. Diese Empfindungen fühlen sich so an wie die Empfindungen, die bei uns Gurken, Gras und Laubfrösche auslösen. Umgekehrt rufen Gurken, Gras und Laubfrösche bei Martine Empfindungen hervor, die nicht mit einem Grün-Eindruck, sondern mit einem Rot-Eindruck verbunden sind. Da Martines abnorme Farbwahrnehmung angeboren ist, hat sie gelernt, die Empfindungen, die bei ihr durch Tomaten, Feuerwehrautos und Mohnblumen hervorgerufen werden, mit dem *Wort* ‘rot’ und die Empfindungen, die bei ihr durch Gurken, Gras und Laubfrösche verursacht werden, mit dem *Wort* ‘grün’ zu verbinden. Auf die Frage „Welche Farbe haben Tomaten?“ antwortet sie ohne zu zögern mit

„Rot“, und auf die Frage „Wie sehen Laubfrösche aus?“ ebenso problemlos mit „Grün“. Offenbar haben bei Martine die Empfindungen, die bei ihr mit einem Grün-Eindruck verbunden sind, dieselbe kausale Rolle wie bei uns Empfindungen, die mit einem Rot-Eindruck verbunden sind, und umgekehrt. Denn sie werden durch dieselben Dinge verursacht (Tomaten, Feuerwehrautos, Mohnblumen), die bei uns Rot-Empfindungen verursachen; und sie verursachen unter anderem dieselben verbalen Reaktionen, die bei uns von Rot-Empfindungen hervorgerufen werden. Also gehören Martines 'Grün-Empfindungen' und unsere Rot-Empfindungen dem Funktionalismus zufolge zum selben Typ mentaler Zustände. Doch das ist noch nicht alles. Martines Grün-Empfindungen sind dem Funktionalismus zufolge gar keine Grün-Empfindungen, sondern Rot-Empfindungen. Denn für einen Funktionalisten ist die Rot-Empfindung eben der mentale Zustand, der durch Tomaten, Feuerwehrautos und Mohnblumen verursacht wird und der seinerseits zum Beispiel die sprachliche Reaktion „Tomaten sind rot“ hervorruft, unabhängig davon, welcher Eindruck mit diesem Zustand verbunden ist. Konsequenterweise ist es für den Funktionalisten letzten Endes belanglos, ob ein mentaler Zustand *überhaupt* mit irgendeinem Eindruck verbunden ist, ob es sich überhaupt 'irgendwie anfühlt', in diesem Zustand zu sein. Jeder Zustand, der die richtige kausale Rolle innehat, ist eine Rot- bzw. Grün-Empfindung, egal, ob damit überhaupt eine Erlebnisqualität verbunden ist oder nicht. Diese Konsequenz, so die Vertreter des *Argumentes der vertauschten Qualia*, ist aber völlig absurd. Das Entscheidende an jeder Empfindung ist doch, wie sie sich anfühlt. Was einen mentalen Zustand zu einer Rot-Empfindung macht, ist also nicht seine kausale Rolle, sondern die damit verbundene Erlebnisqualität, die Art und Weise, wie es sich anfühlt, diesen Zustand zu haben. Martines Grün-Empfindungen sind daher tatsächlich Grün-Empfindungen und nicht Rot-Empfindungen, auch wenn diese Empfindungen bei Martine die kausale Rolle innehaben, die normalerweise Rot-Empfindungen spielen. Kausale Rollen können deshalb nicht das entscheidende Merkmal mentaler Zustände sein. Der Funktionalismus verfehlt genau das, was wirklich zählt.

Dieses Gedankenexperiment hat seine eigenen Probleme. Erstens ist es keineswegs selbstverständlich, dass zwei mentale Zustände exakt dieselbe kausale Rolle innehaben können, obwohl sie mit verschiedenen Erlebnisqualitäten verbunden sind. Ist es möglich, dass ein Mensch sich genau so verhält wie jemand, der sich in heller Panik befindet, obwohl sein Zustand sich gar nicht wie eine Panikattacke anfühlt, sondern eher wie Langeweile? Die Erlebnisqualität ist in der Regel verhaltensrelevant. Jemand, der starken Hunger hat, verhält sich anders als jemand, der starken Durst hat. Jemand, dem Rosenduft in die Nase steigt, verhält sich anders als jemand, dem der Gestank fauler Eier in die Nase dringt. Unterschiedliche Erlebnisqualitäten besitzen normalerweise auch verschiedene kausale Rollen. In der Diskussion um vertauschte Qualia werden durchwegs Beispiele von Farbeindrücken verwendet. Eine verhaltensirrelevante Vertauschung von Erlebnisqualitäten ist bei Farbeindrücken noch am ehesten vorstellbar. Dabei wird allerdings nicht berücksichtigt, dass Farbeindrücke auch eine emotionale Komponente besitzen, die sich letzten Endes im Verhalten äußert. Die Wahrnehmung der Farbe Rot zum Beispiel wirkt eher stimulierend, während die der Farbe Grün eher beruhigend wirkt. Außerdem gibt es noch ein epistemisches Problem mit dem Argument der vertauschten Qualia. Wie sollen wir feststellen können, dass jemand eine Grün- und keine Rot-Empfindung hat, wenn er sich genauso verhält wie jemand, der tatsächlich eine Rot-Empfindung hat? Auch für die betroffene Person selbst scheint es unmöglich, dies festzustellen, denn sie kann ihre Empfindungen nicht mit denen anderer vergleichen.

Das Argument der fehlenden Qualia und das Argument der vertauschten Qualia haben eine lebhafte Diskussion über die Merkmale von Erlebnisqualitäten ausgelöst. Physikalisten und Funktionalisten behaupten, dass Bewusstseinszustände 'naturalistisch' als materielle oder funktionale Zustände eines physikalischen Systems erklärt werden können. Gegner des Physikalismus und Funktionalismus bezweifeln, dass Erlebnisqualitäten sich auf physikalische oder funktionale Zustände reduzieren oder durch sie erklären lassen (vgl. Zoglauer, 1998, 147).

3. Das Argument des chinesischen Zimmers

John Searle (1996, 1997) bekämpft die Auffassung, das Verhältnis von Geist und Gehirn sei analog dem Verhältnis von Computerprogramm und Computermaschine. Computerprogramme sind nur syntaktisch, der Geist aber ist semantisch und besitzt neben einer formalen Struktur auch Inhalte. Der Computer führt seine Operationen aus, ohne sie zu verstehen, da seine Programme gänzlich durch die syntaktische Struktur definiert sind. Er arbeitet mit Zeichen nur unter der Rücksicht der Syntax. Die Zeichen selbst haben für ihn keine Bedeutung. Menschen hingegen verbinden beim Sprechen nicht bloß Wörter nach bestimmten Regeln, sondern sprechen *über* etwas, die Wörter haben für sie eine Bedeutung. Searle veranschaulicht seine Argumentation mit dem bekannten Gedankenexperiment des Chinesischen Zimmers.

Stellen Sie sich vor, Sie sind in einem Zimmer eingesperrt, in dem mehrere Körbe mit chinesischen Symbolen stehen. Stellen Sie sich zudem vor, dass Sie kein Wort Chinesisch verstehen, dass Ihnen aber ein auf Deutsch verfasstes Regelwerk für die Handhabung chinesischer Symbole zur Verfügung steht. Die Regeln geben rein syntaktisch, d.h. nur im Hinblick auf die formale Anordnung der Zeichen und ohne Rücksicht auf ihre Bedeutung an, was mit den Symbolen zu geschehen hat. Stellen Sie sich vor, Leute reichen Ihnen von draußen irgendwelche anderen chinesischen Symbole ins Zimmer. Sie schauen dann im Regelbuch nach, was mit diesen Symbolen zu tun ist und welche chinesischen Symbole jeweils aus dem Zimmer hinauszureichen sind. Die hereingegebenen Symbole nennen die Leute draußen Fragen und die von Ihnen nach draußen gereichten Symbole Antworten. Dies alles geschieht jedoch ohne Ihr Wissen. Sie sind wie ein Computer, der ein Programm zur Beantwortung chinesischer Fragen ausführt, ohne selbst ein Wort Chinesisch zu verstehen. Nach einiger Zeit der Übung sind Sie in der Handhabung chinesischer Symbole so gut, dass sich Ihre Antworten von denen eines chinesischen Muttersprachlers nicht mehr unterscheiden lassen. Würde das bedeuten, dass Sie begonnen haben, Chinesisch zu verstehen? Offenbar nicht. Sie hantieren zwar geschickt mit chinesischen Zeichen, wissen aber deshalb nicht, was diese bedeuten. Wenn Sie trotz Ihrer Arbeit in diesem Zimmer kein Chinesisch verstehen, dann versteht auch kein Computer Chinesisch, der chinesische Schriftzeichen aufgrund derselben formalen Regeln erzeugt und verändert (vgl. Searle, 1997, 11; Beckermann, 1999, 278 f.).

Searle schreibt, dass es über 100 Erwiderungen auf sein einfaches Gedankenexperiment gegeben hat. Was er mit dem Experiment sagen will, fasst er in drei Punkten zusammen: (1) Computerprogramme sind vollständig syntaktisch, (2) der Geist besitzt Semantik und (3) Syntax ist weder dasselbe wie Semantik noch ist sie hinreichend für Semantik. Aus diesen Gründen können Computerprogramme nicht mit Bewusstsein gleichgesetzt werden (vgl. Searle, 1997, 11 f.).

In einem späteren Argument betont Searle, dass Syntax keine Eigenschaft ist, die dem Material irgendeines Rechensystems an sich zukommt. Syntax ist vom Beobachter abhängig. Die Operationen eines Computers sind an sich weder symbolisch noch syntaktisch. Nach seinen physikalischen Eigenschaften ist ein Computer nichts anderes als ein komplexer elektrischer Kreislauf. Was die elektrischen Impulse zu Symbolen macht, ist dasselbe, was Tintenkratzer auf Buchseiten zu Symbolen macht. Es ist der Leser des Buches. Es gibt keine vom Beobachter unabhängigen Symbole. Ein Beispiel dafür ist Geld. An sich besteht ein 100-Dollar-Schein nur aus Zellulosefasern. Diese Tatsache ist beobachterunabhängig. Die Tatsache, dass es sich um einen 100-Dollar-Schein handelt, ist jedoch beobachterabhängig. Ein Stück Papier ist nur insofern Geld, als die Leute glauben, *dass* es Geld ist. Die elektrischen Impulse eines Computers sind beobachterunabhängig. Die rechnerische Interpretation ist relativ zum Beobachter oder Programmbenutzer. Wir können allem eine rechnerische Interpretation geben. Wenn wir Alan Turings Definition akzeptieren, nach der alles ein Computer ist, dem man eine Null oder eine Eins zuschreiben kann, dann ist auch das Fenster in meinem Zimmer ein sehr einfacher Computer. Fenster offen ist Eins, Fenster geschlossen ist Null. Jeder physikalische Prozess in der Natur ist nur in Bezug auf eine Interpretation computational. Syntax, so der Schluss, ist keine intrinsische Eigenschaft des Physischen, d.h. keine Eigenschaft, die dem Physischen an sich zukommt (vgl. Searle, 1997, 14–17).

VII. Grenzen des Verstehens

1. Die Einheit von Körper und Geist

Nichts ist uns vertrauter als unser Erleben und unser Körper. Über nichts wissen wir direkter Bescheid als über das, was wir fühlen und empfinden. Die Einheit von Körper und Geist ist uns im Alltag eine Selbstverständlichkeit. Sinneswahrnehmungen, Körperempfindungen, Emotionen und Bedürfnisse sind Beispiele für die untrennbare Einheit von Körper und Geist. Unser Erleben ist ohne den Körper nicht möglich. Die Einheit von Körper und Geist kommt in unseren Gefühlserlebnissen am offenkundigsten zum Ausdruck. Starke Gefühle gehen mit körperlichen Begleiterscheinungen einher, die ihnen erst Tiefe, Echtheit und subjektive Glaubwürdigkeit verleihen. Ohne diese körperlichen Erlebnisse könnten wir Engagement und Gleichgültigkeit nicht voneinander unterscheiden. Unsere Alltagssprache verfügt über eine Fülle von Wörtern, welche die körperlichen Veränderungen, die mit Gefühlserlebnissen einhergehen, zum Ausdruck bringen. Angst ist zum Beispiel eine geistig-körperliche Bedrängnis und Beengung. Sie ergreift den ganzen Menschen. Angst ohne körperliche Begleiterscheinungen wie Herzklopfen, Atemnot, feuchte Hände, blasses Gesicht, Zittern oder 'weiche Knie' ist eher intellektuelle Besorgtheit als Angst. Marks beschreibt die körperlichen Erscheinungen der Angst sehr treffend:

> „Starke Angst verursacht unangenehme subjektive Gefühle der Erregung, Herzklopfen, Muskelspannung, Zittern, Schreck- oder Alarmreaktion, ein Gefühl der Trockenheit und des 'Zusammengeschnürtseins' in Mund und Rachen, Beklemmung in der Brust, das Gefühl, dass der Magen sich senkt, Übelkeit, Verzweiflung, Harn- und Stuhldrang, Gereiztheit und Angriffslust, starkes Verlangen zu weinen, davonzulaufen oder sich zu verstecken, Atemnot, Prickeln in Händen und Füßen, Gefühle der Unwirklichkeit oder des Weit-entfernt-Seins, lähmende Gliederschwäche und schließlich das Gefühl, ohnmächtig zu werden und umzufallen" (Marks, 1993, 3).

Die gegenwärtigen Deutungen des Körper-Geist-Verhältnisses kennen die Selbstverständlichkeit der körperlich-geistigen Einheit unseres bewussten Erlebens nicht. Ihnen gelingt es nicht, dem Phänomen Einheit und Ganzheit unseres Erlebens gerecht zu werden.

Die Wechselwirkungstheorie kommt unserem Alltagsverständnis am nächsten. Sie trennt strikt zwischen körperlichem und geistigem Bereich und kann nicht erklären, wie Körper und Geist kausal aufeinander einwirken. Der genaue Ort und die Art der Interaktion von Körper und Geist bleiben rätselhaft. Der psychophysische Parallelismus betrachtet Körper und Geist ebenfalls als zwei unabhängige Bereiche, zwischen denen es aber keine kausalen Beziehungen gibt. Eine beiden zu Grunde liegende Substanz, die weder geistig noch körperlich ist, soll den synchronen Ablauf körperlicher und geistiger Vorgänge gewährleisten. Der Epiphänomenalismus betrachtet unser bewusstes Erleben als eine kausal einflusslose Begleiterscheinung von Gehirnvorgängen. Die materialistische Identitätstheorie reduziert Bewusstsein auf neuronale Prozesse, und für den eliminativen Materialismus gibt es Erleben und Bewusstsein eigentlich gar nicht. Für den Funktionalismus sind mentale Vorgänge und Ereignisse abstrakte funktionale Zustände, die materiell auf verschiedene Weise realisiert werden können. Sie sind durch ihre kausale Rolle bestimmt, die sie in der funktionalen Organisation des Organismus einnehmen. Die Erlebnisqualität mentaler Zustände bleibt in dieser Deutung unberücksichtigt.

Wie ist die Einheit von Körper und Geist im Menschen zu denken? Unser Geist ist nicht bloß auf das Gehirn, sondern auf den gesamten Körper angewiesen. Der lebendige Organismus steuert zum Bewusstsein mehr als nur grundlegende Lebensfunktionen bei. Darauf macht zur Zeit vor allem Damasio aufmerksam (vgl. Damasio, 1997, 1999, 2000a, 2000b, 2002). Das Körper-Geist-Problem lässt sich nicht auf ein Gehirn-Geist-Problem reduzieren, wie es in der gegenwärtigen Debatte häufig geschieht. Damasio unterstreicht die enorme Bedeutung des Körpers als grundlegendes Bezugssystem für das Gehirn. Die Körperabbildung innerhalb des eigenen Gehirns betrachtet er als den biologischen Vorläufer dessen, was dann zum flüchtigen Gefühl des Selbst wird, zum Gefühl, dass ich es bin, der etwas sieht, hört, berührt, betastet oder riecht. Die Erfahrung, dass wir dieselbe Person sind, obwohl wir uns im Laufe des Lebens ändern, gründet in jenen Hirnstrukturen, die jeden Augenblick den Aufbau und Zustand unseres gesamten individuellen Organismus repräsentieren. Körperrepräsentationen eignen sich besonders dafür, Stabilität zu signalisieren. Die Bausteine unseres Organismus werden zwar regelmäßig ausgewechselt, aber der Bauplan und die Funktionen seiner Organe bleiben ein Leben lang weitgehend unverändert. Wir sind nicht erst am Ende unseres Lebens vergänglich. Die meisten Teile unseres Organismus fallen schon zu unseren Lebzeiten der Vergänglichkeit anheim, um sofort durch andere vergängliche Teile ersetzt zu werden. Manche Zellen in unserem Körper leben nur eine Woche, die meisten nicht mehr als ein Jahr. Wie der Zyklus von Tod und Leben den Organismus und seine Teile nach einem Plan rekonstruiert, so rekonstruiert das Gehirn das Gefühl des Selbst von Augenblick zu Augenblick. Die tieferen Wurzeln des Selbst, auch des biographischen Selbst, das Identität und Person einschließt, liegen in jenen Gehirnmechanismen, die ununterbrochen und unbewusst für die Stabilität der Körperzustände sorgen, die zum Überleben notwendig sind (vgl. Damasio, 1999, Kap. 5). Früher galt die Großhirnrinde als 'Sitz' des Bewusstseins. Damasio zeigt in seinen Untersuchungen an neurologischen Patienten, dass Bewusstsein vor allem von Strukturen abhängt, die in der Tiefe des Gehirns, und nicht an der Gehirnoberfläche, lokalisiert sind. Schädigungen von Teilen des Zwischenhirns und des Hirnstamms, des oberen Teils der Formatio reticularis und des Brückenbereichs, führen zu Bewusstseinsverlust. Diese Strukturen befassen sich mit der Regulierung des internen Milieus. Warum ist dieser sehr spezielle Ort mit dem Hervorrufen und dem Aufheben des Bewusstseins befasst? Die Trennlinie zwischen jenem Teil der Formatio reticularis, dessen Beschädigung das Bewusstsein verändert, und dem anderen Teil, der keine derartigen Folgen nach sich zieht, ist nach Damasio ziemlich klar. Oberhalb dieser Trennlinie befindet sich der Eingang aller Körpersignale in das zentrale Nervensystem (vgl. Damasio, 1999, 245). Auf diese Weise haben Hirnstammkerne, die sich mit der Gleichgewichtsregelung aller innerorganismisch-physiologischen Prozesse befassen, eine zusammenfassende Sicht des derzeitigen Körperzustandes zur Verfügung. Diese entscheidenden Regionen im Hirnstamm sind gleichzeitig beteiligt an Wachheit, an der Regulation des internen Milieus, an Emotion, Aufmerksamkeit und Bewusstsein. Die Körperbezogenheit aller dieser Funktionen und die anatomische Nähe der damit befassten Neuronenkerne ist offenkundig. Nach der traditionellen Sicht, die auf Moruzzi und Magouns (1949) Experimente an Katzen zurückgeht, kontrollieren retikuläre Kerne Wachheit und Aufmerksamkeit. Neuere Befunde zeigen, dass retikuläre Kerne auch an der Regulierung des innerorganismischen Gleichgewichts beteiligt sind. Die biologische Grundlage des Selbstgefühls ist Damasio zufolge in jenen Gehirnstrukturen zu suchen, die von Augenblick zu Augenblick das Fortbestehen des individuellen Organismus repräsentieren. Das Gefühl des Selbst bildet die Basis für das bewusste Erleben mit seiner charakteristischen subjektiven Perspektive. Durchtrennte man alle Nerven, die Signale vom Gehirn zum Körper befördern, würde sich sowohl unser Körperzustand als auch unser Geist radikal verändern. Unterbände man nur die Signalübermittlung vom Körper zum Gehirn, würde sich unser Geist ebenfalls verändern. Jede partielle Unterbrechung des Nachrichtenverkehrs zwischen Gehirn und Körper, wie sie zum Beispiel bei Patienten mit Rückenmarksschädigungen und bei Läsionen, die das Locked-in-Syndrom verursachen, auftritt, bewirkt Veränderungen des Geisteszustandes wie beispielsweise eine Beeinträchtigung der Gefühle (vgl. Damasio, 1997, 303; 1999, Kap. 9).

Damasio betont, dass Bewusstsein untrennbar mit Emotionen verbunden ist. Bewusstsein beginnt als Gefühl dessen, was geschieht, wenn wir sehen, hören, berühren, riechen und schmecken. Es ist das Gefühl, das jedes mentale Bild, sei es visuell, akustisch, taktil oder viszeral, begleitet. Die Beziehungen zwischen Emotion und Bewusstsein einerseits und zwischen diesen beiden und dem Körper andererseits sind das Hauptthema seines Buches „The feeling of what happens" (1999). Dort unterscheidet Damasio zwischen Kernbewusstsein und erweitertem Bewusstsein. Das *Kernbewusstsein* ist die grundlegende Form des Bewusstseins. Es gibt dem Organismus ein Selbstgefühl im Hier und Jetzt, ein Gefühl für den eigenen Körper im Akt des Bewusstseins. Das Kernbewusstsein bezieht sich weder auf die Zukunft noch auf die Vergangenheit, sondern nur auf den unmittelbar vorausgehenden Augenblick. Es wird auf eine pulsierende Art und Weise für jeden Inhalt, dessen wir uns bewusst werden, erzeugt. Ich werde mir eines Gegenstandes bewusst, forme eine Vorstellung davon und weiß, dass es meine Vorstellung ist. Hier gibt es keine Schlussfolgerungen. Das Kernbewusstsein gründet weder auf Denken und Sprache noch auf dem Arbeitsgedächtnis und Langzeitgedächtnis. Es erfordert lediglich ein Kurzzeitgedächtnis von etwa 45 Sekunden. Diese Zeit reicht, um ein Kernbewussstein über eine ganze Menge von Dingen zu bilden. Das Gefühl des Selbst ist sehr kurz und wird in solchem Übermaß produziert, dass es nicht nötig ist, es über längere Zeit zu erhalten, damit es wirksam werden kann. Im Unterschied zum Kernbewusstsein hat das *erweiterte Bewusstsein* viele Abstufungen und Grade. Es verleiht dem Individuum Identität, Bewusstsein für die eigene Vergangenheit und die vorweggenommene Zukunft sowie für die Welt, in der es lebt. Das erweiterte Bewusstsein hängt vom Kurzzeitgedächtnis und Langzeitgedächtnis ab. Im Menschen erreicht dieses Bewusstsein seine Höchstform und wird durch die Sprache noch umfassender. Hinter dem erweiterten Bewusstsein schlägt in jedem einzelnen Augenblick der Puls des Kernbewusstseins. Dieses gibt uns für einen vorübergehenden Augenblick das Gefühl, dass wir es sind, die einen Vogel fliegen sehen, oder dass wir es sind, die Schmerzen empfinden. Das erweiterte Bewusstsein stellt diese Erlebnisse in einen breiteren Zeit- und Erlebnishorizont. Die Zeitskala des erweiterten Bewusstseins ist nicht wie die des Kernbewusstseins auf einen Sekundenbruchteil beschränkt, sondern bewegt sich auf einer Skala von Sekunden, Minuten, Stunden und Jahren. Das erweiterte Bewusstsein vermag autobiographische Erinnerungen zu formen.

Den Bewusstseinsformen, Kernbewusstsein und erweitertes Bewusstsein, entsprechen nach Damasio zwei Formen des Selbst: das Kernselbst und das autobiographische Selbst. Das *Kernselbst* ist ein flüchtiges Phänomen, das fortlaufend für jedes einzelne Objekt, mit dem das Gehirn interagiert, neu geschaffen wird. Unser traditionelles Verständnis des Selbst ist mit der Vorstellung der Identität verbunden und bezieht sich auf das *autobiographische Selbst*. Dieses hängt von systematischen Erinnerungen von Situationen, in welchen das Kernbewusstsein beteiligt war, ab: wann und als wer wir geboren wurden, die eigenen Vorlieben und Abneigungen und die typische Art, auf Probleme und Konfliktsituationen zu reagieren. Alle Formen des Selbst, die wir kennen, enthalten die Vorstellung eines umgrenzten, einzelnen Individuums, das sich im Laufe der Zeit verändert und doch irgendwie es selbst bleibt (vgl. Damasio, 1999, Kap. 6 und 7; Damasio, 2000b, 317–321).

Das Gefühl des Selbst hat einen unbewussten biologischen Vorläufer, das *Proto-Selbst*. Dieses besteht aus neuronalen Mustern, die von Augenblick zu Augenblick den physischen Zustand des Organismus in seinen vielen Bereichen erfassen. Wir sind uns des Proto-Selbst nicht bewusst. Während das Gehirn die Vorstellung eines Objekts, wie beispielsweise eines Gesichts, einer Melodie, eines Zahnschmerzes oder eines Ereignisses formt und während diese Vorstellungen den Zustand des Organismus verändern, bilden Hirnstrukturen auf einer anderen Ebene eine Darstellung jener Ereignisse, die sich in verschiedenen Hirnregionen als Folge der Objekt-Organismus-Interaktion abspielen. Die Darstellung der objektbezogenen Konsequenzen geschieht in neuronalen Karten erster Ordnung, die das Proto-Selbst und das Objekt abbilden. Die Kausalbeziehung zwischen Objekt und Organismus kann nur von neuronalen Karten zweiter Ordnung erfasst werden. Diese nichtsprachliche Darstellung zweiter Ordnung erzählt, metaphorisch gesprochen, die Geschichte des Organismus, *„der im Akt des Repräsentierens die Veränderung einfängt, der er unterliegt,* *während er etwas anderes repräsentiert"* (Damasio 1999, 170; 2000 a, 206 f.). Das Erstaunliche dabei ist, dass die erkennbare Entität des Fängers gerade erst durch die Erzählung des Fangens erzeugt worden ist. Ein Gefühl des Selbst tritt dann auf, wenn ein Objekt, der Zustand des Organismus und die Beziehung zwischen beiden repräsentiert wird. Die neurobiologische Grundlage des Kernselbst ist die Darstellung der Kausalbeziehung zwischen Objekt und Organismus bzw. des sich ändernden Proto-Selbst in Karten zweiter Ordnung. Diese Karten zweiter Ordnung repräsentieren die körperlichen Veränderungen, die durch die Affizierung des Organismus durch äußere und innere Objekte entstehen. Bei der 'Übersetzung' dieser körperlichen Reaktionen in mentale Bilder spielen Emotionen eine zentrale Rolle. Darüber, wie diese 'Übersetzung' vor sich geht, erfahren wir bei Damasio natürlich nichts. Die Antwort auf diese Frage käme der Lösung des Körper-Geist-Problems gleich.

Damasio betont den engen Zusammenhang zwischen der neuronalen Abbildung des Körpers und der Steuerung der Körperfunktionen einerseits und dem bewussten Erleben andererseits. Körperzustände bilden den Urgrund unseres Lebensgefühls. Nicht bewusste neuronale Signale des Organismus erzeugen das Proto-Selbst. Dieses ermöglicht das Kernselbst und das Kernbewusstsein. Die Kontinuität unseres Bewusstseins ruht auf dem Pulsschlag des Kernbewusstseins, der fundamentalen Bewusstseinsform. Emotionen und Kernbewusstsein hängen vom gleichen neuronalen Substrat ab. Die Gehirnmechanismen, welche Emotionen produzieren, sind in umschriebenen subkortikalen Strukturen zu finden, und diese sind Teil jener Strukturen, die sowohl Körperzustände regulieren als auch abbilden. Damasio bewundert die antike Weisheit, die für das, was wir Geist nennen, den Begriff Seele (Psyche) verwendet, der auch Leben, Atem und Blut bezeichnet. Aristoteles gebraucht den Ausdruck 'Seele' für den Grund des Lebendigseins, für vegetative, sensitive und geistige Funktionen. Der Körper wird erst durch die Seele zu einem lebendigen menschlichen Leib. Aristoteles und Thomas verwenden den Begriff Seele sowohl zur Erklärung biologischer als auch geistiger Phänomene. Sie konzipieren Seele nicht als geistige Substanz, die mit dem Körper in einer dualistisch verstandenen Wechselwirkung steht, sondern betonen die Einheit von Körper und Seele. Der Mensch ist eine substantielle Einheit, ganz Körper und ganz Seele. Die Ausführungen von Damasio über menschliches Bewusstsein kommen der aristotelisch-thomistischen Seelenlehre, die keinen Dualismus impliziert, sehr nahe. Das bewusste Erleben ist Damasio zufolge nur auf dem Hintergrund der Gesamtorganisation des individuellen Organismus, in dem es auftritt, zu verstehen. Damasio meint, dass sich in den nächsten fünfzig Jahren so viel Wissen über biologische Phänomene anhäufen wird, dass die überkommenen dualistischen Trennungen von Körper und Geist, Körper und Seele, Gehirn und Geist verschwinden werden (vgl. Damasio, 2002, 11).

2. Das Rätsel des Bewusstseins

Werden wir das Verhältnis von Körper und Geist jemals begreifen, oder stehen wir hier einem letztlich unauflösbaren Rätsel gegenüber? Ist Bewusstsein der weiße Fleck auf der Landkarte unseres wissenschaftlichen Weltbildes? Muss dieser Fleck immer ein weißer Fleck bleiben?

Die Hirnforschung zeigt, dass Bewusstsein, Verhalten und Handeln von einem funktionierenden Gehirn in einem funktionierenden Körper abhängen. Der Geist ist tief im Gehirn verwurzelt. Alle geistigen Veränderungen gehen mit Veränderungen der Hirnaktivität einher. Schädigungen des Hirngewebes haben massive Auswirkungen auf Erleben, Verhalten und Handeln zur Folge. Die Hirnforschung identifiziert immer genauer die neuronalen Prozesse, die unserem Erleben und Verhalten zu Grunde liegen. Trotz beeindruckender Forschungsergebnisse bleibt unser Wissen über das Gehirn und dessen Leistungen in einem grundlegenden Sinn unvollständig. Wir haben nicht die geringste Ahnung, wie das bewusste Erleben, das uns nur in der Ersten-Person-Perspektive gegeben ist, aus objektiv beschreibbaren Hirnprozessen hervorgeht. Dieses Problem ist auch experimentell nicht zugänglich. Wir wissen zwar, dass unser bewusstes Erleben aufs Engste mit Gehirnvorgängen verbunden ist, aber dieser Zusammenhang selbst erscheint rätselhaft. Niemand weiß, warum bestimmte Hirnprozesse von bewussten Erlebnissen begleitet sind oder warum wir überhaupt Erlebnisse haben. Warum verläuft nicht die gesamte Informationsverarbeitung im Gehirn unbewusst? Die Hirnforschung kann prinzipiell nicht mehr leisten, als Bewusstseinsphänome mit neuronalen Prozessen zu korrelieren. Die Frage, *wie* das Gehirn Bewusstsein hervorbringt, kann dadurch jedoch nicht beantwortet werden. Wie bringen Milliarden arbeitender Gehirnzellen eine Innenwelt subjektiver Erlebnisse hervor? Eine noch so genaue Beschreibung der neuronalen Aktivität kann weder die Existenz noch die Beschaffenheit unseres bewussten Erlebens erklären. Es bleibt stets eine *Erklä-*

rungslücke zwischen dem bewussten Erleben und seinem vermuteten materiellen Korrelat (vgl. Levine, 2001, 79). Erst wenn wir wüssten, wie und warum Gehirnprozesse bewusstes Erleben hervorbringen, könnten wir diese Erklärungslücke überwinden. So tappen wir weiterhin im Dunkeln darüber, wie Bewusstsein in die natürliche Ordnung passt. Das Bewusstsein bildet das größte Hindernis auf dem Weg zu einem naturwissenschaftlichen Verständnis des Menschen und des Universums.

Die Neurowissenschaften leiden an der Unvereinbarkeit der Ersten-Person-Perspektive und der Dritten-Person-Perspektive. Denken, Fühlen und Wollen beschreiben wir aus der Ersten-Person-Perspektive. Sie sind uns nur in dieser Perspektive unmittelbar zugänglich. In der Dritten-Person-Perspektive der wissenschaftlichen Beschreibung kommen diese Phänomene überhaupt nicht vor. Die beiden Perspektiven lassen sich nicht aufeinander reduzieren. Bewusstsein entzieht sich dem Zugriff durch die gängigen wissenschaftlichen Methoden. Die Erforschung des Bewusstseins unterscheidet sich von der Erforschung aller anderen Gegenstände dadurch, dass der Wissenschaftler selbst aus den Bewusstseinszuständen besteht, die er mit Hilfe eben dieser Zustände untersucht und erklärt. Bewusstseinsforschung ist ohne Bewusstsein nicht möglich. Wie können wir aber das erklären, was als Bedingung jeden Erklärens von Anfang an als gegeben und unhinterfragbar vorausgesetzt wird, nämlich unser eigenes Bewusstsein? Wer das Zustandekommen des bewussten Erlebens zum Beispiel rein biologisch oder physikalisch erklären will, berücksichtigt nicht, dass jede Erklärung, jede Beschreibung und jede Theorie von einem denkenden Subjekt entworfen wird. Jedes Wahrgenommene setzt etwas Wahrnehmendes, jedes erkannte Objekt setzt ein erkennendes Subjekt voraus (vgl. Zoglauer, 1998, 187 f.). In den 70er und 80er Jahren des vergangenen Jahrhunderts war die philosophische Erörterung des Körper-Geist-Verhältnisses vom Optimismus geprägt, Bewusstsein lasse sich letztlich physikalisch erklären. Zurzeit mehren sich die Stimmen, die Bewusstsein für etwas Rätselhaftes halten, das unserem Verständnis immer entzogen bleiben wird. Die Subjektivität und die qualitativen Aspekte des Bewusstseins sind für die Neurowissenschaften und die Philosophie das größte Rätsel. Autoren wie John Searle, Peter Bieri, Alfred Gierer, David Chalmers und Colin McGinn thematisieren dieses Rätsel auf je eigene Weise und diskutieren die Grenzen unseres Verstehens.

John Searle betrachtet die ontologische Subjektivität als das wichtigste Merkmal des Bewusstseins. Jeder Bewusstseinszustand existiert nur als ein von einem Subjekt erlebter Zustand. Dieses Merkmal erschwert es, Bewusstsein in unser Gesamtbild der Welt einzupassen. Bewusstsein ist ein inneres, subjektives, qualitatives Erste-Person-Phänomen. Jede Bewusstseinstheorie, die diese Merkmale übergeht, ist keine Theorie über das Bewusstsein, sondern über irgendetwas anderes. Die Subjektivität des Bewusstseins sei der Grund, weshalb Bewusstsein sich gegenüber den konventionellen Methoden der biologischen und psychologischen Forschung als so widerspenstig erweise und für die philosophische Analyse höchst rätselhaft erscheine. Es sei für uns schwer vorstellbar, dass die wirkliche Welt, die Welt wie die Physik, Chemie und Biologie sie beschreiben, ein unausrottbar subjektives Element enthalte. Wie ist es möglich, zu einem kohärenten Weltbild zu gelangen, wenn die Welt diese geheimnisvollen bewussten Entitäten enthält? Wir können die Subjektivität des Bewusstseins weder bei uns selbst noch bei unseren Mitmenschen beobachten. Wo es um Subjektivität geht, betont Searle, gibt es keinen Unterschied zwischen Beobachtung und Beobachtetem, zwischen Wahrnehmung und Wahrgenommenem. Jede Introspektion meines Bewusstseinszustandes ist selbst dieser Bewusstseinsvorgang. Beobachtung ist subjektiv, d.h., sie ist immer jemandes Beobachtung und kann nicht in der Weise Gegenstand der Beobachtung sein wie objektiv existierende Gegenstände und Sachverhalte. Es gibt für uns keine Möglichkeit, Subjektivität als Bestandteil unseres Weltbildes abzubilden, denn die Subjektivität, um die es geht, ist sozusagen das Abbilden. Searle zufolge kommen wir an die Realität des Bewusstseins nicht auf dem Weg heran, auf dem wir mit Hilfe des Bewusstseins an die Realität anderer Phänomene herankommen. Die Lösung sieht er auch nicht in einer Art Superintrospektion, sondern in der Anerkennung der Tatsache, dass biologische Vorgänge im Gehirn bewusste mentale Phänomene hervorbringen und dass diese Phänomene irreduzibel subjektiv sind. Er bezeichnet es als Fehlannahme zu meinen, alles, was existiert, sei unserem Gehirn begreiflich (vgl. Searle, 1994, 93–100). Trotzdem sieht Searle eine sehr einfache Lösung für das Körper-Geist-Problem. Einem umfassenden Verständnis der Beziehung von Körper und Geist stünden lediglich zwei Hindernisse im Wege: das philosophische Vorurteil, Körper und Geist seien zwei getrennte Bereiche, und unsere Unkenntnis über die Funktionsweise des Gehirns. Verfügten wir über eine Theorie des Gehirns, die uns Kausalerklärungen für das Bewusstsein in all seinen Spielarten lieferte, und überwänden wir unsere begrifflichen Irrtümer, dann gäbe es kein Körper-Geist-Problem. Begriffen wir das Gehirn vollständig, wäre für uns offenkundig, dass es Bewusstsein haben muss, wenn es sich in einem bestimmten Zustand befindet. Seine eigene Deutung der Körper-Geist-Beziehung bezeichnet Searle als *biologischen Naturalismus*.

„Bewusstsein ist, kurz gesagt, ein biologisches Merkmal menschlicher und bestimmter tierischer Gehirne. Es wird durch neurobiologische Prozesse verursacht und ist genauso Teil der natürlichen biologischen Ordnung wie jedes andere biologische Merkmal wie zum Beispiel Photosynthese, Verdauung und Zellteilung" (Searle, 1994, 90).

Searle zufolge ist Bewusstsein ein biologischer Vorgang, der sich im Gehirn abspielt, so wie Verdauung ein biologischer Vorgang ist, der sich im Magen und im übrigen Verdauungstrakt abspielt. Bewusstseinszustände gibt es nach Searle nur als von einem menschlichen oder tierischen Subjekt erlebte Zustände. Sie sind Erste-Person-Phänomene und lassen sich nicht auf Dritte-Person-Phänomene reduzieren wie das bei Phänomenen wie Verdauung oder Festigkeit möglich ist. Searle unterstreicht die Tatsache, dass alle unsere Bewusstseinszustände von Vorgängen im Gehirn verursacht sind. Neurobiologen stünden deshalb vor dem ernst zu nehmenden Rätsel, wie Gehirnprozesse *tatsächlich* Bewusstsein *verursachen*. Wollten wir Bewusstsein künstlich erzeugen, müssten wir ein Duplikat der neurobiologischen Grundlage entwickeln, die das Bewusstsein in Organismen wie uns selbst hat. Da wir zur Zeit nicht wissen, worin die neurobiologische Grundlage des Bewusstseins genau besteht, seien die Aussichten für eine derartige 'Künstliche Intelligenz' sehr gering. Searle meint, jedes System, das in der Lage ist, Bewusstsein zu erzeugen, muss in der Lage sein, die Kausalkräfte des Gehirns zu duplizieren. Sollte dies mit Silizium-Chips anstelle von Hirnzellen gelingen, dann nur, wenn diese Chips imstande sind, die speziellen Kausalkräfte der Neuronen zu kopieren, die Bewusstsein verursachen. Jedes künstliche System, das innere, qualitative, subjektive Bewusstseinszustände hervorbringen kann, muss die tatsächlichen Ursachen des Bewusstseins im menschlichen und tierischen Gehirn duplizieren. Zum Vergleich: Flugzeuge müssen keine Federn haben, um fliegen zu können, sie müssen aber wie die Vögel die Fähigkeit besitzen, die Gravitationskräfte in der Erdatmosphäre zu überwinden. Für Searle stellt sich die Frage, wie sich Bewusstsein naturalisieren lässt, gar nicht, denn Bewusstsein ist für ihn bereits etwas völlig Natürliches. Er weist sowohl den Materialismus als auch den Dualismus zurück, denn beide gingen von einer Reihe falscher Annahmen aus. Der Materialismus ignoriere die wirkliche Existenz des Bewusstseins, und der Dualismus betrachte Bewusstsein als etwas, das nicht zur natürlichen Welt gehöre. Descartes habe Geist und Materie so definiert, dass sie einander wechselseitig ausschließen: Wenn etwas geistig ist, kann es nicht physisch sein, und wenn etwas physisch ist, kann es nicht geistig sein. Dieser Dualismus habe uns mehr als alles andere daran gehindert, zu einem Verständnis des Bewusstseins zu gelangen, und zwar mehr als alle Schwierigkeiten, Bewusstsein mit den uns zur Verfügung stehenden wissenschaftlichen Mitteln zu erforschen. Das traditionelle Körper-Geist-Problem entstehe nur, wenn man das Vokabular des Dualismus mit seinen gegenseitig ausschließenden Kategorien des Physischen und des Mentalen, der Materie und des Geistes, des Leibes und der Seele akzeptiere. Searle empfiehlt folgende Lösung für das Körper-Geist-Problem:

> „Geben Sie mir zu, dass das Bewusstsein, mit all seiner Subjektivität, von Vorgängen im Gehirn verursacht ist; und geben Sie mir zu, dass Bewusstseinszustände selbst höherstufige Merkmale des Gehirns sind. Sobald Sie mir dies beides zugegeben haben, ist kein metaphysisches Körper/Geist-Problem mehr da“ (Searle, 2001, 68).

Wer dem Rat von Searle folgt, befindet sich dann wohl in der glücklichen Lage jener Menschen, in deren Muttersprache sich das Körper-Geist-Problem erst gar nicht formulieren lässt (vgl. Searle, 1994, 100–105; 2001, 59–71).

Peter Bieri vertritt den Standpunkt, dass wir in Bezug auf das Bewusstsein einer prinzipiellen kognitiven Begrenzung unterliegen. Selbst wenn wir in einem menschlichen Gehirn wie in einer Fabrik herumlaufen und es auf jeder Ebene der Abstraktion erforschen könnten, verstünden wir immer noch nicht, wie bewusstes Erleben zustande kommt. Bieri fragt, worin unsere kognitive Begrenzung genau besteht. Sie könnte darin bestehen, dass wir nicht fähig sind, die richtigen Begriffe zu entwickeln, um mit dem Thema Bewusstsein angemessen umzugehen. Sie könnte darin bestehen, dass uns die richtige Art des Erklärens und Verstehens fehlt, warum Gehirnvorgänge gerade Erleben hervorbringen. Die eigene Unfähigkeit hindert uns daran, herauszufinden, was am Gehirn es ist, das für Erleben verantwortlich ist. Es scheint nicht am Material zu liegen, aus dem das Gehirn besteht, auch nicht am Aufbau der Gehirnfabrik, nicht an den chemischen Reaktionen und an den elektrischen Mustern. Auch eine ganzheitliche Betrachtung des Gehirns hilft uns nicht weiter. Wir können nicht erkennen, was im Gehirn es notwendig macht, dass der

Mensch etwas erlebt. Für das Rätsel des Bewusstseins gilt etwas, was für sonstige Rätsel nicht gilt: Wir haben keine Vorstellung davon, was als Lösung zählen würde. Wenn uns Fernsehen rätselhaft ist oder Vererbung oder das Funktionieren des Gehirns, so wissen wir doch ungefähr, was wir als befriedigende Auskunft anerkennen würden. Im Falle von Bewusstsein hat man den Eindruck, dass das nicht so ist. Trotzdem äußert Bieri Zweifel an der Idee der kognitiven Begrenzung. Erklären und Verstehen heißt, eine bestimmte Art von Beziehung zu entdecken. Die Hypothese der kognitiven Begrenzung liefe auf die Behauptung hinaus, dass es in der Welt eine Art von Beziehungen gibt, von denen wir nie etwas wissen werden. Es wäre seltsam, meint Bieri, wenn beim Thema Erleben eine verborgene Art von Beziehung im Spiel wäre, die es sonst nirgendwo gibt und die sich sonst nirgends als Behinderung unseres Verstehens bemerkbar macht. Gäbe es ein Wesen, das die uns verschlossene, aber für Bewusstsein entscheidende Art des Verstehens kennte, so könnte es sie uns nicht vorführen, weil wir sie nicht nachvollziehen könnten. Diese Zweifel sollten uns jedoch ermutigen, weiterzusuchen nach neuen Begriffen, nach neuen Modellen und Analogien und vor allem nach neuen Einsichten und Fehlerquellen (vgl. Bieri, 1992, 55 f.).

Alfred Gierer ist der Ansicht, dass die Körper-Geist-Beziehung sich prinzipiell nicht vollständig entschlüsseln lässt. Er argumentiert zugunsten grundsätzlicher Grenzen einer Wissenschaft des Bewusstseins und greift dabei auf die Grenzen des Wissens zurück, die sich im Rahmen der Physik und Mathematik ergeben haben. Welche Beziehung besteht zwischen den unmittelbar erlebten Zuständen, die sprachlich mitteilbar sind, und den entsprechenden neuronalen Zuständen des menschlichen Gehirns?

> „Zwar folgt, nach allem, was wir wissen, das Gehirn den gleichen physikalischen Gesetzen wie eine Maschine; aber eine Maschine, die wir verstehen, könnte nicht alles wie ein Mensch; und eine Maschine, die alles könnte wie ein Mensch, würden wir nicht verstehen. Wenn wir den seelischen Zustand eines Menschen kennen, wissen wir unmittelbar mehr, als durch rein physikalische Außenanalyse zu ermitteln wäre“ (Gierer, 1989, 82).

Gierer hält das Gehirn in seiner Grundeinheit, der Nervenzelle, für verstanden. Um jedoch die Funktion des Gehirns im Ganzen zu rekonstruieren, reiche unsere Erkenntnis bei weitem noch nicht aus. Die unvorstellbare Komplexität des menschlichen Gehirns setze unserem Verstehen Grenzen. Manche Gehirnforscher vermuten, dass die mögliche Zahl der Verbindungen, die von den Milliarden Nervenzellen des Gehirns geknüpft werden können, größer sei als die Zahl der Atome im Universum. Um diese Komplexität begreifen zu können, bräuchten wir ein System, das noch komplexer ist als das menschliche Gehirn. Selbst wenn unser Gehirn einfacher wäre, wären wir wiederum zu simpel, um es zu verstehen. Gierer betont, dass das Bewusstsein sich selbst nicht vollständig erfassen kann, auch nicht auf dem scheinbar so klugen Umweg über eine objektive Analyse seiner physikalischen Voraussetzungen im menschlichen Gehirn. Eine objektive Definition von Bewusstsein scheint grundsätzlich nicht möglich zu sein. Bewusstsein ist eher eine Urgegebenheit, eine Voraussetzung jedes Denkens. Es ist nur durch die eigene Erfahrung und durch die Mitteilung fremder Selbsterfahrung zugänglich.

David Chalmers argumentiert dafür, das bewusste Erleben als einen grundlegenden Wesenszug der Wirklichkeit anzuerkennen. Je genauer die Neurowissenschaftler die Funktionsweise unseres Gehirns erforschen, desto offenkundiger wird, dass sie den zentralen Aspekt des Bewusstseins, die Erlebnisqualitäten, nicht erfassen. Die Neurowissenschaften können zwar die unmittelbar mit dem bewussten Erleben zusammenhängenden Hirnprozesse identifizieren, aber erst wenn wir wissen, warum diese Prozesse bewusstes Erleben hervorbringen, werden wir die Erklärungslücke zwischen Gehirn und Bewusstsein überwunden haben. Viele glauben, die Physik liefere einen vollständigen Katalog der grundlegenden Eigenschaften und Gesetze des Universums. Chalmers setzt sich mit dem amerikanischen Physiker Steven Weinberg und dessen Traum von einer Gesamttheorie der Wirklichkeit auseinander. Weinberg nennt als Ziel der Physik, eine „Theorie über Alles“ zu entwickeln, aus der sich vollständig herleiten lasse, was man vom Universum wissen könne. Weinberg gibt zu, dass das Bewusstsein dabei problematisch sei. Trotz der Allgemeingültigkeit der theoretischen Physik lasse sich die Existenz des Bewusstseins anscheinend nicht aus physikalischen Gesetzen herleiten. Die Physik verteidigt er mit dem Argument, sie werde wohl eines Tages die neuronalen Korrelate des Bewusstseins erklären, aber natürlich wäre damit das Bewusstsein selbst noch nicht erklärt. Chalmers erwidert darauf: Wenn die Existenz des Bewusstseins sich nicht aus physikalischen Gesetzen herleiten lässt, dann ist eine physikalische Theorie keine Theorie über wirklich Alles. Eine allumfassende Theorie muss eine zusätzliche grundlegende Komponente enthalten. „Darum schlage ich vor, das bewusste Erleben (*conscious experience*) als fundamentalen, irreduziblen Wesenszug anzuerkennen. Diese Idee mag zunächst befremden, aber sie scheint mir unumgänglich“ (Chalmers,

1996b, 44). Eine vollständige Theorie über Alles muss nach Chalmers zwei Komponenten enthalten: erstens physikalische Gesetze für das Verhalten physikalischer Systeme von unendlich kleinen bis zu kosmologischen Größenordnungen und zweitens psychophysische Gesetze, die besagen, wie einige dieser Systeme mit bewusstem Erleben zusammenhängen. Erst beide Komponenten gemeinsam ergeben eine echte Theorie über Alles. Die Physik bietet Theorien über physikalische Prozesse, eine psychophysische Theorie würde uns sagen, wie diese Prozesse bewusstes Erleben hervorbringen. Chalmers bezeichnet seine eigene Deutung des Körper-Geist-Verhältnisses als *naturalistischen Dualismus*. 'Naturalistisch' sei hier nicht zu verwechseln mit 'materialistisch'. Obwohl er seinen Ansatz als eine Art Dualismus bezeichne, könne dieser sich durchaus als eine Form des Monismus, als *Zwei-Aspekte-Theorie*, entpuppen. Auf keinen Fall jedoch als *materialistischer* Monismus, sondern als etwas Umfassenderes (vgl. Chalmers, 1996a, 124–129; 1996b, 45–47).

Die Zwei-Aspekte-Theorie ist eine Alternative zum Substanzdualismus und zum Physikalismus. Ihr zufolge enthält die eine Wirklichkeit sowohl einen mentalen als auch einen physischen Aspekt. Rein mentale und rein physische Gegebenheiten wären demnach Abstraktionen der mental-physischen Einheit der Wirklichkeit (vgl. Nagel, 1986, 28–32, 40–49).

Der Begriff *Information* wird nach Chalmers in einer Gesamttheorie der Wirklichkeit eine zentrale Rolle spielen, denn bewusstes Erleben hängt mit der Fähigkeit zur Informationsverarbeitung zusammen. Chalmers skizziert eine Zwei-Aspekte-Theorie der Information und spricht von physikalischer und erlebter Information. Das bewusste Erleben wäre der eine Aspekt eines Informationszustandes, der physische Hirnvorgang wäre der andere Aspekt. Diese Zwei-Aspekte-Theorie sei notgedrungen extrem spekulativ und lasse viele Schlüsselfragen unbeantwortet. Unter anderem die Frage, ob jede Information einen Erlebnisaspekt enthalte oder nur bestimmte Formen der Information. Wenn das bewusste Erleben eine Grundeigenschaft der Wirklichkeit ist, dann muss es weit verbreitet sein. Wo komplexe Informationsverarbeitung stattfindet, gebe es demnach komplexe Erlebnisse, und bei einfachen Verarbeitungsschritten nur simple. Wo immer es kausale Interaktion gebe, gebe es Information, und wo immer es Information gebe, gebe es Erleben. Sehr einfache Systeme hätten zwar keine phänomenalen, wohl aber 'protophänomenale' Eigenschaften (vgl. Chalmers, 1996a, 298). Vielleicht gelingt es eines Tages sogar, theoretische Physik und Bewusstseinstheorie im Rahmen einer übergeordneten Theorie der Information zu vereinen. Das schwierige Problem des Bewusstseins sei zwar schwierig, aber es gebe keinen Grund zur Annahme, dass es auf Dauer ungelöst bleiben müsse (vgl. Chalmers, 1995, 211–217; 1996a, 276–310).

Colin McGinn ist der Ansicht, dass Bewusstsein auf Grund seiner Innerlichkeit und Subjektivität sich einer objektiven Zugangsweise prinzipiell entzieht. Kein noch so vollständiges Wissen über die Gehirnvorgänge einer Person reicht, um daraus ein Wissen von ihrem Erleben ableiten zu können. Wir wissen zwar, dass Gehirn und Bewusstsein aufs Engste miteinander verknüpft sind, aber es besteht eine scharfe Trennung zwischen der Art, wie wir Bewusstsein erfassen, und der Art, wie wir das Gehirn erfassen. Zum Bewusstsein haben wir einen direkten Zugang von innen, es ist uns unmittelbar in der Selbsterfahrung gegeben. Zum Gehirn haben wir keinen Zugang von innen, sondern nur von außen mittels unserer Sinnesorgane. Das eigene Erleben sagt uns nichts über unser Gehirn.

Angenommen, wir wüssten alles über das Gehirn einer Person, was es aus der Sicht der Neurobiologie zu wissen gibt: die Anatomie des Gehirns wäre uns vertraut, die Komplexität der neuronalen Schaltkreise sowie seine physikalisch-chemische Beschaffenheit bis hinunter zu den atomaren und subatomaren Strukturen. Wüssten wir damit alles über das bewusste Erleben dieser Person? Ganz im Gegenteil, wir wüssten gar nichts darüber. Wir wüssten nicht, in welchem Bewusstseinszustand die Person sich gerade befindet, ob sie verdrossen ist oder gut gelaunt, und wie sich dieser Zustand für sie anfühlt. Das Wissen über ihr Gehirn verleiht uns kein Wissen über ihr Bewusstsein (vgl. McGinn, 2001, 32 f.).

Einerseits können wir in das eigene Bewusstsein hineinschauen bis wir platzen, trotzdem werden wir keine Neuronen, keine Synapsen und keine neuronalen Aktivitätsmuster zu Gesicht bekommen. Andererseits können wir das Gehirn eines anderen Menschen von früh bis spät anschauen, und trotzdem werden wir nichts vom Bewusstsein dieses Menschen wahrnehmen. Dem betreffenden Menschen ist sein Bewusstsein jedoch selbstverständlich gegenwärtig. Wir haben heute die Möglichkeit, mit Hilfe bildgebender Verfahren zu beobachten, was im Gehirn einer Person vorgeht, wenn sie sich zum Beispiel freut, ärgert oder langweilt. Was wir dabei auf dem Bildschirm zu sehen bekommen, ist nicht damit zu vergleichen, was die Person erlebt. Wir werden keine Freude, keinen Ärger und keine Langeweile auf dem Bildschirm sehen. Hightech-Methoden liefern uns Informationen über die Gehirnprozesse, die mit dem Erleben einhergehen, jedoch nicht die Erlebnisse selbst, wie sie für die Versuchsperson existieren (vgl. McGinn, 2001, 61–63).

Unser Erleben können wir nur aus einem bestimmten Blickwinkel betrachten, dem Blickwinkel der Introspektion. Wenn wir das Gehirn erfassen wollen, dann sind wir auf einen ganz anderen Blickwinkel beschränkt, auf den Blickwinkel des Beobachters von außen. Es ist so, „als müssten wir einen Elefanten entweder vom Schwanzende oder vom Rüsselende her betrachten, ohne jemals Gelegenheit zu bekommen, das ganze Tier anzuschauen“ (McGinn, 2001, 63 f.). Das Gehirn ist, wenn wir uns ihm über unsere Sinne nähern, nicht mehr und nicht weniger als alle anderen materiellen Dinge, aber es unterscheidet sich zutiefst von anderen physikalischen Dingen, weil es Bewusstseinszustände entstehen lässt. Die Sinneswahrnehmung vermittelt bestenfalls ein sehr bruchstückhaftes Bild davon, was das Gehirn wirklich ist.

McGinn meint, das Erkenntnisvermögen, mit dem uns die Evolution ausgestattet hat, reicht nicht aus, um die Beziehung von Gehirn und Geist zu verstehen. Die eigenen kognitiven Grenzen hindern uns daran, für das Körper-Geist-Problem eine Lösung zu finden. Bezüglich der Frage, wie Geist und Gehirn zusammenhängen, befinden wir uns in einer ähnlichen Situation wie die so genannten ‘Flächenländer’, die nur zwei Dimensionen kennen. Sie sind flache Geschöpfe, wohnen im Flächenland und haben keinerlei Vorstellung von einem Raum, der höher ist als der ihre. Für sie ist *ihre* Welt *die* Welt. Sie beziehen sich auf die Welt ihrer eingeschränkten Wahrnehmung, um die Wirklichkeit erschöpfend zu beschreiben. Wir sind dreidimensionale Wesen und wissen, dass den Flächenländern eine Dimension fehlt. Ohne diese Dimension wäre die Welt, die wir kennen, unmöglich. Die Flächenländer sind blind für die Struktur der objektiven Realität. Wir sind auf unsere Art Flächenländer, denn es gibt grundlegende Eigenschaften des Raumes, die wir nicht registrieren. McGinn meint, er könne uns auch nicht sagen, welche Dimension das sei, die uns entgehe, denn er wisse auch nichts darüber, nicht einmal, ob ‘Dimension’ das richtige Wort dafür sei. Unsere Unwissenheit sei genauso Mitleid erregend und komisch, wie wir die der zweidimensionalen Flächenländer finden, und genauso fundamental. Diese Feststellung sei nicht herabsetzend gemeint, sondern solle lediglich zu einer angemessenen Demut unserer Stellung im Universum gegenüber auffordern (vgl. McGinn, 2001, 157 f.). Die Tatsache, dass wir das Körper-Geist-Problem nicht lösen können, sei letztlich darauf zurückzuführen, dass wir den Geist nicht sehen können.

„Die Natur hat uns mit Selbst-Bewusstsein ausgestattet, so dass wir wissen können, was mental in uns vor sich geht, und sie hat uns mit fünf Sinnen ausgestattet, auf dass wir erfahren können, was in der räumlichen Welt um uns herum passiert. Diese kognitiven Fähigkeiten sind aber nicht dazu angelegt, zu ergründen, was den Geist mit dem Körper *verknüpft*" (McGinn, 2001, 67).

Wir Menschen sind nach McGinn seltsame Wesen, eine mysteriöse Verschmelzung von Geist und Materie. Wir sind weder das eine noch das andere, sondern „zweigeteilte Wesen, Bewusstseinszentren, eingehüllt in einen Hautsack aus weichem Gewebe" (McGinn, 2001, 254). Trotzdem ist McGinn davon überzeugt, dass es in Wirklichkeit etwas gibt, das Körper und Geist vereint und zu einem Ganzen macht. Geist und Gehirn bilden *auf der Ebene objektiver Realität* eine unlösbare Einheit. „Auf irgendeine Weise, die wir nicht verstehen, sind Bewusstsein und Gehirn miteinander vereinbare Aspekte derselben Sache und nicht, wie es scheint, Feuer und Wasser. Das Gehirn ist nicht nur Fleisch, und der Geist ist mehr als das, was er oberflächlich betrachtet zu sein scheint" (McGinn, 2001, 255). Das Gehirn müsse über Eigenschaften verfügen, die in unserer physikalischen Weltsicht nicht vorkommen und die wir nicht im Geringsten verstehen. Die Materialisten hätten Recht, wenn sie sagen, dass irgendeine Eigenschaft des Gehirns für das Bewusstsein verantwortlich sei, aber sie irrten sich bezüglich der Art der von ihnen gewählten Gehirneigenschaft. Die Dualisten hätten gleichfalls Recht, wenn sie bezweifeln, dass das Gehirn, wie man es sich gegenwärtig vorstellt, den Geist erklären könne, aber sie hätten Unrecht, wenn sie daraus schließen, dass keine Gehirneigenschaft dieses vermag. Beide Sichtweisen überschätzten unser Verständnis von Geist und Gehirn, sie erlägen der Vorstellung, dass unsere gegenwärtigen Konzepte umfassend genug seien, um das Wesen der Geist-Gehirn-Verknüpfung erfassen zu können. Ich halte dagegen, sagt McGinn, „dass wir in Bezug auf unser Verständnis von Geist und Gehirn eines qualitativen Sprungs nach vorne bedürfen, aber ich behaupte auch, dass dies ein Sprung ist, den unsere intellektuellen Beine nicht bewältigen können" (McGinn, 2001, 43). Auf irgendeine Weise, die wir nicht verstehen, sind Bewusstsein und Gehirn miteinander vereinbare Aspekte derselben Sache. Wegen unserer kognitiven Begrenzung bleibt es für uns rätselhaft, wie das Wasser der neuronalen Aktivität sich in den Wein des bewussten Erlebens verwandelt. Wenn jedoch eine natürliche, aber für uns kognitiv unzugängliche Eigenschaft des Gehirns für das Entstehen des bewussten Erlebens verantwortlich ist, dann gibt es letztlich auch kein *metaphysisches* Körper-Geist-Problem (vgl. Brüntrup, 1996, 138).

Glossar

Absence-Anfall:	Form eines epileptischen Anfalls mit plötzlich einsetzender und abrupt endender Bewusstseinsstörung sowie nachfolgender Amnesie. Emotion, Aufmerksamkeit und angemessenes Verhalten setzen vorübergehend aus. 'Absence' steht für die Abwesenheit des Bewusstseins.
Absence-Automatismus:	Zustand der Leblosigkeit. Patienten halten mitten im Satz inne, erstarren, egal welche Bewegung sie gerade ausführen, starren ins Leere, und ihr Gesicht ist maskenhaft und ausdruckslos. Die Patienten bleiben wach, und ihr Muskeltonus bleibt erhalten. Sie fallen nicht hin, haben keine Krämpfe und lassen, was sie gerade in Händen halten, nicht fallen. Nachher haben sie nicht die geringste Erinnerung an das, was während der Automatismus-Periode vor sich gegangen ist.
Afferente und efferente Nerven:	afferente (zuführende) Nerven leiten Erregungen von peripheren Rezeptoren zum zentralen Nervensystem (Gehirn und Rückenmark); efferente (herausführende) Nerven leiten Erregungen vom zentralen Nervensystem zu den ausführenden Organen.
Akinetischer Mutismus:	vollständiges Fehlen von Körperbewegungen und Sprechbewegungen bei intaktem Sprachvermögen und intakten Sprechorganen. 'Akinesie' ist der medizinische Terminus für Bewegungslosigkeit, 'Mutismus' steht für Sprachlosigkeit.
Alltagspsychologie ('Gemeinsinn' oder 'gesunder Hausverstand'):	die Art und Weise, wie wir im Alltag mittels mentaler Begriffe wie Bedürfnisse, Absichten, Wünsche, Überzeugungen und Meinungen das Verhalten und Handeln unserer Mitmenschen erklären und vorhersagen.
Altgedächtnis:	die fest im Gehirn verankerte Informationsmenge beziehungsweise der seit langem abgespeicherte Teil des Gedächtnisses.

Amnesie: vollständiger oder teilweiser Gedächtnisverlust.

Amygdala ('Mandelkern'): an der medialen Fläche des Schläfenlappens gelegene Struktur des *Limbischen Systems*; spielt eine zentrale Rolle bei der Verarbeitung von Emotionen, vor allem bei der Verarbeitung negativer, angstbesetzter oder furchteinflößender Reize. Die Zerstörung der Amygdala führt bei Tier und Mensch zum Verlust der Fähigkeit, furchteinflößende Situationen zu erkennen. Die A. moduliert und bewertet einkommende Informationen und trägt so in hohem Maße zu ihrer Speicherung oder Nichtspeicherung bei.

Anterograde Amnesie: Die Unfähigkeit, nach Gehirnschädigungen neue Inhalte aus dem *Kurzzeitgedächtnis* in das *Langzeitgedächtnis* einzufügen oder neue Gedächtnisinhalte zu speichern.

Arbeitsgedächtnis: der Teil gespeicherter Information, mit dem aktuell gearbeitet wird. Das A. ist eine Art temporäres Speichersystem. Es kann verschiedene Arten der Information verbinden (z.B. Aussehen, Klang und Geruch einer Sache) und mit Langzeiterinnerungen verknüpfen. Viele Kognitionswissenschaftler sind der Ansicht, dass das A. die Plattform ist, auf der das Bewusstsein steht. Bewusstsein ist demnach das Wahrnehmen dessen, was sich im A. befindet.

Autobiographisches Selbst: nach A. Damasio, im Gegensatz zum *Kernselbst*, der *Selbst-Sinn*, der aus dem erweiterten Bewusstsein erwächst. Es beruht auf systematischen Erinnerungen an Situationen, in denen das Kernselbst beteiligt war: wann und als wer wir geboren wurden, die eigenen Vorlieben und Abneigungen und unsere typische Art, auf Probleme zu reagieren.

Beobachterperspektive: s. Dritte-Person-Perspektive.

Bereitschaftspotential: elektroenzephalographisch ableitbares ansteigendes negatives Potential, das mit dem Entwurf eines Bewegungsprogramms im motorischen Kortex in Zusammenhang steht. Prozess der Vorbereitung einer Körperbewegung.

Bildgebende Verfahren: Methoden, die eine Abbildung von Gewebe und von Aktivitätsänderungen im lebenden Gehirn ermöglichen wie z.B. die *Computertomographie*, die *funktionelle Magnetresonanztomographie* und die *Positronen-Emissions-Tomographie*.

Bindungsproblem: die Frage, wie räumlich verstreute Neuronenaktivitäten im Gehirn zusammengebunden werden, um daraus ein einheitliches bewusstes Erleben entstehen zu lassen. Man nimmt an, dass der Bindungsprozess vermutlich in einer synchronen Aktivität von Neuronenverbänden besteht, die zeitlich miteinander gekoppelt in einem gemeinsamen Rhythmus aktiv sind.

Computertomographie: bildgebendes, nicht invasives, röntgendiagnostisches Verfahren, mit dem Schnittbilder durch den Körper dargestellt werden können.

Determinismus: die These, dass alles notwendig das ist, was es ist, und dass es keine genuin offenen Möglichkeiten über das hinaus gibt, was tatsächlich passiert. Die Vergangenheit und die Naturgesetze legen die Zukunft eindeutig fest. Wer den aktuellen Zustand der Welt und die relevanten Gesetze kennt, kann die zukünftige Entwicklung der Welt vorhersagen.

Dritte-Person-Perspektive: die Perspektive des Beobachters, die Außenperspektive. Sie ermöglicht, im Gegensatz zur *Ersten-Person-Perspektive*, nur einen indirekten Zugang zum Bewusstsein auf Grund von Introspektionsberichten und Verhaltensbeobachtung.

Dualismus: Lehre, dass alles aus jeweils zwei gegensätzlichen Prinzipien besteht. Nach der These des ontologischen Dualismus besteht die Wirklichkeit aus zwei exklusiven Gegebenheiten, aus Materie und Geist, Körper und Seele der Lebewesen.

Eliminativer Materialismus: Deutung des Körper-Geist-Verhältnisses, nach der es das bewusste Erleben, wie wir es im Alltag beschreiben, überhaupt nicht gibt. Aussagen über Mentales sind genauso falsch wie Aussagen überholter Theorien. Zum Beispiel existieren Empfindungen, Gefühle, Bedürfnisse, Gedanken und Ab-

	sichten ebenso wenig wie Hexen, Dämonen oder die Donnerkeile des Zeus. Der eliminative Materialismus will Geistiges zugunsten des Materiellen eliminieren.
Emergente Eigenschaft:	Eigenschaft, die dem System als Ganzem zukommt, jedoch nicht dessen Bestandteilen.
Emergenz:	das Auftauchen eines neuartigen Phänomens, sobald eine Struktur von hinreichender Komplexität vorhanden ist. Demnach tauchte das Bewusstsein aus unbewusster Materie auf, sobald ein hinreichend komplexes Nervensystem entwickelt war. Emergentisten behaupten, dass es dafür, warum eine Struktur von bestimmter Komplexität ein emergentes Phänomen erzeugt, keine befriedigende Erklärung gibt, die sich aus der Analyse dieser Struktur gewinnen ließe.
Empirismus:	Philosophische Denkrichtung, nach der unsere Kenntnisse über die Welt und die Wirklichkeit allein aus der Erfahrung im Umgang mit den Dingen stammen. Die Gegenauffassung bilden *Idealismus* und Rationalismus.
Entität (lat.'seiend'):	Seiendes, Vorkommendes, Gegenstand.
Epilepsie ('Fallsucht'):	ein veränderter Bewusstseinszustand, der von einer plötzlichen Änderung der rhythmischen elektrischen Aktivität des Gehirns begleitet wird.
Epiphänomenalismus:	die Auffassung, dass ein Phänomen (ein Bestandteil der Realität) zwar verursacht ist, selbst aber überhaupt keine Wirkung hat. E. als Erklärungsmodell für das *Körper-Geist-Problem* anerkennt zwar die volle Realität des Mentalen, spricht ihm aber wegen der kausalen Geschlossenheit des physikalischen Bereichs jede kausale Wirksamkeit ab. Nur der Körper kann kausal auf den Geist einwirken, jedoch nicht umgekehrt. Dem E. zufolge sind Erleben und Bewusstsein ein kausal einflussloses Nebenprodukt des Gehirns, ähnlich dem Klang einer Dampfpfeife, der auf die Funktionsweise der Dampfmaschine auch keinen Einfluss hat.

Epistemisch:	auf Wissen bezogen.
Erklärungslücke:	das Fehlen einer vollständigen Erklärung trotz der Verwendung einer Theorie, welche die Vorgänge beschreibt. Der Ausdruck E. wird vor allem im Zusammenhang mit Erklärungen von Erlebnisqualitäten (*Qualia*) durch Gehirnprozesse verwendet. Erlebnisqualitäten lassen sich nicht durch einen Verweis auf ihre neuronalen Korrelate oder ihre kausale Rolle vollständig erklären. Die Neurobiologie kann nicht verständlich machen, warum bestimmte neuronale Zustände mit spezifischen (oder überhaupt mit) Erlebnisqualitäten verbunden sind. Es bleibt rätselhaft, wie Nervensysteme zu einer Erlebnisperspektive kommen.
Erleben:	direktes gegenwärtiges inneres Erfassen einer Erscheinung. In der Psychologie dient E. als Sammelbegriff für alle von außen nicht direkt beobachtbaren Vorgänge und Zustände wie Denken, Fühlen, Empfinden, Wollen und Bewusstsein.
Erlebnisperspektive:	s. Erste-Person-Perspektive.
Erste-Person-Perspektive:	die Perspektive des erlebenden Subjekts, die Innenperspektive. Erleben und Bewusstsein sind uns nur in dieser Perspektive unmittelbar gegeben.
Erweitertes Bewusstsein:	nach A. Damasio, im Gegensatz zum *Kernbewusstsein*, eine komplexe Form des Bewusstseins. Es verleiht dem Individuum einen höheren *Selbst-Sinn*, Identität und Personalität, Bewusstsein für die eigene Vergangenheit und die vorweggenommene Zukunft sowie Bewusstsein der Welt, in der es lebt. Es hängt vom *Langzeit-* und *Kurzzeitgedächtnis*, von Denken und Sprache ab. Hinter dem erweiterten Bewusstsein schlägt in jedem Augenblick der Puls des Kernbewusstseins.
Funktionalismus:	Erklärungsmodell für das *Körper-Geist-Problem*, nach dem sich der Geist zum Gehirn wie die Software zur Hardware in einem Computer verhält. Der F. betrachtet geistige Zustände als abstrakte funktionale Zustände, die materiell auf verschiedene Weise realisiert werden können, und identifiziert sie

mit ihrer kausalen Rolle, die sie im Gesamtsystem einnehmen.

Funktionelle Magnetresonanztomographie (*fMRT*): *Bildgebendes Verfahren*, das die elektromagnetische Strahlung zur Darstellung von Hirnaktivitäten nutzt. Mit diesem Verfahren ist es möglich, nicht nur Bilder lebender Gehirne anzufertigen, sondern auch den Hirnstoffwechsel (Glukosestoffwechsel, Blutfluss) zu messen.

Gedächtnis: die geistige Fähigkeit, Erfahrungen und Wissen zu speichern und später zu reproduzieren oder wiederzuerkennen. Kognitives System, das Information aufnimmt, enkodiert, modifiziert und wieder abruft. Das Gedächtnis besteht aus dem *Kurzzeitgedächtnis* (Sekunden bis Minuten) und dem *Langzeitgedächtnis* (Tage bis Jahre). Man unterscheidet zwei Formen: das *semantische* oder *explizite* (bewusst abrufbare) und das *prozedurale* (implizite) Gedächtnis.

Golgi-Färbemethode: von dem Arzt Camillo Golgi 1873 entwickelte Methode zur Färbung dünner Gewebeschnitte. Golgi färbte Neuronen mit Silberchromat selektiv an, so dass sie in ihrer ganzen Gestalt schwarz im durchsichtigen Gewebe sichtbar wurden. Diese Methode ermöglichte erstmals eine genauere Darstellung des zellulären Aufbaus des Gehirns.

Gyrus cinguli: Hirnwindung, die sich wie eine Sichel an der inneren Oberfläche des Kortex befindet und den kortikalen Teil des *Limbischen Systems* bildet. Übt eine Vermittlerfunktion zwischen kortikal-kognitiven und limbisch-emotionalen Funktionen sowie einen massiven Einfluss auf die Motorik aus. Verletzungen im Bereich des vorderen Gyrus cinguli führen zu schwer wiegenden Bewegungsstörungen (akinetischer Mutismus).

Hippocampus (‘Seepferdchen’): an der medialen Fläche des Schläfenlappens gelegene Struktur des *Limbischen Systems*. Der H. organisiert das bewusstseinsfähige semantische beziehungsweise explizite *Gedächtnis*. Er spielt eine zentrale Rolle bei der Überführung von Information aus dem *Kurzzeitgedächtnis* in das *Langzeitgedächtnis*.

Schädigungen des Hippocampus beeinträchtigen die Bildung von Langzeiterinnerungen.

Homunkulus ('Menschlein'): topographische, gegenüber der Wirklichkeit in ihren Proportionen verzerrte Abbildung des menschlichen Körpers auf der Hirnrinde oder in anderen Bereichen (Kernen) des Gehirns.

Homunkulus-Vorstellung: die Vorstellung, dass es im Gehirn eine Zentralinstanz gibt, einen *Homunkulus*, der alle Fäden in der Hand hält und der für Wahrnehmen, Denken, Entscheiden und Handeln zuständig ist; nicht zu verwechseln mit der Abbildung des menschlichen Körpers auf der Hirnrinde.

Hylemorphismus (hyle: Stoff, Materie; morphé: Gestalt, Form): Bezeichnung für die aristotelische Lehre von Form und Materie, wonach alle Körper, alle materiellen Dinge, mit denen wir zu tun haben, aus zwei Prinzipien aufgebaut sind: hyle und morphé, Materie und Form. Die Materie gibt an, woraus etwas ist bzw. wird, und die Form gibt an, wodurch etwas ist bzw. wird. Auch der Mensch ist aus Materie (Körper) und Form (Seele) aufgebaut. Die *Seele* ist das formgebende Prinzip, das die Materie zu einem lebendigen menschlichen Leib formt, ihn belebt und beseelt. Der Körper wird erst durch die Seele zu einem menschlichen Leib (ganzheitliche Auffassung vom Menschen).

Hypophyse (Hirnanhangdrüse): Drüse an der Gehirnbasis, die Hormone produziert, welche ihrerseits die Hormonausschüttung anderer Drüsen regulieren. Zudem produziert die H. ein Wachstumshormon.

Hypothalamus: unterhalb des Thalamus gelegene zentralnervöse Region im Zwischenhirn. Hier finden sich die dem autonomen oder vegetativen Nervensystem übergeordneten Zentren. Diese koordinieren die wichtigsten Regulationsvorgänge des Organismus wie Wärmeregulation, Wach- und Schlafrhythmus, Blutdruck- und Atmungsregulation, Nahrungsaufnahme, Fettstoffwechsel, Wasserhaushalt, Sexualfunktion und Schweißsekretion.

Idealismus: erkenntnistheoretische Lehre, nach der alles vom erkennenden Geist bestimmt und abhängig ist. Die Begriffe 'Rationalismus' und 'Platonismus' werden oft gleichbedeutend mit dem Begriff Idealismus verwendet. Der *Empirismus* bildet die Gegenauffassung zum Idealismus.

Identitätstheorie: Lehre, nach der Erscheinungen scheinbar verschiedener Art genau dasselbe sind. Als Erklärungsmodell für das *Körper-Geist-Problem* besagt die materialistische I., dass alle geistigen Zustände mit neuronalen Zuständen identisch sind. Erleben und Bewusstsein sind genau dasselbe und nichts anderes als neurobiologische oder physikalische Vorgänge. Es gibt stärkere und schwächere Versionen der Identitätstheorie: *Typenidentität* und *Tokenidentität*.

Interaktionismus (*Wechselwirkungstheorie*): Körperzustände verursachen Geisteszustände, Geisteszustände verursachen Körperzustände.

Introspektion: nach innen gerichteter Vorgang der Wahrnehmung subjektiver Zustände und phänomenaler Gegebenheiten oder Erlebnisqualitäten.

Katecholamine: Gruppe von Monoamin-Verbindungen, zu denen sowohl Neurotransmitter (z.B. Noradrenalin, Dopamin, Serotonin, Glutamat) als auch Hormone gehören.

Kernbewusstsein: nach A. Damasio die fundamentale Form des Bewusstseins. Das K. verleiht dem Organismus ein Gefühl des Selbst (*Selbst-Sinn*) im Hier und Jetzt, und zwar ein Gefühl für den eigenen Körper im Akt des Bewusstseins. Das K. eröffnet keinen Ausblick auf die Zukunft und berücksichtigt die Vergangenheit nur insoweit, als es die Ereignisse einbezieht, die sich unmittelbar zuvor zugetragen haben. Es hängt weder vom Langzeit- und *Arbeitsgedächtnis* noch von Denken und Sprache ab und erfordert lediglich ein *Kurzzeitgedächtnis* von etwa 45 Sekunden.

Kernselbst: nach A. Damasio, im Gegensatz zum *autobiographischen Selbst*, der *Selbst-Sinn*, der aus dem *Kernbewusstsein* erwächst. Das K. ist ein flüchtiges Phänomen, das für jedes Objekt, mit dem das Gehirn interagiert, neu geschaffen wird.

Klassische Konditionierung: elementarer Lernvorgang nach Pawlow, bei dem der Organismus eine neue Assoziation zwischen zwei Reizen, einem neutralen und einem biologisch bedeutsamen Reiz, der bereits eine Reflexreaktion auslöst, erwirbt. Ein neutraler Reiz wird wiederholt mit einem unkonditionierten Reiz, der eine unkonditionierte (angeborene) Reaktion auslöst, gekoppelt. Nach wiederholter Darbietung der beiden Reize wird der ursprünglich neutrale Reiz zum konditionierten Reiz und vermag die gleiche Reaktion wie der unkonditionierte Reiz auszulösen. Man spricht dann von konditionierter Reaktion. Beispiel: Fleischpulver, das bei einem hungrigen Hund Speichelfluss auslöst, wird wiederholt gemeinsam mit einem Glockenton dargeboten. Bietet man nach dieser Prozedur dem Hund nur noch den Glockenton dar, dann löst dieser ehemals neutrale Reiz ebenfalls die Speichelflussreaktion aus.

Kognitionswissenschaften (*KW*): interdisziplinärer Forschungsbereich, an dem sich Psychologen, Neurowissenschaftler, Computerwissenschaftler, Linguisten, Erkenntnis- und Wissenschaftstheoretiker beteiligen. KW erforschen die Erkenntnisleistungen von Menschen und höheren Lebewesen, die Vorgänge und Voraussetzungen, welche diesen Leistungen zugrunde liegen, sowie die Möglichkeit ihrer Modellierung und Simulation in technischen Systemen. In der Grundannahme, dass kognitive Prozesse als Berechnungsvorgänge zu betrachten sind, sehen die KW einen Forschungsansatz, der biologische und künstliche Systeme übergreifen soll.

Kompatibilismus: Vereinbarkeit von *Willensfreiheit* und *Determinismus*. Die Auffassung, dass Willensfreiheit und Entscheidungsfreiheit mit der kausalen Geschlossenheit des physischen Bereichs kompatibel sind.

Körper-Geist-Problem (*Leib-Seele-Problem*): die Frage, wie der Körper auf den Geist und der Geist auf den Körper einwirkt bzw. in welchem Verhältnis beide überhaupt zueinander stehen.

Korrelation: in der Statistik die Wechselbeziehung zweier oder mehrerer variabler Merkmale, z.B. Größe und Gewicht.

Künstliche Intelligenz: Zweig der Computerwissenschaft, die Computer so programmieren will, dass diese Aufgaben erledigen, die – würden sie von Menschen ausgeführt – Intelligenz erforderten. Zweig der Informatik, der sich mit der Simulation von intelligentem menschlichem Verhalten befasst.

Kurzzeitgedächtnis: die Fähigkeit, bewusste Inhalte wie Telefonnummern, Sätze und Positionen im Raum für wenige Sekunden zu behalten und zu manipulieren. Die Kapazität des K. ist begrenzt, umfasst in der Regel sieben Informationseinheiten und liegt im Bereich von Sekunden (Ultrakurzzeitgedächtnis) bis maximal wenigen Minuten.

Langzeitgedächtnis: die Information, die langfristig erhalten bleibt und zeitlich jenseits des *Kurzzeitgedächtnisses* liegt. Das L. ist inhaltlich und mengenmäßig nicht durch eine vorgegebene Grenze beschränkt.

Leib-Seele-Problem (*Körper-Geist-Problem*): die Frage nach dem Zusammenhang zwischen Leib (Körper) und Seele (Geist, Bewusstsein) des Menschen und anderer höherer Lebewesen.

Leibniz'sches Prinzip der Identität: es besagt, dass eine Identitätsaussage dann und nur dann wahr ist, wenn Übereinstimmung in allen Eigenschaften gegeben ist. A und B sind dann und nur dann identisch, wenn alle Eigenschaften, die A zukommen, auch B zukommen und umgekehrt.

Liaison-Hirn: nach J. Eccles Areale der dominanten Großhirnhemisphäre, die potentiell mit dem sich selbst bewussten Geist in Verbindung treten können.

Limbisches System: zwischen Hirnstamm und Großhirnrinde gelegene funktionell eng verbundene Hirnregionen wie *Hippocampus*, *Amygdala*, Septum, *Gyrus cinguli* und Corpus Mamillare. Manche Autoren zählen auch den gesamten Hypothalamus dazu. Dieses System ist an höheren Hirnleistungen wie Emotion und Motivation, Lernen und *Gedächtnis* beteiligt. Es wird häufig verkürzt als 'emotionales Gehirn' bezeichnet.

Locked-in-Syndrom: Bezeichnung für die Unfähigkeit, sich bei erhaltenem Bewusstsein sprachlich oder durch Bewegungen spontan verständlich zu machen. Verständigung durch Augenbewegungen ist möglich.

Materialismus: philosophische Lehre, nach der alles, was existiert, materieller Natur ist. Dem M. zufolge ist auch das Bewusstsein naturwissenschaftlich erklärbar. Wenn wir einmal genau wissen, wie die Nervenzellen des Gehirns Informationen verarbeiten, dann ist das Rätsel des Bewusstseins gelöst.

Mentale Verursachung: mentale Ereignisse verursachen physische Ereignisse: Ein Wunsch verursacht eine Handlung als Körperbewegung. Unterstellt man, dass mentale Ereignisse nicht mit physikalischen Ereignissen identisch sind, handelt es sich um genuine mentale Verursachung. Unter der Annahme, dass mentale Ereignisse immer auch physikalische Ereignisse sind, kann man behaupten, dass es keine genuin mentale Verursachung gibt.

Methodologischer Physikalismus: Prinzip, nach dem die physische Welt kausal geschlossen ist und demzufolge physische Phänomene erst dann als erklärt gelten, wenn eine physische Ursache dafür gefunden wurde. Es gibt eine vollständige physikalistische Erklärung für Verhalten und alle Phänomene in unserem Körper. Dieses Prinzip steht in Konflikt mit der Annahme *mentaler Verursachung*.

Monismus: Lehre, nach der alle Dinge und Erscheinungen auf einer einzigen Grundlage bestehen und aus dieser zu erklären sind. Dem M. zufolge bilden Körper und Geist eine substantielle Einheit. *Materialismus* und *Idealismus* sind die beiden wichtigsten Formen des Monismus.

Neuron: eine einzelne Nervenzelle.

Neuronale Karte: Abbildung eines Objekts durch eine Gruppe von Neuronen, die fähig ist, Objekte zu repräsentieren. Die Abbildung muss keine genaue Wiedergabe des Objekts sein. Zwischen dem Muster und dem, was kartiert wird, nimmt man eine Entsprechung an. Es ist jedoch keine Punkt-für-Punkt Entsprechung.

Neurotransmitter (Botenstoffe):	chemische Substanzen, die bei der Übertragung von Nervenimpulsen zwischen den Neuronen eine entscheidende Rolle spielen wie z.B. Dopamin, Serotonin und Glutamat.
Neurowissenschaften:	alle Einzelwissenschaften wie Anatomie, Physiologie und Neurologie, die einen spezifischen Beitrag zum Gesamtwissen über das Nervensystem leisten.
Objektiv:	durch den Gegenstand vorgegeben. Im Gegensatz zu *subjektiv* für jeden Betrachter in gleicher Weise feststellbar.
Operationale Definition:	eine Variable (Messgröße) oder ein Begriff wird dadurch definiert, dass die Messoperationen angegeben werden, die der Forscher einsetzt, um ihr Vorhandensein zu bestimmen. Intelligenztests z.B. sind operationale Definitionen des Begriffs der Intelligenz.
Parallelismus:	Erklärungsmodell für das *Körper-Geist-Problem*. Der psychophysische P. leugnet jede kausale Wechselwirkung zwischen Körper und Geist. Sowohl der Bereich des Körperlichen als auch der Bereich des Geistigen sind in sich kausal geschlossen. Körperliche und geistige Vorgänge laufen parallel ab, so wie zwei unverbundene Uhren, die von Gott bei der Erschaffung der Welt synchronisiert wurden. Körper und Geist liegt eine gemeinsame Wirklichkeit zugrunde, die selbst weder körperlicher noch geistiger Natur ist.
Physikalismus:	moderner Ausdruck für *Materialismus*. Die These, dass alles, was existiert, physikalischer Natur ist. Es gibt keine nichtphysikalischen Tatsachen. Auch Bewusstseinsprozesse sind neuronale Prozesse.
Positronen-Emissions-Tomographie (*PET*):	bildgebendes, Computer-gesteuertes Verfahren in der Radiodiagnostik, das Radioisotope verwendet, um aktive Vorgänge im Gehirn zu untersuchen. PET lokalisiert Orte erhöhten oder erniedrigten Energieverbrauchs im Gehirn, wodurch sich die Aktivität einzelner Hirnareale verfolgen lässt.
Propriozeption:	Wahrnehmung der Stellung und Bewegung des Körpers im Raum. 'Interozeption' ist der Oberbegriff

	für das Körpersignalsystem der Eingeweide ('Viszerozeption') und des Bewegungsapparates ('Propriozeption').
Proto-Selbst:	nach A. Damasio zusammenhängende Sammlung von neuronalen Mustern, die den physischen Zustand des Organismus in seinen vielen Dimensionen fortlaufend abbilden. Das Proto-Selbst ist uns nicht bewusst.
Prozedurales Gedächtnis:	bezieht sich auf die Erinnerung daran, wie Dinge getan werden, die zum Großteil auf motorischen Handlungen beruhen, wie beispielsweise Radfahren, Tippen, Schwimmen, Skifahren und Musikinstrumente spielen. Auch implizites *Gedächtnis* genannt, weil es nicht notwendigerweise von Bewusstsein begleitet ist.
Qualia:	qualitative Bewusstseinszustände (Erlebnisqualitäten) wie zum Beispiel Gefühle (Freude, Trauer, Wut, Ärger, Scham, Ekel), Körperempfindungen (Schmerzen, Hunger, Durst, Wärme, Kälte) und Sinnesqualitäten (Farben, Töne, Gerüche). Q. besitzen einen spezifischen phänomenalen Gehalt: Es fühlt sich auf eine bestimmte Art und Weise an, sie zu haben. Qualia setzen ein erlebnisfähiges Subjekt voraus.
Reduktionismus:	Auffassung, dass die materiellen Beschreibungen eine umfassendere und genauere Erklärung der Wirklichkeit liefern als geistige Beschreibungen.
Reduktiver Physikalismus:	reduziert mentale Eigenschaften auf physikalische Eigenschaften des Gehirns. Ein Schmerzgefühl ist demnach nichts anderes als das Feuern einer bestimmten Neuronengruppe, und das ist ein physikalischer Prozess (s. Identitätstheorie).
Repräsentation:	Darstellung, Vergegenwärtigung, Stellvertretung, mentale Vorstellung, neuronales Muster.
Res cogitans/res extensa (res: Ding, Sache; cogitans: denkend; extensa: ausgedehnt):	Zentralbegriffe des cartesischen Dualismus, einer erkenntnistheoretischen Unterscheidung von denkender *Substanz* und ausgedehnter Substanz, von Geist und Materie.

Reserpin: Hauptalkaloid aus der Indischen Schlangenholzwurzel (Rauwolfia serpentina) mit blutdrucksenkender Wirkung. Hindu-Ärzte verabreichten so genannten Geisteskranken pulverisierte Rauwolfia zur Behandlung von Erregungssymptomen. R. ist eine der Substanzen, welche die Ära der Psychopharmaka einleitete.

Retrograde Amnesie: Verlust oder Beeinträchtigung des Gedächtnisses für Ereignisse oder früher erworbenes Wissen unmittelbar vor einem traumatischen Ereignis; nach einer Hirnschädigung manchmal auch für Ereignisse, die weit in die Vergangenheit hineinreichen.

Seele: Bezeichnung für eine vom Körper unterschiedene Lebenskraft, die der tote Körper nicht mehr besitzt; Lebensprinzip, Grundlage aller Lebensprozesse und aller geistigen Tätigkeiten wie Denken, Erinnern, Wahrnehmen, Fühlen und Wollen.

Selbst: Begriff für einen zentralen Bereich der Persönlichkeit, der das seiner selbst bewusst werdende und zugleich sich selbst zum Objekt werdende Subjekt bezeichnet.

Selbst-Sinn (Selbstgefühl): nach A. Damasio das Gefühl meiner selbst im Akt des Bewusstseins. Das Gefühl, dass ich es bin, der etwas sieht, hört, riecht oder betastet. Der Selbst-Sinn bildet die Grundlage für alle Erfahrungen, Erlebnisse und Bewusstseinselemente.

Semantik: Bedeutungslehre, Bedeutungstheorie. Sprachwissenschaftliche Disziplin, welche die Bedeutung von Wörtern, Sätzen und Texten erforscht.

Semantisches Gedächtnis: auch 'deklaratives' oder 'explizites' Gedächtnis genannt, umfasst alle Informationen, die wir als bewusstes Wissen verfügbar haben und reproduzieren können.

Somatische Marker: nach A. Damasio angenehme oder unangenehme Körpersignale (somatische Zustände) wie zum Beispiel ein 'komisches Gefühl im Bauch' oder eine unangenehme Empfindung in der Magengegend, die gemeinsam mit einer Vorstellung wahrgenommen werden beziehungsweise diese 'markieren'. Sie erhöhen die Schnelligkeit und Genauigkeit von Entscheidungsprozessen, indem sie uns helfen, gefährliche oder ungünstige Wahlmöglichkeiten ins rechte Licht zu rücken und rasch aus allen weiteren Überlegungen auszuklammern.

Subjektiv:	auf eine Person und ihr Erleben bezogen. Im Gegensatz zu 'objektiv' nur für den jeweils einzelnen Betroffenen gültig. Subjektivität des Bewusstseins meint die Tatsache, dass es sich auf eine bestimmte Weise anfühlt, Erlebniszustände zu haben.
Substanz (das 'Darunterstehende'):	die über die Zeit hinweg beständige Grundlage der sich ändernden Besonderheiten von etwas.
Symbol ('Kennzeichen', 'Zeichen'):	ein wahrnehmbares Zeichen, das stellvertretend für etwas nicht Wahrnehmbares (auch Gedachtes bzw. Geglaubtes) steht.
Synapse:	Kontaktstelle zwischen Nervenzellen oder zwischen Nervenzellen und Muskelfasern. Elektrische Impulse werden an den Synapsen auf chemischem Wege weitergeleitet. Chemische Botenstoffe (*Neurotransmitter*) werden in den synaptischen Spalt ausgeschüttet, docken an den Rezeptoren der postsynaptischen Membran an und können dort erregend oder hemmend wirken.
Syntaktisch:	die Anordnung von Zeichen betreffend.
Syntax ('Anordnung', 'Zusammenstellung'):	Regeln zur Anordnung der Zeichen eines Zeichensystems.
Tokenidentität (partikuläre Identität), Identität des Einzelfalles:	hier: Identitätsbeziehung, bei der ein individuelles Vorkommnis eines mentalen Zustandes mit einem partikulären neuronalen Zustand zu einem gegebenen Zeitpunkt identisch ist. Ein ganz bestimmtes Gefühl des Ärgers beispielsweise ist mit einem ganz bestimmten neuronalen Zustand identisch. Derselbe 'Typ' des mentalen Zustandes Ärger aber kann in ein und demselben Gehirn oder in anderen Nervensystemen zu verschiedenen Zeitpunkten mit unterschiedlichen neuronalen Zuständen identisch sein (multiple Realisierbarkeit).

Typenidentität: (generelle Identität) Identität der Sorte, zu der Einzelfälle gehören; hier: Identitätsbeziehung, bei der Arten oder 'Typen' mentaler Zustände mit Typen neuronaler Zustände identisch sind. Ärger als Typ eines mentalen Zustandes ist immer mit dem gleichen neuronalen Zustand identisch, unabhängig davon, bei wem und wann er auftritt.

Verhalten: Sammelbegriff für alle objektiv (intersubjektiv) beobachtbaren und messbaren Lebensvorgänge, Reaktionen und Aktivitäten eines Organismus, eines Individuums, einer Gruppe oder einer Art.

Wechselwirkungstheorie (*Interaktionismus*): nimmt an, dass sich Körper und Geist, obwohl sie *Substanzen* völlig verschiedener Art sind, wechselseitig kausal beeinflussen. Der Körper wirkt kausal auf den Geist, und der Geist kausal auf den Körper. Körperverletzungen verursachen Schmerzerlebnisse, und der Wunsch, etwas zu essen, verursacht bestimmte Körperbewegungen.

Willensfreiheit: die prinzipielle Fähigkeit, sich selbst für ein bestimmtes (mögliches und als sinnvoll erlebtes) Handeln oder dessen Unterlassung zu entscheiden.

Zwei-Aspekte-Theorie: die Auffassung, nach der die substantiell einheitliche Wirklichkeit einen mentalen und einen physischen Aspekt enthält. Bewusstsein und Gehirn sind zwei Aspekte derselben Sache.

Literatur

Aristoteles (1995). *De anima. Über die Seele*. Hrsg. von H. Seidl. Hamburg: Meiner.

Beck, F. & Eccles, J. C. (1996). Quantenaspekte der Gehirntätigkeit und die Rolle des Bewusstseins. In J. C. Eccles (Hrsg.), *Wie das Selbst sein Gehirn steuert* (S. 213–241). München – Zürich: Piper.

Beck, A. T., Rush, A. J. & Shaw, B. F. (1994). *Kognitive Therapie der Depression*. Weinheim: Beltz.

Beckermann, A. (1999). *Analytische Einführung in die Philosophie des Geistes*. Berlin: de Gruyter.

Bieri, P. (1989). Schmerz: Eine Fallstudie zum Leib-Seele-Problem. In E. Pöppel (Hrsg.), *Gehirn und Bewusstsein* (S. 125–134). Weinheim: VCH Verlagsgesellschaft.

Bieri, P. (1992). Was macht Bewusstsein zu einem Rätsel? *Spektrum der Wissenschaft, Oktober 1992*, 48–56.

Bieri, P. (1993). *Analytische Philosophie des Geistes* (2. Aufl.). Bodenheim: Athenäum Hain Hanstein.

Bieri, P. (2001). *Das Handwerk der Freiheit. Über die Entdeckung des eigenen Willens*. München: Carl Hanser.

Biermann-Ratjen, E.-M., Eckert, J. & Schwartz, H.-J. (1995). *Gesprächspsychotherapie* (7. Aufl.). Stuttgart: Kohlhammer.

Bigelow, H. J. (1850). Dr. Harlow's case of recovery from the passage of an iron bar through the head. *American Journal of Medical Sciences, 19*, 13–22.

Breidbach, O. (1993). *Expeditionen ins Innere des Kopfes: von Nervenzellen, Geist und Seele*. Stuttgart: Trias.

Brüntrup, G. (1996). *Das Leib-Seele-Problem. Eine Einführung*. Stuttgart: Kohlhammer.

Carrier, M. & Mittelstraß, J. (1989). Geist, Gehirn, Verhalten. *Das Leib-Seele-Problem und die Philosophie der Psychologie*. Berlin: de Gruyter.

Chalmers, D. J. (1995). Facing up to the problem of consciousness. *Journal of Consciousness Studies, 2*, No.3, 200–219.

Chalmers, D. J. (1996a). *The conscious mind. In search of a fundamental theory*. New York, Oxford: Oxford University Press.

Chalmers, D. J. (1996b). Das Rätsel des bewussten Erlebens. *Spektrum der Wissenschaft, Februar*, 40–47.

Churchland, P. M. (1981). Eliminative Materialism and the Propositional Attitudes. *Journal of Philosophy 78*, 67–90.

Churchland, P. M. (1989). *A neurocomputational perspective. The nature of mind and the structure of science*. Cambridge/MA: MIT-Press.

Churchland, Paul und Patricia (1990). Ist eine denkende Maschine möglich? *Spektrum der Wissenschaft, März*, 47–54.

Cohen, N. J. & Eichenbaum, H. (1993). *Memory, amnesia, and the hippocampal system*. Cambridge: MIT-Press.

Cooper, R. K. & Sawaf, A. (1997). *EQ Emotionale Intelligenz für Manager*. München: Heyne.

Coreth, E. (1986). *Was ist der Mensch? Grundzüge philosophischer Anthropologie*. Innsbruck: Tyrolia.

Cranach, M. von & Foppa, K. (Hrsg.) (1996). *Freiheit des Entscheidens und Handelns. Ein Problem der nomologischen Psychologie*. Heidelberg: Asanger.

Crick, F. (1994). *Was die Seele wirklich ist. Die naturwissenschaftliche Erforschung des Bewusstseins*. München: Artemis & Winkler.

Crick, F. & Koch, C. (1990). Towards a neurobiological theory of consciousness. *Seminars in the Neurosciences, 2,* 263–275.

Damasio, A. R. (1997). *Descartes' Irrtum. Fühlen, Denken und das menschliche Gehirn.* München: dtv.

Damasio, A. R. (1999). *The Feeling of What Happens. Body and Emotion in the Making of Consciousness.* New York: Harcourt Brace & Company.

Damasio, A. R. (2000a). *Ich fühle also bin ich. Die Entschlüsselung des Bewusstseins.* München: List.

Damasio, A. R. (2000b). Neurobiologie des Bewußtseins. In A. Newen & K. Vogeley (Hrsg.), *Selbst und Gehirn. Menschliches Selbstbewußtsein und seine neurobiologischen Grundlagen* (S. 315–331). Paderborn: mentis.

Damasio, A. R. (2002). Wie das Gehirn Geist erzeugt. *Spektrum der Wissenschaft, 3,* 6–11.

Davidson, D. (1990). *Handlung und Ereignis.* Frankfurt/Main: Suhrkamp.

Davidson, R. J. & Irwin, W. (1999). The Functional Neuroanatomy of Emotion and Affective Style. *Trends in Cognitive Sciences, 3,* 11 f.

Davison, G. C. & Neale, J. M. (1996). *Klinische Psychologie* (4. Aufl.). Weinheim: Beltz.

Dennett, D. C. (1991). *Consciousness Explained.* Boston: Little, Brown and Company.

Dennett, D. C. (2001). Qualia eliminieren. In H.-D. Heckmann & S. Walter (Hrsg.), *Qualia. Ausgewählte Beiträge* (S. 453–502). Paderborn: mentis.

Descartes, René (1992). *Meditationes de prima philosophia.* Lateinisch/deutsch. Hrsg. Lüdger Gäbe. Hamburg: Felix Meiner.

Descartes, René (1996). *Die Leidenschaften der Seele* (2. Aufl.). Französisch/deutsch. Hrsg. Klaus Hammacher. Hamburg: Felix Meiner.

DSM-IV: *Diagnostisches und Statistisches Manual Psychischer Störungen DSM-IV* (1998) (Saß, H., Wittchen, H.-U. & Zaudig, M.). Göttingen: Hogrefe.

Eccles, J. C. (1975). *Wahrheit und Wirklichkeit. Mensch und Wissenschaft.* Berlin/Heidelberg: Springer.

Eccles, J. C. (1985). *Die Psyche des Menschen. Gifford Lectures 1978–1979 Universität Edinburgh.* München: Reinhardt.

Eccles, J. C. (1996). *Wie das Selbst sein Gehirn steuert.* München: Piper.

Eccles, J. C. & Zeier, H. (1984). *Gehirn und Geist. Biologische Erkenntnisse über Vorgeschichte, Wesen und Zukunft des Menschen.* Frankfurt: Fischer.

Edelman, G. M. & Tononi, G. (2000). Reentry and the dynamic core: Neural correlates of conscious experience. In Th. Metzinger (Ed.), *Neural Correlates of Consciousness* (pp. 139–151). Cambridge, Massachusetts: MIT-Press.

Edelman, G. M. & Tononi, G. (2002). *Gehirn und Geist. Wie aus Materie Bewusstsein entsteht.* München: Beck.

Ekman, P. (1988). *Gesichtsausdruck und Gefühl. 20 Jahre Forschung von Paul Ekman.* Paderborn: Junfermann.

Ellis, A. (1997). *Grundlagen und Methoden der Rational-Emotiven Verhaltenstherapie.* Stuttgart: Klett-Cotta.

Fiedler, P. (1994). *Persönlichkeitsstörungen.* Weinheim: Beltz, Psychologie Verlags Union.

Florey, E. (1996). Geist – Seele – Gehirn: Eine kurze Ideengeschichte der Hirnforschung. In G. Roth & W. Prinz (Hrsg.), *Kopf-Arbeit. Gehirnfunktionen und kognitive Leistungen* (S. 37–86). Heidelberg: Spektrum.

Freud, S. (1968). *Die Zukunft einer Illusion.* Gesammelte Werke: Band XIV. Frankfurt: Fischer.

Gevarter, W. B. (1987). *Intelligente Maschinen. Eine Einführung in die Künstliche Intelligenz und Robotik.* Weinheim: VCH Verlagsgesellschaft.

Gierer, A. (1989). Überlegungen zur Leib-Seele-Beziehung: Gibt es Grenzen der Decodierbarkeit? In E. Pöppel (Hrsg.), *Gehirn und Bewusstsein* (S. 73–85). Weinheim: VCH Verlagsgesellschaft.

Glassman, A. (1969). Indoleamines and affective disorders. *Psychosomatic Medicine, 31,* 107–114.

Goleman, D. (1996). *Emotionale Intelligenz*. München: Hanser.

Goller, H. (1992). *Emotionspsychologie und Leib-Seele-Problem*. Stuttgart: Kohlhammer.

Goller, H. (2000). Hirnforschung und Menschenbild: Die Bedeutung von Körper und Emotion für Bewusstsein und Selbst. *Stimmen der Zeit 218,* Heft 9, 579–594.

Goller, H. (2001). Geist ist mehr als Gehirn. Das Rätsel des bewussten Erlebens in materialistischer und funktionalistischer Deutung. *Stimmen der Zeit 219,* Heft 12, 844–854.

Gomes, G. (1998). The timing of conscious experience: A critical review and reinterpretation of Libet's Research. *Consciousness and Cognition 7,* 559–595.

Gomes, G. (1999). Volition and the readiness potential. In B. Libet, A. Freeman, and K. Sutherland (Eds.), *The volitional brain* (pp. 59–76). Thorverton: Imprint academic.

Grawe, K. (1998). *Psychologische Therapie*. Göttingen: Hogrefe.

Greenfield, S. A. (1999). *Reiseführer Gehirn*. Heidelberg: Spektrum.

Hautzinger, M. & de Jong-Meyer, R. (1998). Depression. In H. Reinecker (Hrsg.), *Lehrbuch der Klinischen Psychologie* (S. 207–248). Göttingen: Hogrefe.

Heckmann, H.-D. & Walter, S. (Hrsg.) (2001). *Qualia. Ausgewählte Beiträge*. Paderborn: mentis.

Herrmann, Th. (1996). Willensfreiheit – eine nützliche Fiktion? In M. v. Cranach & K. Foppa (Hrsg.), *Freiheit des Entscheidens und Handelns* (S. 56–69). Heidelberg: Roland Asanger.

Hinterhuber, H. (2001). *Die Seele. Natur- und Kulturgeschichte von Psyche, Geist und Bewusstsein*. Wien: Springer.

Hinterhuber, H. & Fleischhacker, W. W. (1997). *Lehrbuch der Psychiatrie*. Stuttgart: Thieme.

Hirschberger, J. (1957). *Geschichte der Philosophie. Band I: Altertum und Mittelalter.* Freiburg: Herder.

Hoffmann, N. (1976). *Depressives Verhalten*. Psychologische Modelle der Ätiologie und der Therapie. Salzburg: Otto Müller.

Huxley, T. H. (1874). On the hypothesis that animals are automata, and its history. In T. H. Huxley (1904), *Collected Essays, Vol. 1* (pp. 199–250). London: Macmillan.

Izard, C. E. (1999). *Die Emotionen des Menschen. Eine Einführung in die Grundlagen der Emotionspsychologie* (4. Aufl.). Weinheim: Beltz (Original erschienen 1977: *Human Emotions*. New York: Plenum Press).

Jackson, F. (1986). What Mary didn't know. *Journal of Philosophy, 83,* 291–295.

Jackson, F. (2001). Epiphänomenale Qualia. In H.-D. Heckmann & S. Walter (Hrsg.), *Qualia. Ausgewählte Beiträge* (S. 123–138). Paderborn: mentis.

Johnston, V. S. (1999). *Why we feel. The science of human emotions*. Reading, Massachusetts: Perseus Books.

Jonas, H. (1987). *Macht oder Ohnmacht der Subjektivität? Das Leib-Seele-Problem im Vorfeld des Prinzips Verantwortung*. Frankfurt: Suhrkamp.

Kornadt, H.-J. (1996). Willensfreiheit: empirische Tatsache und theoretisches Problem in der Psychologie? In M. v. Cranach & K. Foppa (Hrsg.), *Freiheit des Entscheidens und Handelns* (S. 21–55). Heidelberg: Roland Asanger.

Kornhuber, H. H. & Deecke, L. (1965). Hirnpotentialänderungen bei Willkürbewegungen und passiven Bewegungen des Menschen: Bereitschaftspotential und reafferente Potentiale. In *Pflügers Archiv für die Gesamte Physiologie 284,* 1–17.

Kreuzer, F. & Lesch, O. (1989). *Die Krallen des Katers* (2. Aufl.). Wien: J & V.

Kurthen, M. (1988). Ein heuristisches Prinzip für die Neurowissenschaften. In D. B. Linke & M. Kurthen (Hrsg.), *Parallelität von Gehirn und Seele. Neurowissenschaft und Leib-Seele-Problem* (S. 53–99). Stuttgart: Enke.

LeDoux, J. E. (1996). *The emotional brain. The mysterious underpinnings of emotional life*. New York: Simon and Schuster.

LeDoux, J. E. (1998). *Das Netz der Gefühle. Wie Emotionen entstehen*. München: Hanser.

Lenk, H. (2001). *Kleine Philosophie des Gehirns*. Darmstadt: Primus.

Levine, J. (1983). Materialism and qualia: The explanatory gap. *Pacific Philosophical Quarterly, 64*, 354–361.

Levine, J. (2001). Warum der Physikalismus Qualia auslässt. In H.-D. Heckmann & S. Walter (Hrsg.), *Qualia. Ausgewählte Beiträge* (S. 79–105). Paderborn: mentis.

Libet, B. (1999). Do we have free will? In B. Libet, A. Freeman & K. Sutherland (Eds.), *The volitional brain: towards a neuroscience of free will* (S. 49–57). Thorverton: Imprint academic.

Libet, B. (2001). "Consciousness, free action and the brain". Commentary on John Searle's article. *Journal of Consciousness Studies, 8*, 59–65.

Libet, B., Freeman, A. & Sutherland, K. (Eds.) (1999). *The Volitional Brain. Towards a neuroscience of free will*. Thorverton: Imprint academic.

Linke, D. (1999). *Das Gehirn*. München: Beck.

Linke, D. B. & Kurthen, M. (1988). *Parallelität von Gehirn und Seele. Neurowissenschaft und Leib-Seele-Problem*. Stuttgart: Enke.

MacLean, P. D. (1979). The triune brain, emotion, and scientific bias. In F. O. Schmitt et al. (Eds.), *The Neurosciences. Second Study Program* (S. 336–349). New York: The Rockefeller University Press.

Markowitsch, H.-J. (2002). *Dem Gedächtnis auf der Spur. Vom Erinnern und Vergessen*. Darmstadt: Primus.

Marks, I. (1993). *Ängste. Verstehen und bewältigen*. Hrsg. von Patrizia Winter. Berlin: Springer.

McGinn, C. (1989). Can We Solve the Mind-Body Problem? *Mind 98*, 349–366.

McGinn, C. (1996). Bewusstsein und Raum. In Th. Metzinger (Hrsg.), *Bewusstsein: Beiträge aus der Gegenwartsphilosophie* (S. 183–200). Paderborn: Schöningh.

McGinn, C. (2001). *Wie kommt der Geist in die Materie? Das Rätsel des bewussten Erlebens*. München: Beck (Original erschienen 1999: *The mysterious flame. Conscious minds in a material world*).

Metzinger, Th. (Hrsg.) (1996). *Bewusstsein: Beiträge aus der Gegenwartsphilosophie* (3. Aufl.). Paderborn: Schöningh.

Moruzzi, G. & Magoun, H.W. (1949). Brainstem reticular formation and activation of the EEG. *Electroencephalography and Clinical Neurophysiology, 1*, 455–473.

Nagel, T. (1986). *The view from nowhere*. New York: Oxford University Press.

Nagel, T. (1990). *Was bedeutet das alles? Eine ganz kurze Einführung in die Philosophie*. Stuttgart: Reclam.

Nagel, T. (1993a). Physikalismus. In P. Bieri (Hrsg.), *Analytische Philosophie des Geistes* (S. 56–72). Bodenheim: Athenäum Hain Hanstein.

Nagel, T. (1993b). Wie ist es, eine Fledermaus zu sein? In P. Bieri (Hrsg.), *Analytische Philosophie des Geistes* (S. 261–275). Bodenheim: Athenäum Hain Hanstein.

Neuner, P. (2000). Ergebnisse der Hirnforschung als Herausforderungen an Theologie und Glauben. In G. Rager (Hrsg.), *Ich und mein Gehirn* (S. 201–238). Freiburg/München: Karl Alber.

Newen, A. & Vogeley, K. (Hrsg.) (2000). *Selbst und Gehirn. Menschliches Selbst-Bewusstsein und seine neurobiologischen Grundlagen*. Paderborn: mentis.

Pauen, M. (2001). Grundprobleme der Philosophie des Geistes und die Neurowissenschaften. In M. Pauen und G. Roth (Hrsg.), *Neurowissenschaften und Philosophie* (S. 83–122). München: Fink.

Pauen, M. & Roth, G. (Hrsg.) (2001). *Neurowissenschaften und Philosophie*. München: Fink.

Platon: *Phaidon*.

Platon: *Timaios*.

Ploog, D. (1987). Der Ausdruck der Gemütsbewegungen bei Mensch und Tieren. In K.R.

Scherer, A. Stahnke & P. Winkler (Hrsg.), *Psychobiologie. Wegweisende Texte zur Verhaltensforschung von Darwin bis zur Gegenwart* (S. 298–308). München: dtv.

Pöppel, E. (1993). *Lust und Schmerz: Vom Ursprung der Welt im Gehirn* (2. Aufl.). Berlin: Siedler.

Pöppel, E. & Edingshaus, A.-E. (1994). *Geheimnisvoller Kosmos Gehirn*. München: Bertelsmann.

Popper, K. R. & Eccles, J. C. (1982). *Das Ich und sein Gehirn*. München: Piper.

Prinz, Wolfgang (1996). Freiheit oder Wissenschaft? In M. v. Cranach & K. Foppa (Hrsg.), *Freiheit des Entscheidens und Handelns* (S. 86–103). Heidelberg: Roland Asanger.

Putnam, H. (1977). Geist und Maschine. In A. Beckermann (Hrsg.), *Analytische Handlungstheorie Band 2: Handlungserklärungen* (S. 364–397). Frankfurt: Suhrkamp.

Putnam, H. (1981). *Reason, Truth, and History*. Cambridge: Cambridge University Press (deutsch: *Vernunft, Wahrheit und Geschichte*. Frankfurt: Suhrkamp1990).

Putnam, H. (1993). Die Natur mentaler Zustände. In P. Bieri (Hrsg.), *Analytische Philosophie des Geistes* (S. 123–135). Bodenheim: Athenäum Hain Hanstein.

Quitterer, J. (1999). Probleme einer ontologisch radikalen Theorienrevision im Eliminativen Materialismus. In J. Nida-Rümelin (Hrsg.), *Rationality, Realism, Revision: Perspectives in Analytical Philosophy Band 23* (S. 543–550). Berlin: de Gruyter.

Rager, G. (1999). Bewusstsein und Hirnforschung: Befunde und Theorien. In J. Quitterer & E. Runggaldier (Hrsg.). *Der neue Naturalismus – eine Herausforderung an das christliche Menschenbild* (S. 77–103). Stuttgart: Kohlhammer.

Rager, G. (Hrsg.) (2000). *Ich und mein Gehirn. Persönliches Erleben, verantwortliches Handeln und objektive Wissenschaft*. Freiburg, München: Karl Alber.

Rager, G. (2002). Neuronale Korrelate von Bewusstsein und Selbst. In G. Rager, J. Quitterer, E. Runggaldier, *Unser Selbst – Identität im Wandel der neuronalen Prozesse* (S. 15–59). Paderborn: Schöningh.

Rager, G., Quitterer, J. & E. Runggaldier (2002). *Unser Selbst – Identität im Wandel der neuronalen Prozesse*. Paderborn: Schöningh.

Reinecker, H. (Hrsg.) (1998). *Lehrbuch der Klinischen Psychologie* (3. Aufl.). Göttingen: Hogrefe.

Ricken, F. (1988). *Philosophie der Antike*. Stuttgart: Kohlhammer.

Röd, W. (1994). *Der Weg der Philosophie von den Anfängen bis ins 20. Jahrhundert*. München: Beck.

Rogers, C. R. (1976). *Die klientenzentrierte Gesprächspsychotherapie*. München: Kindler.

Rohracher, R. (1965). *Einführung in die Psychologie* (9. Aufl.). Wien/Innsbruck: Urban & Schwarzenberg.

Rorty, R. (1993 a). Leib-Seele-Identität, Privatheit und Kategorien. In P. Bieri (Hrsg.), *Analytische Philosophie des Geistes* (S. 93–120). Bodenheim: Athenäum Hain Hanstein (Original erschienen 1965: Mind-Body Identity, Privacy, and Categories. *Review of Metaphysics, 19*, 24–54).

Rorty, R. (1993 b). Unkorrigierbarkeit als das Merkmal des Mentalen. In P. Bieri (Hrsg.), *Analytische Philosophie des Geistes* (S. 243–260). Bodenheim: Athenäum Hain Hanstein (Original erschienen 1970: Incorrigibility as the Mark of the Mental. *Journal of Philosophy, 67*, 406–424).

Roth, G. (1994). *Das Gehirn und seine Wirklichkeit. Kognitive Neurobiologie und ihre philosophischen Konsequenzen*. Frankfurt: Suhrkamp.

Roth, G. (2001). Die neurobiologischen Grundlagen von Geist und Bewusstsein. In M. Pauen & G. Roth (Hrsg.), *Neurowissenschaften und Philosophie* (S. 155–209). München: Fink.

Roth, G. & Prinz, W. (Hrsg.) (1996). *Kopf-Arbeit. Gehirnfunktionen und kognitive Leistungen*. Heidelberg: Spektrum.

Roth, G. & Schwegler, H. (1995). Das Geist-Gehirn-Problem aus der Sicht der Hirnfor-

schung und eines nicht-reduktionistischen Physikalismus. *Ethik und Sozialwissenschaften, 6,* 69–156.
Runggaldier, E. (1990). *Analytische Sprachphilosophie.* Stuttgart: Kohlhammer.
Schildkraut, J. J. (1965). The catecholamine hypothesis of affective disorders. A review of supporting evidence. *American Journal of Psychiatry, 112,* 509–522.
Schlick, M. (1979). *Allgemeine Erkenntnislehre.* Frankfurt am Main: Suhrkamp.
Schockenhoff, E. (2000). Wer oder was handelt? Überlegungen zum Dialog zwischen Neurobiologie und Ethik. In G. Rager (Hrsg.), *Ich und mein Gehirn: persönliches Erleben, verantwortliches Handeln und objektive Wissenschaft* (S. 239–287). München: Karl Alber.
Searle, J. R. (1984). *Minds, Brains, and Science: The 1984 Reith Lectures.* Cambridge, Massachusetts: Harvard University Press (deutsch: *Geist, Gehirn und Wissenschaft. Die Reith Lectures.* Frankfurt: Suhrkamp 1986).
Searle, J. R. (1994). *The Rediscovery of the Mind.* Cambridge, Massachusetts: MIT-Press (deutsch: *Die Wiederentdeckung des Geistes.* Frankfurt: Suhrkamp 1996).
Searle, J. R. (1997). *The Mystery of Consciousness.* New York: NYREV, Inc.
Searle, J. R. (2000). Consciousness, free action and the brain. *Journal of Consciousness Studies, 7,* No. 10, 2000, 3–22.
Searle, J. R. (2001). *Geist, Sprache und Gesellschaft. Philosophie in der wirklichen Welt.* Frankfurt: Suhrkamp.
Singer, W. (2001). Das Ende des freien Willens? *Spektrum der Wissenschaft, Februar,* 72–75.
Spinoza, B. de (1976). *Die Ethik nach geometrischer Methode dargestellt.* Hamburg: Meiner.
Stemme, F. (1997). Die *Entdeckung der Emotionalen Intelligenz. Über die Macht unserer Gefühle.* München: Goldmann.
Stich, S. P. (1996). *Deconstructing the Mind.* New York, Oxford: Oxford University Press.
Tetens, H. (1994). *Geist, Gehirn, Maschine. Philosophische Versuche über ihren Zusammenhang.* Stuttgart: Reclam.
Thomas v. Aquin: *Summa Theologiae.*
Urchs, M. (2002). *Maschine, Körper, Geist. Eine Einführung in die Kognitionswissenschaft.* Frankfurt am Main: Klostermann.
Vollmer, G. (1981). Altehrwürdig, aber unhandlich: Popper und Eccles zum Leib-Seele-Problem. *Allgemeine Zeitschrift für Philosophie, 6,* 60–70.
Walter, H. (1998). *Neurophilosophie der Willensfreiheit.* Paderborn: Schöningh.
Walter, H. (2000). Emotionales Denken statt kalter Vernunft – Das Konzept des Selbst in der Neurophilosophie der Willensfreiheit. In A. Newen & K. Vogeley (Hrsg.), *Selbst und Gehirn. Menschliches Selbstbewußtsein und seine neurobiologischen Grundlagen* (S. 265–289). Paderborn: mentis.
Walter, S. (2001). Einleitung: Das Argument der Erklärungslücke. In H.-D. Heckmann & S. Walter (Hrsg.), *Qualia. Ausgewählte Beiträge* (S. 65–78). Paderborn: mentis.
Windmann, S. & Durstewitz, D. (2000). Phänomenales Erleben: Ein fundamentales Problem für die Psychologie und die Neurowissenschaften. *Psychologische Rundschau, 51* (2), 75–82.
Wolf, G. (1992). *Das Gehirn. Wege zum Begreifen.* München: Quintessenz.
Woolley, D. W. (1962). *The biochemical bases of psychoses or the serotonin hypotheses about mental diseases.* New York: Wiley.
Zimbardo, P. G. & Gerrig, R. J. (1999). *Psychologie* (7. Aufl.). Berlin: Springer.
Zoglauer, Th. (1998). *Geist und Gehirn. Das Leib-Seele-Problem in der aktuellen Diskussion.* Göttingen: Vandenhoeck & Ruprecht.

Register

Personen

Sachen